今注本二十四史

晋書

二四

載記〔二〕

唐 房玄齡等 撰
梁滿倉 主持校注

中國社会科學出版社

晉書　卷一〇七

載記第七

石季龍下 子世 遵 鑒 冉閔

石季龍下

永和三年，季龍親耕藉田于其桑梓苑，[1]其妻杜氏祠先蠶于近郊，[2]遂如襄國謁勒墓。

[1]藉田：皇帝親耕之田，每逢春耕前，皇帝躬耕藉田，以示對農業的重視。　桑梓苑：石虎建於鄴城的園林，供游獵。《太平御覽》卷一九六《居處部·苑囿》引《鄴中記》曰："鄴城西三里桑梓苑，有宫臨漳水，凡此諸宫皆夫人、侍婢。又並有苑囿養獐、鹿、雉、兔、虎，數游宴其中。"

[2]先蠶：蠶神。《後漢書·禮儀志上》："祠先蠶，禮以少牢。"劉昭注引《漢舊儀》："祭蠶神曰菀窳婦人、寓氏公主，凡二神。"

以中書監石寧爲征西將軍，[1]率并、司州兵二萬餘人爲麻秋等後繼。張重華將宋秦等率户二萬來降。河湟間氐羌十餘萬落與張璩相首尾，[2]麻秋憚之，不進。重華金城太守張冲又以郡降石寧。[3]麻秋尋次曲柳，[4]劉寧、王擢進攻晋興武街。[5]重華將楊康等與寧戰于沙阜，[6]寧敗績，乃引還金城。王擢克武街，執重華護軍曹權、胡宣，[7]徙七千餘户于雍州。季龍又以孫伏都爲征西將軍，與麻秋率步騎三萬長驅濟河，且城長最。[8]重華大懼，遣將謝艾逆擊，敗之，秋退歸金城。

[1]征西將軍：官名，東漢永元年間置，地位與雜號將軍、偏將軍、裨將軍等同。建安年間與征東、征南、征北將軍合稱四征將軍，地位提高。晋三品，加持節都督者二品。

[2]氐羌：氐族和羌族，古代生活在西北地區的少數民族。

[3]金城：郡名，治所原來在允吾縣（今甘肅省永靖縣西北），曹魏時移治榆中縣（今甘肅省榆中縣西北黄河南岸）。

[4]曲柳：曲柳城，位於今甘肅省武威市東南。

[5]晋興：晋，原本、宋本、殿本作“始”，據中華本校勘記改。　武街：即武街城，位於今甘肅省成縣西北。

[6]沙阜：又名沙苑、沙海、沙窩。位於今陝西省大荔縣南洛渭二河之間。

[7]護軍：官名，軍事要鎮長官，管理轄區軍事民政，職掌與郡守相類。此爲鎮守武街的護軍。晋四品。

[8]長最：在今甘肅省永登縣南。

勒及季龍並貪而無禮，既王有十州之地，金帛珠玉及外國珍奇異貨不可勝紀，而猶以爲不足，曩代帝王及先賢陵墓靡不發掘，而取其寶貨焉。邯鄲城西石子堈上有趙簡子墓，[1]至是季龍令發之，初得炭深丈餘，次得木板厚一尺，積板厚八尺，乃及泉，其水清冷非常，作絞車以牛皮囊汲之，月餘而水不盡，不可發而止。又使掘秦始皇冢，取銅柱鑄以爲器。

[1]邯鄲：縣名，治所在今河北省邯鄲市西南。　趙簡子：春秋末晋國大夫，名趙鞅，又名志父、趙孟。趙景叔子。建立趙國的奠基人。

時沙門吴進言于季龍曰：[1]“胡運將衰，晋當復興，宜苦役晋人以厭其氣。”季龍於是使尚書張群發近郡男女十六萬，車十萬乘，運土築華林苑及長墻于鄴北，廣長數十里。趙攬、申鍾、石璞等上疏陳天文錯亂，蒼生凋弊，及因引見，又面諫，辭旨甚切。季龍大怒曰：“墻朝成夕没，吾無恨矣。”乃促張群以燭夜作。起三觀、四門，三門通漳水，皆爲鐵扉。暴風大雨，死者數萬人。揚州送黄鵠雛五，頸長一丈，聲聞十餘里，泛之于玄武池。[2]郡國前後送蒼麟十六，白鹿七，[3]季龍命司虞張曷柱調之，[4]以駕芝蓋，列于充庭之乘。鑿北城，引水于華林園。城崩，壓死者百餘人。

[1]沙門：僧人。

[2]玄武池：位於今河北省臨漳縣西南鄴鎮附近。

[3]白鹿七：七，宋本作“十”。

[4]司虞：官名，掌管山林泽虞。

命石宣祈于山川，因而游獵，乘大輅，[1]羽葆、華蓋，[2]建天子旌旗，十有六軍，戎卒十八萬，出自金明門。[3]季龍從其後宫升陵霄觀望之，笑曰："我家父子如是，自非天崩地陷，當復何愁，但抱子弄孫日爲樂耳！"宣既馳逐無厭，所在陳列行宫，[4]四面各以百里爲度，[5]驅圍禽獸，皆暮集其所。文武跪立，圍守重行，烽炬星羅，光燭如晝，命勁騎百餘馳射其中。宣與嬖姬顯德美人乘輦觀之，嬉娱忘反，獸殫乃止。其有禽獸奔逸，當之者坐，有爵者奪馬步驅一日，無爵者鞭之一百。峻制嚴刑，文武戰慄，士卒饑凍而死者萬有餘人。宣弓馬衣食皆號爲御，有亂其間者，以冒禁罪罪之。所過三州十五郡，資儲靡有孑遺。季龍復命石韜亦如之，出自并州，游于秦晋。[6]宣素惡韜寵，是行也，嫉之彌甚。[7]宦者趙生得幸于宣而無寵于韜，微勸宣除之，於是相圖之計起矣。

[1]大輅：玉輅。古時天子所乘之車。《尚書·顧命》："大輅在賓階面。"孔安國傳："大輅，玉。"孔穎達疏："《周禮》巾車'掌王之五輅'，玉輅、金輅、象輅、革輅、木輅，是爲五輅也。此經所陳四輅必是《周禮》五輅之四。大輅，輅之最大，故知大輅玉輅也。"

[2]羽葆：帝王儀仗中以鳥羽聯綴爲飾的華蓋。

[3]金明門：鄴城城門。《水經注·濁漳水》：鄴城"有七門：南曰鳳陽門，中曰中陽門，次曰廣陽門，東曰建春門，北曰廣德門，次曰廐門，西曰金明門，一曰白門"。

[4]所在陳列行宫：所在，原本作"在於"，宋本作"在所"，殿本作"所在"，據殿本改。

[5]四面各以百里爲度：以，原本、宋本作"一"，殿本作

"以"，據殿本改。

［6］秦晉：今山西、陝西二省一帶。

［7］嫉之：嫉，殿本作"疾"。

麻秋又襲張重華將張瑁於河陝，敗之，斬首三千餘級。枹罕護軍李逵率衆七千降于季龍。[1]自河已南，[2]氐羌皆降。

［1］枹罕護軍：官名，镇守枹罕的長官，管理轄區軍事民政，職掌與郡守相類。晋五品。

［2］自河已南：已，殿本作"以"。

石韜起堂于太尉府，號曰宣光殿，梁長九丈。宣視而大怒，斬匠，截梁而去。韜怒，增之十丈。宣聞之，恚甚，謂所幸楊柸、牟成曰：[1]"韜凶豎勃逆，敢違我如是！汝能殺之者，吾入西宫，當盡以韜之國邑分封汝等。韜既死，主上必親臨喪，因行大事，蔑不濟矣。"柸等許諾。時東南有黄黑雲，大如數畝，稍分爲三，狀若匹布，東西經天，色黑而青。酉時貫日，[2]日没後分爲七道，每相去數十丈，間有白雲如魚鱗，子時乃滅。韜素解天文，見而惡之，顧謂左右曰："此變不小，當有刺客起于京師，不知誰定當之？"是夜，韜讌其寮屬于東明觀，樂奏，酒酣，愀然長嘆曰："人居世無常，别易會難。[3]各付一杯，開意爲吾飲，令必醉。知後會復何期而不飲乎！"因泫然流涕，左右莫不歔欷，因宿于佛精舍。[4]宣使楊柸、牟皮、牟成、趙生等緣獮猴梯而入，殺韜，置其刀箭而去。旦，宣奏之。季龍哀驚氣絶，久之方蘇。將出臨之，其司空李農諫曰："害秦公者恐在蕭墻之内，慮生非常，不可以出。"季龍乃止。嚴兵發哀于太武殿。宣乘素車，從千人，[5]臨韜喪，不哭，直言呵呵，使舉衾看尸，大笑而去。收大將軍記室參軍鄭靖、尹武等，[6]將委之以罪。

[1]楊柸：柸，宋本、殿本作"杯"。本卷下文此人名同。

[2]酉時：十七時至十九時。

[3]别易會難：别，殿本作"久"。

[4]佛精舍：僧人的修習之所。

[5]從千人：千，原本、宋本無此字，殿本有，據殿本補。

[6]大將軍：官名，高級軍事統帥。曹魏時多以之屯駐長安，對付蜀漢，蜀漢以其爲最高軍事長官，孫吴則别置上大將軍居其上。西晋時爲八公之一，位居上公、大司馬下，三公之上。東晋時常專擅軍政事務。晋一品。　記室參軍：官名，又稱記室參軍事。西晋始置，爲記室曹長官，掌文書表奏。

季龍疑宣之害韜也，謀召之，懼其不入，乃僞言其母哀過危惙。宣不虞己之見疑也，[1]入朝中宫，因而止之。建興人史科告稱：[2]"韜死夜，宿東宫長上楊柸家，[3]柸夜與五人從外來，相與語曰：'大事已定，但願大家老壽，[4]吾等何患不富貴。'語訖便入。科寢暗中，柸不見也。科尋出逃匿。俄而柸與二人出求科不得，柸曰：'宿客聞人向語，[5]當殺之斷口舌。今而得去，作大事矣。'科逾墻獲免。"季龍馳使收之，獲楊柸、牟皮、趙生等。柸、皮尋皆亡去，執趙生而詰之，生具首服。

季龍悲怒彌甚，幽宣於席庫，以鐵環穿其頷而鏁之，作數斗木槽，和羹飯，以猪狗法食之。取害韜刀箭舐其血，哀號震動宫殿。積柴鄴北，樹標於其上，標末置鹿盧，穿之以繩，倚梯柴積，送宣于標所，[6]使韜所親宦者郝稚、劉霸拔其髮，抽其舌，牽之登梯，上於柴積。郝稚以繩貫其頷，鹿盧絞上，劉霸斷其手足，斫眼潰腹，如韜之傷。四面縱火，烟炎際天。[7]季龍從昭儀已下數千登中臺以觀之。火滅，取灰分置諸門交道中。殺其妻子九人。宣小子年數歲，季龍甚愛之，抱之而泣。兒曰："非兒罪。"季龍欲赦之，其大臣不聽，遂於抱中取而戮之，兒猶挽季龍衣而大叫，時人莫不爲之流涕，季龍因此發病。又誅其四率已下三百人，宦者五十人，皆車裂節解，棄之漳水。洿其東宫，養猪牛。東宫衛士十餘萬人皆謫戍凉州。[8]先是，散騎常侍趙攬言於季龍曰："中宫將有變，宜防之。"及宣之殺韜也，季龍疑其知而不告，亦誅之。廢宣母杜氏爲庶人。貴嬪柳氏，尚書耆之女也，以才色特幸，坐其二兄有寵于宣，亦殺之。季龍追其姿色，復納耆少女于華林園。

［1］不虞：料想不到。

［2］建興：縣名，治所在今湖南省武岡市東北。

［3］楊柸：柸，原本、宋本、殿本作"杯"，上文多處用"柸"，據改此不同處。下文此人名同。

［4］大家：此指石宣。　老壽：長壽。

［5］向語：剛才説的話。

［6］送宣于標所：標，原本、宋本作"摽"，殿本作"標"，據

上文及殿本改。

［7］烟炎際天：際，原本作“於”，宋本、殿本作“際”，據宋本、殿本改。

［8］謫戍：因罪被謫罰到邊遠地方戍守。

季龍議立太子，其太尉張舉進曰：“燕公斌、彭城公遵並有武藝文德，陛下神齒已衰，四海未一，請擇二公而樹之。”初，戎昭張豺之破上邽也，[1]獲劉曜幼女，年十二，有殊色，季龍得而嬖之，生子世，封齊公。至是，豺以季龍年長多疾，規立世爲嗣，劉當爲太后，己得輔政，説季龍曰：“陛下再立儲宫，皆出自倡賤，是以禍亂相尋。今宜擇母貴子孝者立之。”季龍曰：“卿且勿言，吾知太子處矣。”又議于東堂，季龍曰：“吾欲以純灰三斛洗吾腹，腹穢惡，[2]故生凶子，兒年二十餘便欲殺公。今世方十歲，比其二十，吾已老矣。”於是與張舉、李農定議，敕公卿上書請立世。大司農曹莫不署名，[3]季龍使張豺問其故。莫頓首曰：“天下業重，不宜立少，是以不敢署也。”季龍曰：“莫，忠臣也，然未達朕意。張舉、李農知吾心矣，其令諭之。”遂立世爲皇太子，劉氏爲皇后。季龍召太常條攸、光禄勛杜嘏謂之曰：[4]“煩卿傅太子，實希改轍，吾之相託，卿宜明之。”署攸太傅，[5]嘏爲少傅。[6]

［1］上邽：縣名，治所在今甘肅省天水市。

［2］腹穢惡：腹，宋本、殿本作“腸”。

［3］大司農：官名，掌管全國財政和各地的屯田。晋三品。

［4］光禄勛：官名，侍從皇帝左右，掌宫廷宿衛。西晋時兼掌原屬少府的一部分宫廷供御事務。晋三品。　杜嘏：嘏，宋本作“蝦”。下文“嘏爲少傅”同。

［5］太傅：官名，即太子太傅，與太子少傅並稱二傅，三國時並攝東宫事務，與尚書、東曹並掌太子、諸侯官署選舉。西晋時下設丞、功曹、主簿等屬官。晋三品。

［6］少傅：官名，即太子少傅，與太子太傅並稱二傅，三國時並攝東宫事務，與尚書、東曹並掌太子、諸侯官署選舉。西晋時下設丞、功曹、主簿等屬官。晋三品。

季龍時疾瘳，以永和五年僭即皇帝位于南郊，大赦境内，建元曰太寧。[1]百官增位一等，諸子進爵郡王。以尚書張良爲右僕射。

［1］建元曰太寧：太，殿本作“大”。

故東宫謫卒高力等萬餘人當戍涼州，行達雍城，[1]既不在赦例，又敕雍州刺史張茂送之，茂皆奪其馬，令步推鹿車，[2]致糧戍所。高力督定陽梁犢等因衆心之怨，[3]謀起兵東還，陰令胡人頡獨鹿微告戍者，戍者皆踴抃大呼。[4]梁犢乃自稱晋征東大將軍，[5]率衆攻陷下辯，[6]逼張茂爲大都督、大司馬，[7]載以軺車。[8]安西劉寧自安定擊之，大敗而還。秦雍間城戍無不摧陷，斬二千石長史，長驅而東。高力等皆多力善射，一當十餘人，雖無兵甲，所在掠百姓大斧，施一丈柯，攻戰若神，所向崩潰，戍卒皆隨之，比至長安，衆已十萬。其樂平王石苞時鎮長安，[9]盡鋭距之，一戰而敗。犢遂東出潼關，[10]進如洛川。[11]季龍以李農爲大都督，行大將軍事，[12]統衛軍張賀度、征西張良、征虜石閔等，[13]率步騎十萬討之。戰于新安，[14]農師不利。又戰于洛陽，農師又敗，乃退壁成皋。[15]犢東掠滎陽、陳留諸郡，[16]季龍大懼，以燕王石斌爲大都督中外諸軍事，[17]率精騎一萬，統姚弋仲、苻洪等擊犢于滎陽東，大破之，[18]斬犢首而還，討其餘黨，盡滅之。

[1]雍城：雍縣城，位於今陝西省鳳翔縣西南。

[2]鹿車：古代一種又窄又小的車。

[3]高力督：官名，十六國後趙置，屬東宮，統率高力侍衛東宮。　定陽：縣名，治所在今浙江省常山縣東南。

[4]戍者：宋本無此二字。　踴抃：跳躍拍手，高興貌。

[5]征東大將軍：官名，三國魏文帝黄初三年（222）置，職掌與征東將軍同，但位在其上，多統兵出鎮方面，都督數州軍事。不常置。晋二品，開府位從公者一品。

[6]下辯：縣名，治所在今甘肅省成縣西。辯，原本、宋本作“辦”，殿本作“辯”，據殿本改。

[7]大都督：官名，高級軍事長官。三國初作爲加官於戰時臨時設置，後逐漸成爲常設加官官職，地位極高。

[8]軺車：用一匹馬駕駛的輕車。

[9]石苞時鎮長安：鎮，原本作“至”，宋本、殿本作“鎮”，據宋本、殿本改。

[10]潼關：位於今陝西省潼關縣東北黄河南岸潼關。

[11]洛川：縣名，治所在今陝西省洛川縣東北舊縣北。

[12]行大將軍事：官名，行使大將軍權力。行事屬於職官制度，産生於東晋末年，指以他官代行某官職權。

[13]衛軍：衛將軍的省稱。官名，魏晋時位在名號將軍之上，

多爲軍府名號，加給大臣、重要州郡長官。晋二品，開府位從公者一品。

［14］新安：縣名，治所在今河南省澠池縣東。

［15］成皋：縣名，治所在今河南省滎陽市汜水鎮。

［16］陳留：郡國名，治所在小黄縣（今河南省開封市東）。

［17］大都督中外諸軍事：官名，都督中外諸軍事爲全國最高軍事統帥，總統中央地方的内外諸軍，權力極大。在都督中外諸軍事上加“大”，地位極高。

［18］大破之：破，殿本作“敗”。

俄而晋將軍王龕拔其沛郡。[1]始平人馬勖起兵於洛氏葛谷，[2]自稱將軍。石苞攻滅之，誅三千餘家。

［1］沛郡：治所在沛縣（今江蘇省沛縣）。

［2］始平：郡名，治所在槐里縣（今陝西省興平市）。

時熒惑犯積尸，[1]又犯昴、月，[2]及熒惑北犯河鼓。[3]未幾，季龍疾甚，以石遵爲大將軍，鎮關右，石斌爲丞相、録尚書事，[4]張豺爲鎮衛大將軍、領軍將軍、吏部尚書，[5]並受遺輔政。劉氏懼斌之輔政也害世，與張豺謀誅之。斌時在襄國，乃遣使詐斌曰：“主上患已漸損，王須獵者，可小停也。”斌性好酒耽獵，遂游畋縱飲。劉氏矯命稱斌無忠孝之心，免斌官，以王歸第，使張豺弟雄率龍騰五百人守之。石遵自幽州至鄴，敕朝堂受拜，配禁兵三萬遣之，遵慟泣而去。是日季龍疾小瘳，問曰：“遵至未？”左右答言久已去矣。季龍曰：“恨不見之。”季龍臨於西閤，龍騰將軍、中郎二百餘人列拜于前。[6]季龍曰："何所求也?"皆言聖躬不和，宜令燕王入宿衛，典兵馬，或言乞爲皇太子。[7]季龍不知斌之廢也，責曰："燕王不在内邪?呼來!"左右言王酒病，不能入。季龍曰："促持輦迎之，當付其璽綬。"亦竟無行者。尋惽眩而入。張豺使弟雄等矯季龍命殺斌，劉氏又矯命以豺爲太保、都督中外諸軍、録尚書事，[8]加千兵百騎，一依霍光輔漢故事。[9]侍中徐統嘆曰："禍將作矣，吾無爲豫之。"乃仰藥而死。俄而季龍亦死。季龍始以咸康元年僭立，至此太和六年，[10]凡在位十五歲。

[1]熒惑：火星。　積尸：星名。

[2]昴：星宿名，二十八宿之一，白虎七宿的第四宿，又名髦頭、旄頭。有亮星七顆。

[3]河鼓：星名。屬牛宿，在牽牛之北。一説即牽牛。

[4]丞相：官名，原爲最高國務長官，魏晋時省置無常，或分置左、右，或稱大丞相，多用來安置權臣。

[5]鎮衛大將軍：官名，在武職中地位僅次於大將軍，握有實際兵權。十六國、南朝一些政權均置。

[6]龍騰將軍：十六國後趙置，禁衛軍統帥。　中郎：官名，屬郎官。原來分屬五官、左、右中郎將，魏晋有時不置三署，但仍置中郎，無固定職掌，作爲儲備人才。晋八品。

[7]皇太子：宋本無"皇"字。

[8]太保：官名，史上屢次廢置，三國魏末年復置。晋爲八公之一，位上公，在太宰、太傅之下。安置元老重臣，無職掌。晋一品。　都督中外諸軍：官名，亦稱都督中外諸軍事。全國最高軍事統帥，總統中央地方的内外諸軍，權力極大。

[9]霍光：西漢河東平陽（今山西省臨汾市西南）人，字子孟，霍去病異母弟。爲武帝所親信，武帝臨終，任其爲大司馬大將軍，封博陸侯，與金日磾等人輔佐少主。昭帝繼位後，誅除上官桀，先立後廢昌邑王劉賀，專擅朝政前後長達二十年。期間輕徭薄賦，與民休息，社會較安定。

[10]至此太和六年：中華本校勘記："周校：按《穆帝紀》，季龍死在永和五年，咸康元年至永和五年正十五歲。若廢帝太和五年，則季龍死久矣。今按：'太和六年'自當作'永和五年'，然《御覽》一二〇引《晋書》亦作'太和六年'，知原書已誤。"

於是世即僞位，尊劉氏爲皇太后，臨朝，進張豺爲丞相。豺請石遵、石鑒爲左右丞相，以慰其心，劉氏從之。豺與張舉謀誅李農，而舉與農素善，以豺謀告之。農懼，率騎百餘奔廣宗，[1]率乞活數萬家保于上白。[2]劉氏使張舉等統宿衛精卒圍之。豺以張離爲鎮軍大將軍、監中外諸軍事、司隸校尉，[3]爲己之副。鄴中群盜大起，迭相劫掠。

[1]廣宗：縣名，治所在今河北省威縣東。

[2]乞活：西晋末，北方流民爲避戰亂，集體流徙求食，稱乞活。　上白：上白城，位於今河北省威縣南。

[3]鎮軍大將軍：官名，高級軍事長官，權任甚重。兩晋二品，開府位從公者一品。　監中外諸軍事：軍事統帥，位次於都督中外諸軍事。　司隸校尉：官名，三國魏時先治弘農，後治河南，轄司州所屬河南、河東、河内、弘農、平陽五郡。掌監察京師，糾察京都百官。西晋沿置。晋三品。

石遵聞季龍之死，屯于河内。[1]姚弋仲、苻洪、石閔、劉寧及武衛王鸞、寧西王午、石榮、王鐵、立義將軍段勤等既平秦洛，[2]班師而歸，遇遵于李城，[3]説遵曰："殿下長而且賢，先帝亦有意于殿下矣。但以末年惽惑，爲張豺所誤。今上白相持未下，[4]京師宿衛空虚，若聲張豺之罪，鼓行而討之，孰不倒戈開門而迎殿下者邪！"遵從之。洛州刺史劉國等亦率洛陽之衆至于李城。遵檄至鄴，張豺大懼，馳召上白之軍。遵次于蕩陰，[5]戎卒九萬，石閔爲前鋒。豺將出距之，耆舊羯士皆曰："天子兒來奔喪，吾當出迎之，不能爲張豺城戍也。"逾城而出，豺斬之不能止。張離率龍騰二千斬關迎遵。劉氏懼，引張豺入，對之悲哭曰："先帝梓宫未殯，[6]而禍難繁興。今皇嗣冲幼，託之于將軍，將軍何以匡濟邪？加遵重官，可以弭不？"豺惶怖失守，無復籌計，但言唯唯。劉氏令以遵爲丞相、領大司馬、大都督中外諸軍、録尚書事，加黄鉞、九錫，[7]增封十郡，委以阿衡之任。[8]遵至安陽亭，張豺懼而出迎，遵命執之。於是貫甲曜兵，入自鳳陽門，升于太武前殿，擗踴盡哀，[9]退如東閣。[10]斬張豺于平樂市，夷其三族。假劉氏令曰："嗣子幼冲，先帝私恩所授，皇業至重，非所克堪。其以遵嗣位。"遵僞讓至于再三，群臣敦勸，乃受之，僭即尊位于太武前殿，大赦殊死已下，罷上白圍。封世爲譙王，邑萬户，待以不臣之禮，廢劉氏爲太妃，尋皆殺之。世凡立三十三日。

[1]河內：郡名，治所在野王縣（今河南省沁陽市）。

[2]武衛：官名，即武衛將軍。三國魏置，權任很重。晋四品。寧西：寧西將軍，統兵出征。十六國後趙置，非後來四寧之一的寧西將軍。 立義將軍：東漢末建安年間曹操置，統兵出征，十六國一些政權亦置。 秦洛：秦州和洛州。秦州，治所在上邽縣（今甘肅省天水市）。洛州，治所在宜陽縣（今河南省宜陽縣西）。

[3]李城：地名，在今河南省温縣。

[4]今上白相持未下：白，宋本作“自”。

[5]蕩陰：縣名，治所在今河南省湯陰縣。

[6]梓宫未殯：皇帝的棺槨還没殯葬。梓宫，皇帝的棺材。

[7]大都督中外諸軍：官名，亦稱大都督中外諸軍事。都督中外諸軍事爲全國最高軍事統帥，總統中央地方的内外諸軍，權力極大。在都督中外諸軍事上加“大”，地位極高。 加黄鉞：即假黄鉞，假以黄鉞。黄鉞即飾以黄金的斧鉞，爲皇帝儀仗。賜予出征重臣，以示威重，令其專主征伐。 九錫：《漢書》卷六《武帝紀》顔師古注引應劭曰：“一曰車馬，二曰衣服，三曰樂器，四曰朱户，五曰納陛，六曰虎賁百人，七曰鈇鉞，八曰弓矢，九曰秬鬯。此皆天子制度，尊之，故事事錫與，但數少耳。”

[8]阿衡：商代官名。師保之官。後引申爲任國家輔弼之任，宰相之職。

[9]擗踴盡哀：捶胸頓足盡顯悲痛之情。

[10]東閤：東向的小門。

於是李農歸請罪，遵復其位，待之如初。尊其母鄭氏爲皇太后，其妻張氏爲皇后，以石斌子衍爲皇太子，石鑒爲侍中，石冲爲太保，石苞爲大司馬，石琨爲大將軍，石閔爲中外諸軍事、輔國大將軍、録尚書事，[1]輔政。暴風拔樹，震雷，雨雹大如盂升。[2]太武、暉華殿灾，諸門觀閣蕩然，其乘輿服御燒者太半，光燄照天，金石皆盡，火月餘乃滅。雨血周遍鄴城。

[1]中外諸軍事：官名，即都督中外諸軍、都督中外諸軍事。全國最高軍事統帥，總統中央地方的内外諸軍，權力極大。　輔國大將軍：官名，高級統帥，禄與特進同。晋二品，開府位從公者一品。

[2]大如盂升：大，宋本作“太”。盂升，形容冰雹大，像盂或升的口。

石冲時鎮于薊，聞遵殺世而自立，乃謂其寮佐曰：“世受先帝之命，遵輒廢殺，罪逆莫大，其敕内外戒嚴，孤將親討之。”於是留寧北沭堅戍幽州，[1]帥衆五萬，自薊討遵，傳檄燕趙，[2]所在雲集，比及常山，[3]衆十餘萬。次于苑鄉，[4]遇遵赦書，謂左右曰：“吾弟一也，死者不可復追，何爲復相殘乎！吾將歸矣。”其將陳暹進曰：[5]“彭城篡弑自尊，爲罪大矣。王雖北旆，臣將南轅，平京師，擒彭城，然後奉迎大駕。”冲從之。遵馳遣王擢以書喻冲，冲弗聽。遵假石閔黄鉞、金鉦，與李農等率精卒十萬討之。戰于平棘，冲師大敗，獲冲于元氏，[6]賜死，坑其士卒三萬餘人。

[1]寧北：官名，即寧北將軍，西晋置，多兼并州、青州等州刺史，或都督并州、冀州諸軍事，位在東中郎將之上。晋四品。

[2]燕趙：指戰國時燕趙兩國舊地，大致相當於今河北省及山西省、遼寧省一部分。

[3]常山：郡名，治所在真定縣（今河北省石家莊市）。

[4]苑鄉：苑鄉城，位於今河北省任縣東北。

[5]陳暹：暹，宋本作“還”。

[6]元氏：縣名，治所在今河北省元氏縣西北十五里故城。

始葬季龍，號其墓爲顯原陵，僞謚武皇帝，廟號太祖。

遵揚州刺史王浹以淮南歸順。晋西中郎將陳逵進據壽春。[1]征北將軍褚裒帥師伐遵，[2]次于下邳，[3]遵以李農爲南討大都督，[4]率騎二萬來距。裒不能進，退屯廣陵。[5]陳逵聞之，懼，遂焚壽春積聚，毁城而還。

[1]西中郎將：官名，東漢末所置四中郎將之一。帥師征伐或鎮守。曹魏、西晋多兼凉州刺史，東晋多兼豫州刺史。晋四品。壽春：縣名，治所在今安徽省壽縣東南。

[2]征北將軍：官名，與征東、征西、征南將軍合稱四征將軍。三國魏蜀吴兩晋皆置，出鎮方面，地位顯要。晋三品，加持節都督者二品。　褚裒：字季野，本書卷九三有傳。　帥師：帥，殿本作“率”。

[3]下邳：縣名，治所在今江蘇省睢寧縣古邳鎮東。

[4]南討大都督：官名，南征部隊的統帥。

[5]廣陵：郡名，三國時治淮陰縣（今江蘇省淮安市淮陰區甘羅城），東晋治所在廣陵縣（今江蘇省揚州市西北蜀岡上）。

石苞時鎮長安，[1]謀帥關中之衆攻鄴，左長史石光、司馬曹曜等固諫。苞怒，誅光等百餘人。苞性貪而無謀，雍州豪右知其無成，並遣使告晋梁州刺史司馬勛。[2]勛於是率衆赴之，壁于懸鈎，[3]去長安二百餘里，使治中劉焕攻京兆太守劉秀離，[4]斬之。三輔豪右多殺其令長，[5]擁三十餘壁，有衆五萬以應勛。苞輟攻鄴之謀，使麻秋、姚國等率騎距勛。遵遣車騎王朗率精騎二萬，外以討勛爲名，因劫苞，送之于鄴。勛又爲朗所距，釋懸鈎，拔宛城，[6]殺遵南陽太守袁景而還。

[1]長安：縣名，治所在今陝西省西安市西北。

[2]司馬勛：東晋人，任梁州刺史、建威將軍。後反叛，自稱成都王。後被朱序斬殺。

[3]懸鈎：懸鈎城，位於今陝西省周至縣西南駱谷北口。

[4]治中：官名，治中從事史、治中從事的省稱。州之佐吏，掌選署及文書案卷。魏晋之世，身份雖低，職權極重。　秀離：秀，殿本作“季”。

[5]三輔：以長安爲中心的京畿地區，轄境相當於今陝西省中部地區。

[6]宛城：即宛縣城，治所在今河南省南陽市。

初，遵之發李城也，謂石閔曰：“努力！事成，以爾爲儲貳。”既而立衍，閔甚失望，自以勛高一時，規專朝政，遵忌而不能任。閔既爲都督，總内外兵權，乃懷撫殿中將士及故東宫高力萬餘人，皆奏爲殿中員外將軍，[1]爵關外侯，賜以宫女，樹己之恩。遵弗之猜也，而更題名善惡以挫抑之，衆咸怨矣。而又納中書令孟準、左衛將軍王鸞之計，[2]頗疑憚於閔，稍奪兵權。閔益有恨色，準等咸勸誅之。遵召石鑒等入，議于其太后鄭氏之前，皆請誅之。鄭氏曰：“李城回師，無棘奴豈有今日！小驕縱之，不可便殺也。”鑒出，遣宦者楊環馳以告閔，閔遂劫李農及右衛王基，密謀廢遵。使將軍蘇亥、周成率甲士三十執遵于如意觀。[3]遵時方與婦人彈棋，[4]問成等曰："反者誰也？"成曰："義陽王鑒當立。"遵曰："我尚如是，汝等立鑒，復能幾時！"乃殺之于琨華殿，誅鄭氏及其太子衎、上光禄張斐、中書令孟準、左衛王鸞等。遵凡在位一百八十三日。

[1]殿中員外將軍：官名，十六國後趙置，即正員之外添授的殿中將軍，職掌與殿中將軍同。

[2]左衛將軍：官名，三國魏咸熙二年（265），司馬炎即晋王位，分中衛將軍爲左、右衛將軍。掌佽飛虎賁及前驅、由基、强弩三部司馬，屬下還有虎賁、羽林、上騎、異力、命中共五部督，負責宫禁侍衛。西晋屬中軍將軍，後屬領軍將軍。爲禁衛軍主要統帥之一，權任很重。晋四品。

[3]使將軍蘇亥、周成率甲士三十執遵于如意觀：中華本校勘記："《通鑑》九八'蘇亥'作'蘇彦'，'三十'作'三千'，《御覽》一二〇引《後趙録》亦作'蘇彦'，'三十'字殘。《慕容儁載記》亦作'蘇亥'。甲士三十似太少，疑作'三千'是。"

[4]彈棋：古代一種博戲。《後漢書》卷三四《梁冀傳》：梁冀"性嗜酒，能挽滿、彈棋、格五、六博、蹴踘、意錢之戲"。李賢注引《藝經》曰："彈棋，兩人對局，白黑棋各六枚，先列棋相當，更先彈之。其局以石爲之。"

鑒乃僭位，大赦殊死已下。[1]以石閔爲大將軍，封武德王，李農爲大司馬，並録尚書事；郎闓爲司空，秦州刺史劉群爲尚書左僕射，侍中盧諶爲中書監。

[1]已下：已，殿本作“以”。

鑒使石苞及中書令李松、殿中將軍張才等夜誅閔、農於琨華殿，[1]不克，禁中擾亂。[2]鑒恐閔爲變，僞若不知者，夜斬松、才於西中華門，并誅石苞。

[1]殿中將軍：官名，三國魏置，掌典禁兵督守殿廷。西晋分隸屬左右衛將軍，朝會宴饗及皇帝出入護衛左右。晋六品。

[2]禁中：皇帝所居宫内。

時石祇在襄國，與姚弋仲、苻洪等通和，連兵檄誅閔、農。鑒遣石琨爲大都督，與張舉及侍中呼延盛率步騎七萬分討祇等。中領軍石成、侍中石啓、前河東太守石暉謀誅閔、農，閔、農殺之。

龍驤孫伏都、劉銖等結羯士三千伏于胡天，[1]亦欲誅閔等。時鑒在中臺，伏都率三十餘人將升臺挾鑒以攻之。鑒見伏都毁閣道，臨問其故。伏都曰：“李農等反，已在東掖門，[2]臣嚴率衛士，謹先啓知。”鑒曰：“卿是功臣，好爲官陳力。朕從臺觀卿，勿慮無報也。”於是伏都及銖率衆攻閔、農，不克，屯於鳳陽門。閔、農率衆數千毁金明門而入。鑒懼閔之誅己也，馳招閔、農，開門内之，謂曰：“孫伏都反，卿宜速討之。”[3]閔、農攻斬伏都等，自鳳陽至琨華，横尸相枕，流血成渠。宣令内外六夷敢稱兵杖者斬之。胡人或斬關，或逾城而出者，不可勝數。使尚書王簡、少府王鬱帥衆數千，[4]守鑒于御龍觀，懸食給之。令城内曰：“與官同心者住，不同心者各任所之。”敕城門不復相禁。於是趙人百里內悉入城，胡羯去者填門。閔知胡之不爲己用也，班令內外趙人，斬一胡首送鳳陽門者，文官進位三等，武職悉拜牙門。[5]一日之中，斬首數萬。閔躬率趙人誅諸胡羯，無貴賤男女少長皆斬之，死者二十餘萬，尸諸城外，悉爲野犬豺狼所食。屯據四方者，所在承閔書誅之，于時高鼻多鬚至有濫死者半。

[1]胡天：天，宋本作“土”。《資治通鑑》卷九八《晉紀》穆帝永和五年：“龍驤將軍孫伏都、劉銖等帥羯士三千伏於胡天。”胡三省注：“胡天蓋石氏禁中署舍之名。”

[2]東掖門：宫東旁小門。

[3]卿宜速討之：討，殿本作“計”。

[4]少府：官名，掌管宫廷手工業。晉三品。

[5]牙門：官名，牙門將省稱，三國魏晋南北朝皆置，統兵武職，位在裨將軍下、郡守上。晉五品。

太宰趙鹿、太尉張舉、中軍張春、光禄石岳、撫軍石寧、武衛張季及諸公侯、卿、校、龍騰等萬餘人出奔襄國。[1]石琨奔據冀州，撫軍張沈屯滏口，[2]張賀度據石瀆，[3]建義段勤據黎陽，[4]寧南楊群屯桑壁，[5]劉國據陽城，[6]段龕據陳留，[7]姚弋仲據混橋，[8]苻洪據枋頭，[9]衆各數萬。王朗、麻秋自長安奔于洛陽。秋承閔書，誅朗部胡千餘。朗奔于襄國。麻秋帥衆奔于苻洪。[10]

[1]太宰：官名，即太師，因避司馬師名諱而改名太宰。八公之一，居上公之首，爲宰相之任。晉一品。　趙鹿：中華本校勘

記："《通鑑》九八'鹿'作'庶'。下同。"　中軍：官名，即中軍將軍，西晉時統左右衛、前後左右驍騎等宿衛七營禁軍，主管京師及朝廷警衛。泰始四年（268）罷，置北軍中候代其職。後爲將軍名號，與鎮軍將軍、撫軍將軍並爲三名號將軍，不統禁兵。晉三品。　光禄：官名，即光禄勛，侍從皇帝左右，掌宫廷宿衛。西晉時兼掌原屬少府的一部分宫廷供御事務。晉三品。　石岳：岳，殿本作"行"。　撫軍：官名，撫軍將軍、撫軍大將軍、中撫軍等名號之省稱。晉三品。

［2］滏口：位於今河北省磁縣西北。

［3］石瀆：石瀆堰，一作石竇堰，位於今河北省臨漳縣西南故鄴縣城東部。

［4］建義：官名，即建義將軍。東漢置，三國蜀漢及十六國後趙西秦及北魏皆置。　黎陽：縣名，治所在今河南省浚縣東北。

［5］寧南：寧南將軍，領兵武職，十六國後趙及前燕、北魏皆置。　桑壁：桑壁鎮，即今山西省永和縣東南桑壁鎮。

［6］陽城：縣名，治所在今河南省登封市告城鎮。

［7］段龕：東部鮮卑人，段遼侄子，西晉末自號齊王，後被東晉任命爲鎮北將軍。後降前燕，爲伏順將軍。終被害。

［8］混橋：位於今河北省臨漳縣西南故鄴城東北。

［9］苻洪：苻，宋本作"符"。　枋頭：地名，在今河南省浚縣西南淇門渡。

［10］麻秋帥衆：帥，殿本作"率"。

石琨及張舉、王朗率衆七萬伐鄴，石閔率騎千餘，距之城北。閔執兩刃矛，馳騎擊之，皆應鋒摧潰，斬級三千。琨等大敗，遂歸于冀州。

閔與李農率騎三萬討張賀度于石瀆，鑒密遣宦者賫書召張沉等，使承虚襲鄴。宦者以告閔、農，閔、農馳還，廢鑒殺之，誅季龍孫三十八人，[1]盡殪石氏。鑒在位一百三日。

[1]誅季龍孫三十八人：《十六國春秋》卷一八《後趙録·石鑒傳》："閔、農馳還，廢鑒殺之，誅虎孫二十八人。"《資治通鑑》卷九八《晋紀》穆帝永和六年："閔、農馳還，廢鑒殺之，并殺趙主虎二十八孫。"李之亮據此認爲"三十八"爲"二十八"之誤。（參見李之亮、許華偉《〈晋書〉、〈十六國春秋〉對堪劄記》，《鄭州大學學報》1998年第3期）

季龍小男混，永和八年將妻妾數人奔京師，[1]勑收付廷尉，俄而斬之於建康市。季龍十三子，五人爲冉閔所殺，八人自相殘害，混至此又死。初，讖言滅石者陵，尋而石閔徙封蘭陵公，季龍惡之，改蘭陵爲武興郡，[2]至是終爲閔所滅。始勒以成帝咸和三年僭立，二主四子，凡二十三年，以穆帝永和五年滅。[3]

[1]京師：國都。《春秋公羊傳·桓公九年》："京師者何？天子之居也。"

[2]武興郡：治所在晏然縣（今甘肅省武威市西北）。

[3]"始勒以成帝咸和三年僭立"至"以穆帝永和五年滅"：中華本校勘記："《校文》：考勒自立於太興二年，非成帝咸和三年。《載記》勒、季龍在位皆十五年。冉閔滅石鑒又在季龍卒後一年，合計石氏二主四子，凡三十一年，不得云二十三年。季龍於永和五年死，六年閏月，冉閔立，石氏乃盡滅，亦不得滅於永和五年。此數語舛誤特甚。"

閔，字永曾，小字棘奴，季龍之養孫也。父瞻，字弘武，本姓冉，名良，魏郡内黄人也。[1]其先漢黎陽騎都督，[2]累世牙門。勒破陳午，獲瞻，時年十二，命季龍子之。驍猛多力，攻戰無前。歷位左積射將軍、西華侯。[3]閔幼而果鋭，季龍撫之如孫。及長，身長八尺，善謀策，勇力絶人。拜建節將軍，[4]徙封修成侯，歷位北中郎將、游擊將軍。[5]季龍之敗於昌黎，閔軍獨全，由此功名大顯。及敗梁犢之後，威聲彌振，胡夏宿將莫不憚之。

[1]内黄：縣名，治所在今河南省内黄縣西北。

[2]騎都督：官名，統領騎兵的將領。

[3]左積射將軍：官名，雜號將軍，領兵，領積射營，擔當宿衛之任。晋四品。

[4]建節將軍：官名，東漢末建安年間曹操置，三國魏，十六國一些政權及北魏皆置。

[5]北中郎將：官名，與東、西、南中郎將並稱四中郎將，統兵征戰，權職甚重。晋四品。　游擊將軍：官名，禁軍將領，與驍騎將軍分領命中虎賁，掌宿衛之任。隸屬中領軍（領軍將軍）。晋四品。

永和六年，殺石鑒，其司徒申鍾、司空郎闓等四十八人上尊號于閔，閔固讓李農，農以死固請，於是僭即皇帝位于南郊，大赦，改元曰永興，國號大魏，復姓冉氏。追尊其祖隆元皇帝，考瞻烈祖高皇帝，尊母王氏爲皇太后，立妻董氏爲皇后，子智爲皇太子。以李農爲太宰、領太尉、録尚書事，封齊王，農諸子皆封爲縣公。

封其子胤、明、裕皆爲王。文武進位三等，封爵有差。遣使者持節赦諸屯結，皆不從。

石祗聞鑒死，僭稱尊號于襄國，諸六夷據州郡擁兵者皆應之。閔遣使臨江告晋曰："胡逆亂中原，今以誅之。[1]若能共討者，可遣軍來也。"朝廷不答。閔誅李農及其三子，并尚書令王謨、侍中王衍、中常侍嚴震、趙昇等。晋廬江太守袁真攻其合肥，[2]執南蠻校尉桑坦，[3]遷其百姓而還。

[1]今以誅之：宋本、殿本作"已"。

[2]廬江：郡名，三國魏、吴於境内各置廬江郡，魏治所在六安縣（今安徽省六安市北），吴治所在皖縣（今安徽省潛山市）。西晋合爲一，治舒縣（今安徽省廬江縣西南）。　袁真：東晋人。歷任廬江太守、龍驤將軍、西中郎將、豫州刺史等職。桓温北伐失利，歸罪袁真，將其廢黜。因懷恨叛降前燕。　合肥：縣名，治所在今安徽省合肥市西。

[3]南蠻校尉：官名，亦稱護南蠻校尉，府鎮襄陽，東晋改鎮江陵。掌荆州及江州少數民族事務，統兵。晋四品。

石祗遣其相國石琨率衆十萬伐鄴，進據邯鄲。祗鎮南劉國自繁陽會琨。[1]閔大敗琨于邯鄲，死者萬餘。劉國還屯繁陽。苻健自枋頭入關。張賀度、段勤與劉國、靳豚會于昌城，[2]將攻鄴。閔遣尚書左僕射劉群爲行臺都督，[3]使其將王泰、崔通、周成等帥步騎十二萬次于黄城，[4]閔躬統精卒八萬繼之，戰于蒼亭。賀度等大敗，死者二萬八千，追斬靳豚于陰安鄉，[5]盡俘其衆，振旅而歸。戎卒三十餘萬，旌旗鍾鼓綿亘百餘里，雖石氏之盛無以過之。

［1］鎮南：官名，即鎮南將軍。與鎮東、鎮西、鎮北將軍合稱四鎮將軍。多爲持節都督，出鎮方面。曹魏二品。晋改三品，加持節都督者二品。　繁陽：縣名，治所在今河南省内黄縣西北。

［2］昌城：位於今河南省南樂縣西北。

［3］行臺都督：行臺最高軍事行政長官。

［4］黄城：位於今湖北省武漢市黄陂區東。

［5］追斬靳豚于陰安鄉：中華本校勘記："陰安乃頓丘郡屬縣，見《地理志》上，'鄉'字不當有，《通鑑》九八無'鄉'字亦可證。"

閔至自蒼亭，行飲至之禮，清定九流，準才授任，儒學後門多蒙顯進，于時翕然，方之爲魏晋之初。

閔率步騎十萬攻石祗于襄國，署其子太原王胤爲大單于、驃騎大將軍，[1]以降胡一千配爲麾下。光禄大夫韋謏啓諫甚切，[2]閔覽之大怒，誅謏及其子孫。閔攻襄國百餘日，爲土山地道，築室反耕。[3]祗大懼，去皇帝之號，稱趙王，遣使詣慕容儁、姚弋仲以乞師。會石琨自冀州援祗，弋仲復遣其子襄率騎三萬八千至自滆頭，[4]儁遣將軍悦綰率甲卒三萬自龍城，[5]三方勁卒合十餘萬。閔遣車騎胡睦距襄于長蘆，[6]將軍孫威候琨于黄丘，[7]皆爲敵所敗，士卒略盡，睦、威單騎而還。琨等軍且至，閔將出擊之，衛將軍王泰諫曰："窮寇固迷，希望外援。今强救雲集，欲吾出戰，腹背擊我。宜固壘勿出，觀勢而動，以挫其謀。今陛下親戎，如失萬全，大事去矣。請慎無出，臣請率諸將爲陛下滅之。”閔將從之，道士法饒進曰：“太白經昴，[8]當殺胡王，一戰百克，不可失也。”閔攘袂大言曰：“吾戰決矣，敢諫者斬！”於是盡衆出戰。姚襄、悦綰、石琨等三面攻之，祗衝其後，閔師大敗。閔潛于襄國行宫，與十餘騎奔鄴。降胡栗特康等執冉胤及左僕射劉琦等送于祗，盡殺之。司空石璞、尚書令徐機、車騎胡睦、侍中李綝、中書監盧諶、少府王鬱、尚書劉欽、劉休等及諸將士死者十餘萬人，於是人物殲矣。賊盜蜂起，司冀大飢，人相食。自季龍末年而閔盡散倉庫以樹私恩。[9]與羌胡相攻，無月不戰。青、雍、幽、荆州徙户及諸氐、羌、胡、蠻數百餘萬，各還本土，道路交錯，互相殺掠，且飢疫死亡，其能達者十有二三。諸夏紛亂，無復農者。閔悔之，誅法饒父子，支解之，贈韋謏大司徒。[10]

[1]驃騎大將軍：官名，魏晋制度，驃騎將軍爲重號將軍，僅次於大將軍，高於諸名號將軍，本不需加“大”字。然兩晋時將軍名號越授越濫，遂又增置此號，居諸名號將軍之首。多加於權臣元老，以示尊崇。開府置僚屬，不領兵。晋二品，開府位從公者一品。

[2]甚切：殿本作“切甚”。

[3]築室反耕：典出《左傳·宣公十五年》：楚莊王率軍攻打宋國，久攻不下，又聽説晋國準備援助宋國，便想撤兵。申叔獻計在城外建造營房，讓逃跑的農民回來種田，以示楚軍不走的决心，宋國必定會屈服。莊王采納了這一建議。

[4]襄：姚襄，字景國，本書卷一一六有載記。 滆頭：《十

六國春秋》及《資治通鑑》作灄頭，灄頭壘，位於今河北省景縣西南。

[5]儁：慕容儁，字宣英，本書卷一一〇有載記。　龍城：又稱和龍城、黄龍城、龍都。位於今遼寧省朝陽市十二臺營子。

[6]車騎：官名，即車騎將軍。魏晋南北朝時位次於驃騎將軍，在諸名號將軍之上，多作爲軍府名號，以加授大臣及重要州郡長官。晋二品，開府位從公者一品。　長蘆：長蘆水，自今河北省新河縣西承古漳水，東北經新河縣南及衡水市西，東北復入古漳水。

[7]黄丘：地名，在今河北省深澤縣境。

[8]太白經昴：金星經過昴宿。

[9]自季龍末年而閔盡散倉庫以樹私恩：中華本校勘記："此兩語與上下文俱不相連屬，疑有脱文，今姑以此單獨爲句。"

[10]大司徒：即司徒，職同相國地位却尊。晋一品。

石祇使劉顯帥衆七萬攻鄴。時閔潛還，莫有知者，内外兇兇，皆謂閔已没矣。射聲校尉張艾勸閔親郊，[1]以安衆心，閔從之，訛言乃止。劉顯次于明光宫，去鄴二十三里。閔懼，召衛將軍王泰議之。泰恚其謀之不從，辭以瘡甚。閔親臨問之，固稱疾篤。閔怒，還宫，顧謂左右曰："巴奴，乃公豈假汝爲命邪！要將先滅群胡，却斬王泰。"於是盡衆而戰，大敗顯軍，追奔及于陽平，[2]斬首三萬餘級。顯懼，密使請降，求殺祇爲效，閔振旅而歸。會有告王泰招集秦人，將奔關中，閔怒，誅泰，夷其三族。劉顯果殺祇及其太宰趙鹿等十餘人，傳首于鄴，送質請命。驃騎石寧奔于柏人。[3]閔命焚祇首于通衢。

[1]射聲校尉：官名，統宿衛兵，魏晋時隸屬中領軍。晋四品。　親郊：親自祭天。

[2]陽平：郡名，治所在元城縣（今河北省大名縣東北）。

[3]驃騎：官名，即驃騎將軍。西漢時爲重號將軍，東漢以後，居諸名號將軍之首，僅作爲軍府名號加授大臣或重要州郡長官。晋二品，開府位從公者一品。　柏人：縣名，治所在今河北省隆堯縣西北。

閔兖州刺史劉啓以鄄城歸順。[1]劉顯復率衆伐鄴，閔擊敗之。還，稱尊號于襄國。閔徐州刺史周成、兖州刺史魏統、豫州牧冉遇、荆州刺史樂弘皆以城歸順。[2]平南高崇、征虜吕護執洛州刺史鄭系，[3]以三河歸順。[4]慕容彪攻陷中山，[5]殺閔寧北白同，[6]幽州刺史劉準降于慕容儁。時有雲黄赤色，起東北，長百餘丈，一白鳥從雲間西南去，占者惡之。

[1]閔兖州刺史劉啓以鄄城歸順：中華本校勘記："周校：《穆帝紀》'閔'作'石祇'。按：《通鑑》九九作趙兖州刺史劉啓，亦即以爲石祇之刺史。此時劉顯殺祇降冉閔，故啓降晋。疑'閔'當作'祇'。"　鄄城：縣名，治所在今山東省鄄城縣北。

[2]豫州牧冉遇：中華本校勘記："《斠注》：《穆帝紀》及《謝尚傳》皆作'張遇'，《苻健載記》亦作'豫州刺史張遇'。按：《通鑑》九九從《載記》文，但亦作'張遇'。疑'冉'字訛。"

[3]平南：官名，即平南將軍。與平東、平西、平北將軍合稱四平將軍。多持節都督或監某一地區的軍事，有時作爲刺史等地方官員監理軍務的加官。晋三品，加持節都督者二品。

[4]"平南高崇"至"以三河歸順"：中華本校勘記："《穆帝紀》載當時降晋諸人，稱'高昌屯野王'，當即此'高崇'。《慕容

儁載記》稱：‘石季龍將李歷、張平、高昌等並率其所部稱藩於儁，遣子入侍。既而投款建鄴，結援苻堅。’《姚襄載記》，稱襄南至滎陽後，‘與高昌、李歷戰於麻田’。野王、滎陽並在所云‘三河’地域内。此‘高崇’疑當作‘高昌’。”

［5］中山：郡名，治所在盧奴縣（今河北省定州市）。

［6］殺閔寧北白同：中華本標點用頓號與下句隔開，則是慕容彪殺白同和劉準，降於慕容儁。然慕容彪本是慕容儁部將，受命伐冉閔，不應有降儁之事。考《晋書》卷一〇四《慕容儁載記》“進克中山，斬白同”，“冉將劉準等皆率其部衆降於儁”等文，可知僅斬白同一人，劉準投降。（参見莊劍《〈晋書〉標點疑誤兩則》，《史學月刊》1992年第4期）

劉顯率衆伐常山，太守蘇亥告難于閔。[1]閔留其大將軍蔣幹等輔其太子智守鄴，親率騎八千救之。顯所署大司馬、清河王寧以棗强降于閔，[2]收其餘衆，擊顯，敗之，追奔及于襄國。顯大將曹伏駒開門爲應，遂入襄國，誅顯及其公卿已下百餘人，焚襄國宫室，遷其百姓于鄴。顯領軍范路率衆千餘，斬關奔于枋頭。

［1］告難于閔：于，宋本作“丁”。

［2］棗强：縣名，治所在今河北省棗强縣東南。

時慕容儁已克幽薊，略地至于冀州。閔帥騎距之，與慕容恪相遇於魏昌城。[1]閔大將軍董閏、車騎張温言於閔曰：“鮮卑乘勝氣勁，不可當也，請避之以溢其氣，然後濟師以擊之，可以捷也。”閔怒曰：“吾成師以出，將平幽州，斬慕容儁。今遇恪而避之，人將侮我矣。”

乃與恪遇，十戰皆敗之。恪乃以鐵鏁連馬，簡善射鮮卑勇而無剛者五千，方陣而前。閔所乘赤馬曰朱龍，日行千里，左杖雙刃矛，右執鈎戟，順風擊之，斬鮮卑三百餘級。俄而燕騎大至，圍之數周。閔衆寡不敵，躍馬潰圍東走，行二十餘里，馬無故而死，爲恪所擒，及董閏、張温等送之于薊。儁立閔而問之曰："汝奴僕下才，何自妄稱天子？"閔曰："天下大亂，爾曹夷狄，人面獸心，尚欲篡逆。我一時英雄，何爲不可作帝王邪！"儁怒，鞭之三百，送于龍城，告廆、皝廟。[2]

[1]魏昌城：魏昌縣城，位於今河北省定州市東南。

[2]廆：慕容廆，字弈洛瓌，本書卷一〇八有載記。

遣慕容評率衆圍鄴。[1]劉寧及弟崇帥胡騎三千奔于晉陽，[2]蘇亥棄常山奔于新興。[3]鄴中飢，人相食，季龍時宫人被食略盡。冉智尚幼，蔣幹遣侍中繆嵩、詹事劉猗奉表歸順，且乞師于晉。濮陽太守戴施自倉垣次于棘津，[4]止猗，不聽進，責其傳國璽。猗使嵩還鄴復命，幹沉吟未決，施乃率壯士百餘人入鄴，助守三臺，譎之曰："且出璽付我。今凶寇在外，道路不通，未敢送也。須得璽，當馳白天子耳。天子聞璽已在吾處，[5]信卿至誠，必遣軍糧後相救餉。"[6]幹以爲然，乃出璽付之。施宣言使督護何融迎糧，[7]陰令懷璽送于京師。長水校尉馬願、龍驤田香開門降評。[8]施、融、蔣幹懸縋而下，[9]奔于倉垣。評送閔妻董氏、太子智、太尉申鍾、司空條攸、中書監聶熊，司隸校尉籍羆、中書令李垣及諸王公卿士于薊。尚書令王簡、左僕射張乾、右僕射郎肅自殺。

［1］慕容評：十六國時昌黎棘城（今遼寧省義縣西）人，慕容廆之子。歷任前燕軍師將軍、輔弼將軍、司州刺史、驃騎將軍。後被前秦王猛所俘。

［2］晉陽：縣名，治所在今山西省太原市西南。

［3］新興：郡名，治所在九原縣（今山西省忻州市）。

［4］濮陽：縣名，治所在濮陽縣（今河南省濮陽市西南）。　倉垣：即倉垣亭，位於今河南省開封市西北。　棘津：又名石濟津、南津。位於今河南省滑縣西南古黄河上。

［5］天子：殿本無此二字。

［6］後相救餉：後，宋本、殿本作“厚”。

［7］督護：官名，州郡及出鎮方面將軍府皆設，掌兵事。兩晉時常統軍征伐，祇督一軍。

［8］長水校尉：官名，五校尉之一，統宿衛兵，魏晉時隸屬中領軍。晉四品。

［9］施、融、蔣幹懸縋而下：中華本校勘記：“上文已云何融懷璽送京師，《謝尚傳》亦云‘融賫璽馳還枋頭’，則融已不在城中，何得又與戴施、蔣幹縋城而下，記事前後矛盾。”

儁送閔既至龍城，斬于遏陘山。山左右七里草木悉枯，蝗蟲大起，五月不雨，至于十二月。儁遣使者祀之，謚曰武悼天王，其日大雪。是歲永和八年也。[1]

［1］是歲永和八年也：永，原本、宋本作“太”，殿本作“永”，據殿本、中華本校勘記改。

史臣曰：夫拯溺救焚，帝王之師也；窮凶騁暴，戎狄之舉也。蠢兹雜種，自古爲虞，限以塞垣，猶懼侵軼，况乃入居中壤，窺我王政，乘弛紊之機，睹危亡之隙，而莫不嘯群鳴鏑，汨亂天常者乎！[1]

[1]汨亂天常：禍亂天之常道。

石勒出自羌渠，見奇醜類。聞鞞上黨，季子鑒其非凡；倚嘯洛城，夷甫識其爲亂。[1]及惠皇失統，宇内崩離，遂乃招聚螘徒，乘間煽禍，虔劉我都邑，翦害我黎元。朝市淪胥，若沉航於鯨浪；王公顛仆，譬游魂於龍漠。豈天厭晋德而假兹妖孽者歟！觀其對敵臨危，運籌賈勇，[2]奇謨間發，[3]猛氣横飛。遠嗤魏武，則風情慷慨；近答劉琨，則音詞倜儻。焚元超於苦縣，陳其亂政之諐；戮彭祖於襄國，數以無君之罪。於是跨躡燕趙，并吞韓魏，杖奇材而竊徽號，擁舊都而抗王室，褫氊裘，襲冠帶，釋介胄，開庠序，[4]鄰敵懼威而獻款，絶域承風而納貢，則古之爲國，曷以加諸！雖曰凶殘，亦一時傑也。而託授非所，貽厥無謀，身隕嗣滅，業歸携養，斯乃知人之暗焉。

[1]夷甫：宋本無“夷”字。

[2]賈勇：語本《左傳·成公二年》：“齊高固入晋師，桀石以投人，禽之，而乘其車，繫桑本焉。以徇齊壘，曰：‘欲勇者，賈余餘勇。’”杜預注：“賈，賣也。言己勇有餘，欲賣之。”

[3]奇謨間發：奇，宋本作“嗤”。

[4]庠序：學校。庠，宋本作“府”。

季龍心昧德義，幼而輕險，假豹姿於羊質，騁梟心於狼性，始懷怨恚，終行篡奪。於是窮驕極侈，勞役繁興，畚鍤相尋，[1]干戈不息，刑政嚴酷，動見誅夷，惵惵遺黎，[2]求哀無地，戎狄殘獷，斯爲甚乎！既而父子猜嫌，兄弟仇隙，自相屠膾，[3]取笑天下。墳土未燥，禍亂薦臻，[4]釁起於張豺，族傾於冉閔，積惡致滅，有天道哉！夫從逆則凶，事符影響；爲咎必應，理若循環。世龍之殪晋人，既窮其酷；永曾之誅羯士，亦殲其類。無德不報，斯之謂乎！

[1]畚鍤相尋：勞役不断。畚鍤，做工的工具。

[2]惵惵：恐惧貌。

[3]屠膾：膾，宋本、殿本作“鱠”。

[4]禍亂薦臻：禍亂接連不斷。

贊曰：中朝不競，蠻狄争衡。[1]塵飛五岳，霧晻三精。[2]狡焉石氏，怙亂窮兵。流灾肆慝，剽邑屠城。始自群盜，終假鴻名。勿謂凶醜，亦曰時英。季龍篡奪，淫虐播聲。身喪國泯，其由禍盈。

[1]争衡：争先後比高低。

[2]霧晻三精：霧使日月星暗淡無光。

晉書　卷一〇八

載記第八

慕容廆 裴嶷 高瞻

慕容廆

慕容廆，字弈洛瓌，昌黎棘城鮮卑人也。[1]其先有熊氏之苗裔，[2]世居北夷，邑于紫蒙之野，[3]號曰東胡。其後與匈奴並盛，[4]控弦之士二十餘萬，風俗官號與匈奴略同。秦漢之際爲匈奴所敗，分保鮮卑山，[5]因以爲號。曾祖莫護跋，魏初率其諸部入居遼西，[6]從宣帝伐公孫氏有功，[7]拜率義王，始建國於棘城之北。時燕代多冠步摇冠，[8]莫護跋見而好之，乃斂髮襲冠，諸部因呼之爲步摇，其後音訛，遂爲慕容焉。或云慕二儀之德，[9]繼三光之容，[10]遂以慕容爲氏。祖木延，左賢王。父涉歸，以全柳城之功，[11]進拜鮮卑單于，遷邑於遼東北，於是漸慕諸夏之風矣。

[1]昌黎：郡名，治所在昌黎縣（今遼寧省義縣）。　棘城：

一作大棘城，位於今遼寧省義縣西。　鮮卑：我國古代北方少數民族，有拓拔、宇文、慕容、禿髮、乞伏、段諸部。

［2］有熊氏：即黄帝，姬姓，號軒轅氏、有熊氏。

［3］紫蒙之野：今遼寧省老哈河流域。

［4］匈奴：古代北方少數民族名。

［5］鮮卑山：即今内蒙古自治區東北部額爾古納河與黑龍江上游之間的大興安嶺。

［6］遼西：郡名，治所在陽樂縣（今河北省盧龍縣東南）。

［7］宣帝：司馬懿，本書卷一有紀。　公孫氏：即遼東公孫淵。三國時遼東襄平（今遼寧省遼陽市）人，字文懿，公孫康子，公孫康死後，奪弟公孫恭之權，自立爲燕王。後被司馬懿征討攻殺。

［8］步摇：古代婦女附在簪釵上的一種首飾。《釋名·釋首飾》："步摇上有垂珠，步則摇動也。"

［9］二儀：天地。

［10］三光：日月星。

［11］柳城：縣名，治所在今遼寧省朝陽市西南十二臺營子。

廆幼而魁岸，美姿貌，身長八尺，雄傑有大度。安北將軍張華雅有知人之鑒，[1]廆童冠時往謁之，[2]華甚嘆異，謂曰："君至長必爲命世之器，匡難濟時者也。"因以所服簪幘遺廆，結殷勤而别。[3]

［1］安北將軍：官名，東漢建安年間置，與安東、安南、安西將軍合稱四安將軍，爲出鎮某一地區的軍事長官，或作爲刺史等兼理軍務的加官，權任頗重。晋三品，加持節都督者二品。　張華：字茂先，本書卷三六有傳。　雅有知人之鑒：頗有知人的眼光。

［2］童冠：冠，殿本作"丱"。

［3］結殷勤：結下深厚情誼。

涉歸死，其弟耐篡位，將謀殺廆，廆亡潛以避禍。後國人殺耐，迎廆立之。

初，涉歸有憾於宇文鮮卑，廆將修先君之怨，表請討之。武帝弗許。廆怒，入寇遼西，殺略甚衆。帝遣幽州諸軍討廆，戰于肥如，[1]廆衆大敗。自後復掠昌黎，每歲不絕。又率衆東伐扶餘，[2]扶餘王依慮自殺，廆夷其國城，驅萬餘人而歸。東夷校尉何龕遣督護賈沉將迎立依慮之子爲王，[3]廆遣其將孫丁率騎邀之。沉力戰斬丁，遂復扶餘之國。

[1]肥如：縣名，治所在今河北省盧龍縣北。

[2]扶餘：亦作夫餘，本書卷九七有傳。

[3]東夷校尉：官名，亦稱護東夷校尉，掌東北地區少數民族事務。駐平州（今遼寧省遼陽市）。晋四品。　督護：官名，州郡及出鎮方面將軍府皆設，掌兵事。兩晋時常統軍征伐，秪督一軍。

廆謀於其衆曰：“吾先公以來世奉中國，且華裔理殊，强弱固别，豈能與晋競乎？何爲不和以害吾百姓邪！”乃遣使來降。帝嘉之，拜爲鮮卑都督。[1]廆致敬於東夷府，巾衣詣門，抗士大夫之禮。何龕嚴兵引見，廆乃改服戎衣而入。人問其故，廆曰：“主人不以禮，賓復何爲哉！”龕聞而慚之，彌加敬憚。時東胡宇文鮮卑段部以廆威德日廣，懼有吞并之計，[2]因爲寇掠，往來不絕。廆卑辭厚幣以撫之。

[1]鮮卑都督：官名，西晋置，慕容鮮卑的首領。

[2]吞并之計：計，宋本作“討”。

太康十年，廆又遷于徒河之青山。[1]廆以大棘城即帝顓頊之墟也，[2]元康四年乃移居之。教以農桑，法制同於上國。永寧中，燕垂大水，廆開倉振給，幽方獲濟。天子聞而嘉之，褒賜命服。

[1]徒河：縣名，治所在今遼寧省錦州市。　青山：位於今遼寧省義縣東北。

[2]顓頊：上古帝王，姬姓，號高陽氏，黄帝後裔。

太安初，宇文莫圭遣弟屈雲寇邊城，雲别帥大素延攻掠諸部，廆親擊敗之。素延怒，率衆十萬圍棘城，衆咸懼，人無距志。廆曰：“素延雖犬羊蟻聚，然軍無法制，已在吾計中矣。諸君但爲力戰，無所憂也。”乃躬貫甲胄，馳出擊之，素延大敗，追奔百里，俘斬萬餘人。

永嘉初，廆自稱鮮卑大單于。遼東太守龐本以私憾殺東夷校尉李臻，[1]附塞鮮卑素連、木津等託爲臻報讎，實欲因而爲亂，遂攻陷諸縣，殺掠士庶。太守袁謙頻戰失利，校尉封釋懼而請和。連歲寇掠，百姓失業，流亡歸附者日月相繼。廆子翰言於廆曰：“求諸侯莫如勤王，自古有爲之君靡不杖此以成事業者也。今連、津跋扈，王師覆敗，蒼生屠膾，豈甚此乎！豎子外以龐本爲名，内實幸而爲寇。封使君以誅本請和，而毒害滋深。遼東傾没，垂已二周，中原兵亂，州師屢敗，勤王杖義，今其時也。單于宜明九伐之威,[2]救倒懸之命,[3]數連、津之罪，合義兵以誅之。上則興復遼邦，下則并吞二部，忠義彰於本朝，私利歸于我國，此則吾鴻漸之始也,[4]終可以得志於諸侯。”廆從之。是日，率騎討連、津，大敗斬之，二部悉降，徙之棘城，立遼東郡而歸。

[1]遼東：郡名，治所在襄平縣（今遼寧省遼陽市）。

[2]九伐：古代指對九種罪惡的討伐。《周禮·夏官·大司馬》：“以九伐之法正邦國：馮弱犯寡則眚之；賊賢害民則伐之；暴内陵外則壇之；野荒民散則削之；負固不服則侵之；賊殺其親則正之；放弑其君則殘之；犯令陵政則杜之；外内亂、鳥獸行則滅之。”《大戴禮記·朝事》：“明九伐之法，以震威之。”後亦泛指征伐。

[3]倒懸之命：倒，宋本作“側”。

[4]鴻漸之始：鴻雁高飛的開始。

懷帝蒙塵于平陽,[1]王浚承制以廆爲散騎常侍、冠軍將軍、前鋒大都督、大單于,[2]廆不受。建興中，愍帝遣使拜廆鎮軍將軍、昌黎遼東二國公。[3]建武初，元帝承制拜廆假節、散騎常侍、都督遼左雜夷流人諸軍事、龍驤將軍、大單于、昌黎公,[4]廆讓而不受。征虜將軍魯昌説廆曰：[5]“今兩京傾没，天子蒙塵，琅邪承制江東,[6]實人命所係。明公雄據海朔，跨總一方，而諸部猶怙衆稱兵,[7]未遵道化者，蓋以官非王命，又自以爲强。今宜通使琅邪，勸承大統，然後敷宣帝命，以伐有罪，誰敢不從!”廆善之，乃遣其長史王濟浮海勸進。[8]及帝即尊位，遣謁者陶遼重申前命，授廆將軍、單于，廆固辭公封。

[1]平陽：郡名，治所在平陽縣（今山西省臨汾市西南）。

[2]王浚：字彭祖，本書卷三九有傳。　承制：秉承皇帝旨意便宜行事。　散騎常侍：官名，三國魏文帝黄初年間置，侍從皇帝左右，諫諍得失，顧問應對，與侍中等共平尚書奏事。也用作宰相、諸公等加官，入宫議政。晋三品。　冠軍將軍：官名，曹魏、孫吴、西晋皆置。西晋時領營兵。晋三品。　前鋒大都督：官名，前鋒部隊的統帥。　大單于：匈奴最高首領。西晋時亦加於其他少數民族首領。

[3]鎮軍將軍：官名，三國時始置，西晋罷又復置。位在鎮軍大將軍下，與中軍將軍、撫軍將軍並爲三名號將軍，位比四鎮將軍。晋三品。

[4]假節：假以節杖。指大臣臨時持節出巡，爲權臣掌軍、秉政的地位象徵和政治待遇。　都督遼左雜夷流人諸軍事：統管遼左雜夷流人的最高軍事行政長官。　龍驤將軍：官名，高級軍事將領。晋三品。

[5]征虜將軍：既是武官名，也作爲高級文職官員的加官。晋三品。

[6]江東：亦稱江左，因自北方視之，江東在左，江西在右，故稱。

[7]怙衆稱兵：倚仗人多起兵動武。

[8]長史：官名，掌顧問參謀，爲所在官署掾屬之長。魏晋南北朝時王府、公府、軍府、邊郡均置。晋八至六品。

時二京傾覆，幽冀淪陷，廆刑政修明，虚懷引納，[1]流亡士庶多襁負歸之。廆乃立郡以統流人，冀州人爲冀陽郡，[2]豫州人爲成周郡，[3]青州人爲營丘郡，[4]

并州人爲唐國郡。[5]於是推舉賢才，委以庶政，以河東裴嶷、代郡魯昌、北平陽耽爲謀主，[6]北海逄羨、廣平游邃、北平西方虔、渤海封抽、西河宋奭、河東裴開爲股肱，[7]渤海封弈、平原宋該、安定皇甫岌、蘭陵繆愷以文章才俊任居樞要，[8]會稽朱左車、太山胡毋翼、魯國孔纂以舊德清重引爲賓友，[9]平原劉讚儒學該通，[10]引爲東庠祭酒，[11]其世子皝率國胄束脩受業焉。[12]廆覽政之暇，[13]親臨聽之，於是路有頌聲，禮讓興矣。

[1]虚懷引納：納，殿本作“統”。

[2]冀州：三國魏治所在信都縣（今河北省衡水市冀州區），西晋移治房子縣（今河北省高邑縣西南）。　冀陽郡：西晋末慕容廆置，治所確址不詳，疑在今遼寧省凌源市一帶。

[3]豫州：曹魏時治所在安城縣（今河南省正陽縣東北），西晋移治陳縣（今河南省周口市淮陽區），十六國前趙移治許昌縣（今河南省許昌市東）。　成周郡：西晋末慕容廆置，治所確址不詳，當在今遼寧省西部地區。

[4]青州：治所在臨淄縣（今山東省淄博市東北）。　營丘郡：西晋末慕容廆置，治所在今遼寧省朝陽市東。

[5]并州：治所在晋陽縣（今山西省太原市西南）。　唐國郡：西晋末慕容廆置，治所確址未詳，當在今遼寧省西南部。

[6]河東：郡名，治所在安邑縣（今山西省夏縣西北禹王城）。　代郡：治所在代縣（今河北省蔚縣東北）。　北平：郡名，治所在徐無縣（今河北省遵化市東）。

[7]北海：郡名，治所在劇縣（今山東省昌樂縣西）。　廣平：郡名，治所在曲梁侯國（今河北省邯鄲市永年區）。　西方虔：中華本校勘記：“《元和姓纂》‘虔’作‘武’。按：唐人避諱亦偶用

形近之字。《魏書》四九崔秉、六三王肅弟秉，《北史》並改作‘康’。《魏書》四七盧玄族人‘叔虔’，《北史》作‘叔彪’，《北齊書》四二又作‘叔武’，與此‘西方虔’同例，其人本皆名‘虎’，‘虔’‘武’皆避唐諱改。”　渤海：郡名，西漢置，治所在浮陽縣（今河北省滄州市東南舊滄州），西晋治所在南皮縣（今河北省南皮縣東北）。　西河：郡名，治所在離石縣（今山西省吕梁市離石區）。

［8］平原：郡國名，治所在平原縣（今山東省平原縣西南）。　安定：郡名，西漢置，治所在高平縣（今寧夏回族自治區固原市），東漢治所在臨涇縣（今甘肅省鎮原縣東南），東晋改治安定縣（今甘肅省涇川縣北）。　蘭陵：郡名，治所在丞縣（今山東省棗莊市嶧城區）。　樞要：中央政權中的重要職位。

［9］會稽：郡名，治所在山陰縣（今浙江省紹興市）。　太山：郡名，治所在奉高縣（今山東省泰安市東）。　魯國：治所在魯縣（今山東省曲阜市東）。

［10］該通：博通。

［11］東庠祭酒：官名，十六國前燕置，掌教授經學。

［12］皝：慕容皝，字元真，本書卷一〇九有傳。　國胄：胄，宋本作“冑”。　束脩受業：入學學習。束脩，古代入學送給老師的禮物。

［13］覽政之暇：暇，殿本作“暇”。

時平州刺史、東夷校尉崔毖自以爲南州士望，[1]意存懷集，而流亡者莫有赴之。毖意廆拘留，乃陰結高句麗及宇文、段國等，[2]謀滅廆以分其地。太興初，三國伐廆，廆曰：“彼信崔毖虚説，邀一時之利，烏合而來耳。既無統一，莫相歸伏，吾今破之必矣。然彼軍初合，其鋒甚鋭，幸我速戰。若逆擊之，落其計矣。靖以待之，必懷疑貳，迭相猜防。一則疑吾與毖譎而覆之，二則自疑三國之中與吾有韓魏之謀者，[3]待其人情沮惑，然後取之必矣。”於是三國攻棘城，廆閉門不戰，遣使送牛酒以犒宇文，大言於衆曰：“崔毖昨有使至。”於是二國果疑宇文同於廆也，引兵而歸。宇文悉獨官曰：“二國雖歸，吾當獨兼其國，何用人爲！”盡衆逼城，連營三十里。廆簡鋭士配皝，推鋒於前；翰領精騎爲奇兵，從傍出，直衝其營；廆方陣而進。悉獨官自恃其衆，不設備，見廆軍之至，方率兵距之。前鋒始交，翰已入其營，縱火焚之，其衆皆震擾，不知所爲，遂大敗，悉獨官僅以身免，盡俘其衆。於其營候獲皇帝玉璽三紐，遣長史裴嶷送于建鄴。[4]崔毖懼廆之仇己也，使兄子燾僞賀廆。會三國使亦至請和，曰：“非我本意也，崔平州教我耳。”廆將燾示以攻圍之處，臨之以兵，曰：“汝叔父教三國滅我，何以詐來賀我乎？”燾懼，首服。廆乃遣燾歸説毖曰：“降者上策，走者下策也。”以兵隨之。毖與數十騎棄家室奔于高句麗，廆悉降其衆，徙燾及高瞻等于棘城，待以賓禮。明年，高句麗寇遼東，廆遣衆擊敗之。

［1］平州：治所在襄平縣（今遼寧省遼陽市）。

［2］高句麗：古國名，亦作句麗、高麗。都城丸都（今吉林省集安市），後遷都今朝鮮民主主義人民共和國平壤市。麗，原本、宋本、殿本作“驪”，據下文及中華本改。

［3］韓魏之謀：《史記》卷四三《趙世家》載：趙襄子四年（前 472），智伯與韓趙魏共攻晋出公，出公奔齊。智伯乃立晋懿

公。此後益驕，向趙求地，趙不與，智伯怒，率韓魏攻趙。趙襄子懼，私與韓魏合謀，三國反滅智氏，共分其地。

[4]建鄴：縣名，治所在今江蘇省南京市。

裴嶷至自建鄴，帝遣使者拜廆監平州諸軍事、安北將軍、平州刺史，[1]增邑二千户。尋加使持節、都督幽州東夷諸軍事、車騎將軍、平州牧，[2]進封遼東郡公，邑一萬户，常侍、單于並如故；[3]丹書鐵券，承制海東，命備官司，置平州守宰。

[1]監平州諸軍事：平州地區軍事行政長官，位低於都督。

[2]使持節：漢朝官吏奉使外出時，或由皇帝授予節杖，以提高其權力。魏晋以後，凡重要軍事長官出征或出鎮，加使持節，可誅殺二千石以下官員。　都督幽州東夷諸軍事：中華本校勘記："周校：'幽州'，《元帝紀》作'幽、平二州'。按：官爲平州牧，所督州例必有平州。《御覽》一二一引《前燕録》、《通鑑》九一皆作'都督幽、平二州東夷諸軍事'，此'幽'字下當脱'平二'二字。"　車騎將軍：官名，魏晋南北朝時位次於驃騎將軍，在諸名號將軍之上，多作爲軍府名號，以加授大臣及重要州郡長官。晋二品，開府位從公者一品。

[3]常侍：官名，散騎常侍、散騎中常侍、通直散騎常侍、員外散騎常侍等官的簡稱。晋三品。

段末波初統其國，[1]而不修備，廆遣皝襲之，入令支，[2]收其名馬寶物而還。

[1]段末波：又名段末柸，東部鮮卑。世爲渠帥。隨從兄疾陸

眷攻打石勒，被俘。後被石勒釋放。會疾陸眷死，段匹磾奔喪，末波乘機襲擊段匹磾，自立爲單于，稱幽州刺史。

[2]令支：縣名，治所在今河北省遷安市西南。

石勒遣使通和，[1]廆距之，送其使於建鄴。勒怒，遣宇文乞得龜擊廆，廆遣皝距之。以裴嶷爲右部都督，[2]率索頭爲右翼，命其少子仁自平郭趣柏林爲左翼，[3]攻乞得龜，克之，悉虜其衆。乘勝拔其國城，收其資用億計，徙其人數萬户以歸。

[1]石勒：字世龍，本書卷一〇四有載記。

[2]右部都督：西晋末慕容廆置，右翼部队的统帅。

[3]平郭：縣名，治所在今遼寧省蓋州市南。

成帝即位，加廆侍中，位特進。[1]咸和五年，又加開府儀同三司，[2]固辭不受。

[1]特進：官名，三國兩晋時表示有特殊地位，或用作安置閑退大臣。晋二品。

[2]開府儀同三司：官名，三國魏始置。爲大臣加號，意謂與太尉、司徒、司空三司待遇相同，許開設府署，任命僚屬。

廆嘗從容言曰："獄者，人命之所懸也，不可以不慎。賢人君子，國家之基也，不可以不敬。稼穡者，[1]國之本也，不可以不急。酒色便佞，亂德之甚也，不可以不戒。"乃著《家令》數千言以申其旨。

[1]稼穡者：者，宋本作“有”。

遣使與太尉陶侃箋曰：[1]

明公使君轂下：振德曜威，撫寧方夏，勞心文武，士馬無恙，欽高仰止，注情彌久。王塗嶮遠，隔以燕越，每瞻江湄，延首遐外。

[1]太尉：官名，曹操爲丞相後，太尉府屬官歸相府，晋時太尉雖爲八公之一、三公之首，實爲名譽宰相，多爲大臣加官。晋一品。　陶侃：字士行，本書卷六六有傳。

天降艱難，禍害屢臻，[1]舊都不守，奄爲虜庭，使皇輿遷幸，假勢吴楚。大晋啓基，祚流萬世，天命未改，玄象著明，[2]是以義烈之士深懷憤踴。猥以功薄，受國殊寵，上不能掃除群羯，[3]下不能身赴國難，仍縱賊臣，屢逼京輦。王敦唱禍於前，[4]蘇峻肆毒於後，[5]凶暴過於董卓，[6]惡逆甚於傕汜，[7]普天率土，誰不同忿！深怪文武之士，過荷朝榮，不能滅中原之寇，刷天下之耻。

[1]禍害屢臻：禍害屢屢到來。

[2]玄象：天象。

[3]掃除：掃，宋本作“埽”。

[4]王敦：字處仲，本書卷九八有傳。　唱禍於前：唱，殿本作“昌”。

[5]蘇峻：字子高，本書卷一〇〇有傳。

[6]董卓：東漢末隴西臨洮（今甘肅省岷縣）人，字仲穎。本

爲凉州豪强，靈帝時歷任中郎將、前將軍、并州牧等職。應何進之招進京殺宦官，進京後專權，廢少帝立獻帝。因受關東諸侯討伐，焚燒洛陽宫室，遷獻帝於長安。後爲部將吕布所殺。

[7]傕汜：李傕和郭汜。李傕，東漢北地（今寧夏回族自治區吴忠市西南）人，字稚然。董卓部將。董卓死後，率部叛亂，攻陷長安，燒殺搶掠。後被段煨討殺。郭汜，東漢末張掖（今甘肅省張掖市）人，董卓部將。董卓死後與李傕共同叛亂，後被其將伍習所殺。

君侯植根江陽，[1]發曜荆衡，[2]杖葉公之權，[3]有包胥之志，[4]而令白公、伍員殆得極其暴，[5]竊爲丘明耻之。[6]區區楚國子重之徒，[7]猶耻君弱、群臣不及先大夫，厲己戒衆，以服陳鄭；越之種蠡尚能弼佐句踐，[8]取威黄池；[9]况今吴土英賢比肩，[10]而不輔翼聖主，陵江北伐。以義聲之直，討逆暴之羯，檄命舊邦之士，[11]招懷存本之人，豈不若因風振落，頓坂走輪哉![12]且孫氏之初，[13]以長沙之衆摧破董卓，[14]志匡漢室。雖中遇寇害，雅志不遂，原其心誠，[15]乃忽身命。及權據揚越，[16]外杖周張，[17]内馮顧陸，[18]距魏赤壁，[19]克取襄陽。[20]自兹以降，世主相襲，咸能侵逼徐豫，[21]令魏朝旰食。[22]不知今之江表爲賢俊匿智，藏其勇略邪？將吕蒙、凌統高踪曠世哉？[23]况今凶羯虐暴，中州人士逼迫勢促，其顛沛之危，甚於累卵。假號之强，衆心所去，敵有釁矣，易可震蕩。王郎、袁術雖自詐僞，[24]皆基淺根微，禍不旋踵，此皆君侯之所聞見者矣。

[1]江陽：長江北岸。江南爲陰，江北爲陽。

[2]荆衡：指荆州。

[3]杖葉公之權：葉公名諸梁，楚大夫，食菜於葉，稱葉公。楚公子建被鄭國所殺，其子白公勝怨鄭之殺其父，請求伐鄭。楚令尹子西許之。兵未發而晋伐鄭，鄭請救於楚。楚使子西往救，與盟而還。白公勝乃恨子西，四年後與石乞襲殺子西。葉公聞白公叛亂，率其國人攻白公。白公之徒敗，亡走山中，自殺。事見《史記》卷六六《伍子胥列傳》。

[4]包胥：申包胥，春秋時楚國人，與伍員是好朋友。伍員受迫害逃離楚國，臨行對申包胥説："我一定顛覆楚國。"申包胥説："您能颠覆楚國，我一定能復興楚國。"後伍員率吴軍在柏舉大敗楚軍，攻入郢都。申包胥入秦告急，求救於秦。秦不許。包胥立於秦廷，晝夜哭，七日七夜不絶其聲。秦哀公憐之，乃發兵救楚擊吴。敗吴兵於稷。

[5]伍員：春秋時人，名員，字子胥。楚國大夫伍奢之次子，伍尚之弟。楚平王七年（前522）費無忌誣蔑伍奢與太子建叛亂，結果伍尚和伍奢被殺，伍子胥逃入吴國。助公子闔閭刺殺吴王僚，奪取王位。後被闔閭任爲行人，率兵攻楚，大敗越國。後因多次勸諫闔閭子夫差而被疏遠，最終自殺。

[6]丘明：即左丘明，春秋末年魯國人，曾任魯國太史。著有《國語》《左氏春秋》。

[7]子重：春秋時楚國人，任令尹。魯成公二年（前589），與晋衛兩國一起攻打齊國。楚國令尹子重發動了陽橋之戰來救援齊國。部隊準備出發時，子重説："君弱，群臣不如先大夫，師衆而後可。"意思是説，現在國君軟弱，國子也不如先大夫，衹有軍隊很多纔可出兵。事見《左傳・成公二年》。

［8］種蠡：文種和范蠡。文種，春秋時楚國郢城（今湖北省荆州市紀南城）人，字少禽，一作子禽。與范蠡入越，共事越王勾踐，任大夫。越國被吴國擊破，退守會稽，文種獻計向吴國請和，得免亡國。越國復仇後，范蠡勸文種功成身退，文種不聽。後勾踐聽信讒言，令文種自殺。范蠡，春秋末楚國宛（今河南省南陽市）人，字少伯，在楚國時與宛令文種爲友，後與文種一起入越國。吴越相争，越國失敗。兩國媾和後，范蠡隨越王入吴爲人質三年。越王返國後，發憤圖强，最後反手將吴國滅掉。功成之後，范蠡離開越國，泛海至齊國，稱鴟夷子皮，又到陶，改稱陶朱公，以經商成爲巨富。　句踐：春秋末越國國君，越王允常之子。勾踐三年（前494）與吴軍戰於夫椒，敗後求和，入吴國爲人質三年。回國後與文種、范蠡等大臣共謀强國，卧薪嘗膽，奮發圖强，十年生聚，十年教訓，終於轉弱爲强。十五年，乘吴王夫差北上黄池與晋魯兩國相會，率軍攻入吴國國都，逼迫吴國與之媾和。以後又多次攻吴，滅掉吴國。

［9］黄池：一名黄亭，位於今河南省封丘縣西南，古濟水與黄溝交匯處。春秋時吴王夫差與晋魯兩國會盟於此。

［10］況今：今，宋本作“另”。　比肩：一個接一個，形容衆多。

［11］舊邦之士：邦，殿本作“都”。

［12］頓坂走輪：順著下坡走車，形容輕而易舉。頓坂，下坡。

［13］孫氏：孫堅，東漢末吴郡富春（今浙江省杭州市富陽區）人，字文臺。東漢末任長沙太守，起兵討董卓，入洛陽，得傳國璽。後還軍魯陽。初平二年（191）率軍攻打荆州劉表，被黄祖部下射殺。　孫氏之初：宋本“初”下有小字夾文“孫氏之當年”。

［14］長沙：郡名，治所在臨湘縣（今湖南省長沙市）。

［15］心誠：宋本、殿本作“誠心”。

［16］權：孫權。　揚越：揚州吴越地區。

［17］周：周瑜，東漢末廬江舒縣（今安徽省廬江縣西南）人，

字公瑾。隨孫策起兵。孫策卒後，與張昭共同輔佐孫權。親率水軍破曹操於赤壁。歷任建威中郎將、江夏太守、偏將軍、南郡太守等職。　張：張昭，三國時彭城（今江蘇省徐州市）人，字子布。東漢末年避亂渡江，被孫策任爲長史、撫軍中郎將。孫策卒，受遺命輔佐孫權。赤壁之戰前主張降曹而使孫權失望。孫權稱帝後，更拜輔吴將軍。

［18］顧：顧雍，三國時吴郡吴縣（今江蘇省蘇州市）人，字元嘆。少從蔡邕學琴書，歷任孫吴大理、奉常、領尚書令、丞相。　陸：陸遜，三國時吴郡吴縣（今江蘇省蘇州市）人，本名議，字伯言，孫策女婿。早年爲孫權幕僚，後歷任屯田都尉、定威校尉。吴蜀夷陵之戰中任大都督，大敗蜀軍於猇亭，因功加拜輔國將軍，領荆州牧。後見孫權寵魯王孫霸，疏太子，便上書勸諫，反被孫權斥責，憤恚而死。

［19］赤壁：地名，在今湖北省赤壁市西北。

［20］襄陽：縣名，治所在今湖北省襄陽市。

［21］徐豫：徐州和豫州，徐州，治所在彭城縣（今江蘇省徐州市）。

［22］旰食：忘食，不按時吃飯。

［23］將：或者，還是。　吕蒙：東漢末汝南富波（今安徽省阜南縣東南）人，字子明。孫吴大將，歷任平北都尉、領廣德長、横野中郎將、廬江太守、左護軍、虎威將軍等職。少不好讀書，後聽孫權勸告，博覽群書。建安二十四年（219）偷襲關羽，占領荆州。旋病卒。　凌統：三國時吴郡餘杭（今浙江省杭州市餘杭區西南）人，字公績。任孫權别部司馬、承烈都尉。赤壁之戰後遷爲校尉。合肥之戰，奮力救孫權出曹軍重圍，拜爲偏將軍。

［24］王郎：即王昌，新莽末趙國邯鄲（今河北省邯鄲市）人。本以卜相爲業。新莽末，緑林赤眉兵起，王郎自稱漢成帝之子，被西漢宗室劉林等人立爲漢帝，都邯鄲。後爲劉秀所殺。　袁術：東漢汝南汝陽（今河南省商水縣西北）人，字公路，袁紹從弟。歷任

河南尹、虎賁中郎將等職。董卓之亂後，割據南陽。後爲袁紹曹操打敗，退據揚州，自稱揚州刺史、徐州牧。建安二年（197）稱帝，後被迫去帝號。

王司徒清虚寡欲，[1]善於全己，昔曹參亦崇此道，[2]著畫一之稱也。庾公居元舅之尊，[3]處申伯之任，[4]超然高蹈，明智之權。廆於寇難之際，受大晋累世之恩，自恨絶域，無益聖朝，徒係心萬里，[5]望風懷憤。今海内之望，足爲楚漢輕重者，惟在君侯。若戮力盡心，悉五州之衆，據兖豫之郊，[6]使向義之士倒戈釋甲，則羯寇必滅，國耻必除。廆在一方，敢不竭命。孤軍輕進，不足使勒畏首畏尾，則懷舊之士欲爲内應，無由自發故也。故遠陳寫，言不宣盡。

[1]王司徒：即王導，字茂弘，本書卷六五有傳。

[2]曹參：秦末泗水沛（今江蘇省沛縣）人，早年爲獄掾。秦末隨劉邦起兵，屢建戰功。先後任假左丞相、左丞相。西漢建立後任齊相國。蕭何死後繼之爲漢相。

[3]庾公：庾亮，字元規，本書卷七三有傳。

[4]申伯：周人，宣王大臣。姜姓，宣王舅父，受褒賞，改封於謝（今河南省南陽市南）。申國對鞏固南土穩定起到了重要作用。

[5]徒係心萬里：係，殿本作“繫”。下文“係心京師”同。

[6]兖豫：兖州和豫州。兖州，三國魏治所在廩丘縣（今山東省鄆城縣西北），晋惠帝末，兖州闔境淪没於石勒。東晋元帝僑置兖州，治京口（今江蘇省鎮江市）。

廆使者遭風没海。其後廆更寫前箋，并賚其東夷校尉封抽、行遼東相韓矯等三十餘人疏上侃府曰：[1]

自古有國有家，鮮不極盛而衰。自大晋龍興，克平岎會，神武之略，邁踪前史。惠皇之末，后黨構難，禍結京畿，釁成公族，遂使羯寇乘虚，傾覆諸夏，舊都淪滅，山陵毁掘，[2]人神悲悼，幽明發憤。昔獫狁之强，[3]匈奴之盛，未有如今日羯寇之暴，跨躡華裔，盗稱尊號者也。

[1]行：兼攝官職。　相：官名，郡國相，也稱内史。晋五品。
[2]山陵：皇帝陵墓。
[3]獫狁：古代北方少數民族名，即後來的匈奴。

天祚有晋，挺授英傑。車騎將軍慕容廆自弱冠莅國，[1]忠於王室，明允恭肅，志在立勛。屬海内分崩，皇輿遷幸，元皇中興，初唱大業，肅祖繼統，蕩平江外。廆雖限以山海，隔以羯寇，翹首引領，係心京師，[2]常假寤寐，[3]欲憂國忘身。貢篚相尋，[4]連舟載路，戎不税駕，動成義舉。今羯寇滔天，怙其醜類，樹基趙魏，[5]跨略燕齊。[6]廆雖率義衆，誅討大逆，然管仲相齊，[7]猶曰寵不足以御下，况廆輔翼王室，有匡霸之功，而位卑爵輕，九命未加，[8]非所以寵異藩翰，敦獎殊勛者也。

[1]弱冠：指男子二十歲時。《禮記·曲禮上》："二十曰弱，冠。"年少爲弱，待至二十，即爲成年，舉行冠禮。

[2]京師：國都。《春秋公羊傳·桓公九年》："京師者何？天子之居也。"

[3]常假寤寐：常日日夜夜不敢安睡。意謂爲國家從未安心休息。

[4]貢篚相尋：進貢接連不斷。

[5]趙魏：指戰國時趙國和魏國故地。今山西省及河北省南部。

[6]燕齊：指戰國時燕國和齊國故地。今河北省北部和山東省西南部。

[7]管仲：春秋初潁上（今安徽省潁水之濱）人，名夷吾。齊桓公時任卿相，進行一系列改革，使齊國國力大增，齊桓公成爲春秋五霸之首。

[8]九命：九錫。《漢書》卷六《武帝紀》顏師古注引應劭曰："一曰車馬，二曰衣服，三曰樂器，四曰朱户，五曰納陛，六曰虎賁百人，七曰鈇鉞，八曰弓矢，九曰秬鬯。此皆天子制度，尊之，故事事錫與，但數少耳。"

方今詔命隔絶，王路嶮遠，貢使往來，動彌年載。今燕之舊壤，北周沙漠，東盡樂浪，[1]西暨代山，[2]南極冀方，而悉爲虜庭，非復國家之域。將佐等以爲宜遠遵周室，近準漢初，進封廆爲燕王，行大將軍事，上以總統諸部，下以割損賊境。使冀州之人望風向化，廆得祗承詔命，率合諸國，奉辭夷逆，[3]以成桓文之功，[4]苟利社稷，專之可也。而廆固執謙光，守節彌高，每詔所加，讓動積年，非將佐等所能敦逼。今區區所陳，不欲苟相崇重，而愚情至心，實爲國計。

［1］樂浪：郡名，治所在朝鮮縣（今朝鮮民主主義人民共和國平壤市）。

［2］西暨代山：西邊到達代山。代山確址不詳，當在代郡境内。

［3］奉辭夷逆：奉旨平定叛逆。

［4］桓：齊桓公，春秋時齊國國君，名小白，僖公之子，襄公之弟。公元前 685 至前 643 年在位。爲公子時因國家内亂出走至莒，襄公死後被迎回立爲國君。在位時任用管仲，改革内政，國力漸强。九合諸侯，尊王攘夷，成爲春秋五霸之首。　文：晋文公，名重耳，晋獻公之子，因受迫害而流亡在外十九年，歷盡艱難險阻。回國即位後改革朝政，加强軍備，國力漸强，終成春秋五霸之一。

侃報抽等書，其略曰："車騎將軍憂國忘身，貢篚載路，羯賊求和，執使送之，西討段國，北伐塞外，遠綏索頭，荒服以獻。惟北部未賓，屢遣征伐。又知東方官號，高下齊班，進無統攝之權，退無等差之降，欲進車騎爲燕王，一二具之。夫功成進爵，古之成制也。車騎雖未能爲官摧勒，然忠義竭誠。今騰牋上聽，可不、遲速，當任天臺也。"[1]朝議未定。八年，廆卒，乃止。時年六十五，在位四十九年。帝遣使者策贈大將軍、開府儀同三司，[2]謚曰襄。及儁僭號，[3]僞謚武宣皇帝。

［1］當任天臺：由朝廷最後裁定。天臺，指朝廷。

［2］大將軍：官名，高級軍事統帥。曹魏時多以之屯駐長安，對付蜀漢，蜀漢以其爲最高軍事長官，孫吴則别置上大將軍居其上。西晋時爲八公之一，位居上公、大司馬下，三公之上。東晋時常專擅軍政事務。晋一品。　開府儀同三司：宋本"開"下衍

"封"字。

[3]儁：慕容儁，字宣英，本書卷一一〇有載記。

裴嶷，字文冀，河東聞喜人也。[1]父昶，司隸校尉。[2]嶷清方有幹略，累遷至中書侍郎，[3]轉給事黄門郎、滎陽太守。[4]屬天下亂，嶷兄武先爲玄菟太守，[5]嶷遂求爲昌黎太守。至郡，久之，武卒，嶷被徵，乃將武子開送喪俱南。既達遼西，道路梗塞，乃與開投廆。時諸流寓之士見廆草創，並懷去就。嶷首定名分，爲群士啓行。廆甚悦，以嶷爲長史，委以軍國之謀。

[1]聞喜：縣名，治所在今山西省聞喜縣東北。

[2]司隸校尉：官名，三國魏時先治弘農，後治河南，轄司州所屬河南、河東、河内、弘農、平陽五郡。掌監察京師、糾察京都百官。西晋沿置。晋三品。

[3]中書侍郎：官名，三國魏文帝黄初初年設中書省，在長官中書監、中書令以下有通事郎，後增設中書郎，亦稱中書侍郎。掌草擬詔書，外出執行重要使命等。晋五品。

[4]給事黄門郎：官名，亦作給事黄門侍郎，魏晋時爲侍中省或門下省次官。與侍中俱掌門下衆事，職掌略同，地位隨皇帝旨意或侍中地位而定。晋五品。　滎陽：郡名，治所在滎陽縣（今河南省滎陽市東北）。

[5]玄菟：郡名，西漢武帝時置，治所在沃沮縣（今朝鮮民主主義人民共和國咸鏡南道咸興市），昭帝時移治高句麗縣（今遼寧省新賓滿族自治縣），東漢治所在高句麗縣（今遼寧省瀋陽市東）。

及悉獨官寇逼城下，外内騷動，廆問策於嶷，嶷曰："悉獨官雖擁大衆，軍無號令，衆無部陣，若簡精兵乘其無備，則成擒耳。"廆從之，遂陷寇營。廆威德於此甚振，將遣使獻捷於建鄴，[1]妙簡行人，令嶷將命。

[1]獻捷：古代打勝仗後，進獻所獲的俘虜及戰利品。《穀梁傳·僖公二十一年》："冬，公伐邾，楚人使宜申來獻捷。捷，軍得也。"

初，朝廷以廆僻在荒遠，猶以邊裔之豪處之。嶷既使至，盛言廆威略，又知四海英賢並爲其用，舉朝改觀焉。嶷將還，帝試留嶷以觀之，嶷辭曰："臣世荷朝恩，濯纓華省，因事遠寄，投迹荒遐。今遭開泰，[1]得睹朝廷，復賜恩詔，即留京輦，於臣之私，誠爲厚幸。顧以皇居播遷，[2]山陵幽辱，慕容龍驤將軍越在遐表，乃心王室，慷慨之誠，義感天地，方掃平中壤，[3]奉迎皇輿，故遣使臣，萬里表誠。今若留臣，必謂國家遺其僻陋，孤其丹心，使懷義懈怠。是以微臣區區忘身爲國，貪還反命耳。"帝曰："卿言是也。"乃遣嶷還。廆後謂群僚曰：[4]"裴長史名重中朝，而降屈于此，豈非天以授孤也。"出爲遼東相，轉樂浪太守。

[1]開泰：亨通安泰。

[2]播遷：流離遷徙。

[3]掃平：掃，原本、宋本作"埽"，殿本作"掃"，據殿本改。

[4]群僚：僚，殿本作"寮"。

高瞻，字子前，渤海蓨人也。[1]少而英爽有俊才，身長八尺二寸。光熙中，調補尚書郎。[2]屬永嘉之亂，還鄉里，乃與父老議曰："今皇綱不振，兵革雲擾，此郡沃壤，憑固河海，若兵荒歲儉，必爲寇庭，非謂圖安之所。王彭祖先在幽薊，[3]據燕代之資，兵强國富，可以託也。諸君以爲何如？"衆咸善之。乃與叔父隱率數千家北徙幽州。既而以王浚政令無恒，乃依崔毖，隨毖如遼東。

[1]蓨：縣名，治所在今河北省景縣東。

[2]尚書郎：官名。東漢之制，取孝廉中之有才能者入尚書臺，在皇帝左右處理政務，初入臺稱守尚書郎中，滿一年稱尚書郎，滿三年稱侍郎。魏晋以後尚書各曹有侍郎、郎中等官，綜理職務，通稱爲尚書郎。晋六品。

[3]王彭祖：即王浚，本書卷三九有傳。　幽薊：指幽州，因其治所在薊縣（今北京市西南），故言。

毖之與三國謀伐廆也，瞻固諫以爲不可，毖不從。及毖奔敗，瞻隨衆降于廆。廆署爲將軍，瞻稱疾不起。廆敬其姿器，數臨候之，撫其心曰："君之疾在此，不在餘也。今天子播越，四海分崩，蒼生紛擾，莫知所係，[1]孤思與諸君匡復帝室，翦鯨豕于二京，[2]迎天子於吴會，[3]廓清八表，[4]侔勛古烈，此孤之願也。[5]君中州大族，冠冕之餘，宜痛心疾首，枕戈待旦，[6]奈何以華夷之異，有懷介然。且大禹出于西羌，文王生于東夷，但問志略何如耳，豈以殊俗不可降心乎！"瞻仍辭疾篤，庾深不平之。瞻又與宋該有隙，該陰勸庾除之。瞻聞其言，彌不自安，遂以憂死。

［1］莫知所係：係，殿本作“繫”。

［2］鯨豕：大逆大惡之人。　二京：指洛陽和長安。

［3］吴會：地區名，指吴郡、會稽郡所領太湖流域和錢塘江以東至今福建省地區。

［4］八表：八方極遠之處。

［5］此孤之願也：宋本、殿本作“此孤之心也狐之願也”。

［6］枕戈待旦：枕，宋本作“夷”。

晋書　卷一〇九

載記第九

慕容皝 慕容翰 陽裕

慕容皝

慕容皝，字元真，廆第三子也。龍顔版齒，身長七尺八寸。雄毅多權略，尚經學，善天文。廆爲遼東公，立爲世子。建武初，拜爲冠軍將軍、左賢王，[1]封望平侯，率衆征討，累有功。太寧末，[2]拜平北將軍，[3]進封朝鮮公。廆卒，嗣位，以平北將軍行平州刺史，[4]督攝部内。尋而宇文乞得龜爲其别部逸豆歸所逐，奔死于外，皝率騎討之，逸豆歸懼而請和，遂築榆陰、安晋二城而還。[5]

[1]冠軍將軍：官名，曹魏、孫吴、西晋皆置。西晋時領營兵。晋三品。　左賢王：匈奴官名，即左屠耆王。屠耆爲匈奴語“賢”，漢人因稱之爲左賢王。單于手下最高官職，常由太子擔任。

[2]太寧：太，殿本作“大”。

[3]平北將軍：官名，與平東、平西、平南將軍合稱四平將軍。多持節都督或監某一地區的軍事，有時作爲刺史等地方官員監理軍務的加官。晋三品，加持節都督者二品。

[4]行：兼攝官職。　平州：治所在襄平縣（今遼寧省遼陽市）。

[5]榆陰：榆陰城，確址待考。疑在今遼寧省朝陽市西北建平縣北部一帶。　安晋：安晋城，確址待考。疑在今遼寧省朝陽市西北建平縣北部一帶。

初，鮮庶兄建威翰驍武有雄才，[1]素爲鮮所忌，母弟征虜仁、廣武昭並有寵於廆，[2]鮮亦不平之。及廆卒，並懼不自容。至此，翰出奔段遼，[3]仁勸昭舉兵廢鮮。鮮殺昭，遣使按檢仁之虚實，遇仁於險瀆。[4]仁知事發，殺鮮使，東歸平郭。鮮遣其弟建武幼、司馬佟壽等討之。[5]仁盡衆距戰，幼等大敗，皆没於仁。襄平令王冰、將軍孫機以遼東叛于鮮，[6]東夷校尉封抽、護軍乙逸、遼東相韓矯、玄菟太守高詡等棄城奔還。[7]仁於是盡有遼左之地，自稱車騎將軍、平州刺史、遼東公。[8]宇文歸、段遼及鮮卑諸部並爲之援。

[1]建威：官名，即建威將軍。領兵征戰，曹魏、孫吴、西晋皆置。晋四品。

[2]征虜：即征虜將軍，既是武官名，也作爲高級文職官員的加官。晋三品。　廣武：官名，即廣武將軍。曹魏、西晋皆置。名號將軍中地位較高。晋四品。

[3]段遼：或作段護遼，十六國時東部鮮卑人，段末波從弟。繼段末波弟段牙後爲大單于、幽州刺史。被石虎打敗，歸附慕容

皝，後因謀反事泄被殺。

[4]險瀆：治所即今遼寧省臺安縣東南二十里孫城子東城子崗古城。

[5]建武：官名，即建武將軍。東漢末曹操置，統兵征伐。晋四品。　司馬：官名，府署高級幕僚。掌參讚軍務、管理府内武職，位僅次於長史。魏晋南北朝時王府、公府、軍府、邊郡均置。晋八至六品。

[6]襄平：縣名，遼東郡治所在地，在今遼寧省遼陽市。

[7]東夷校尉：官名，亦稱護東夷校尉，掌東北地區少數民族事務。駐平州（今遼寧省遼陽市）。晋四品。　護軍：官名，軍事要鎮長官，管理轄區軍事民政，職掌與郡守相類。此爲遼東護軍。晋四品。　相：官名，郡國相，亦稱内史。晋五品。　玄菟：郡名，西漢武帝時置，治所在沃沮縣（今朝鮮民主主義人民共和國咸鏡南道咸興市），昭帝時移治高句麗縣（今遼寧省新賓滿族自治縣），東漢治所在高句麗縣（今遼寧省瀋陽市東）。

[8]車騎將軍：官名，魏晋南北朝時位次於驃騎將軍，在諸名號將軍之上，多作爲軍府名號，以加授大臣及重要州郡長官。晋二品，開府位從公者一品。

咸和九年，皝遣其司馬封弈攻鮮卑木堤于白狼，[1]揚威淑虞攻烏丸悉羅侯於平堈，[2]皆斬之。材官劉佩攻乙連，[3]不克。段遼遂寇徒河，[4]皝將張萌逆擊，敗之。遼弟蘭與翰寇柳城，[5]都尉石琮擊敗之。[6]旬餘，蘭、翰復圍柳城，皝遣寧遠慕容汗及封弈等救之。[7]皝戒汗曰："賊衆氣鋭，難與争鋒，宜顧萬全，慎勿輕進，必須兵集陣整，然後擊之。"汗性驍鋭，遣千餘騎爲前鋒而進，封弈止之，汗不從，爲蘭所敗，死者大半。[8]蘭復攻柳城，爲飛梯、地道，圍守二旬，石琮躬勒將士出擊，敗之，斬首千五百級，蘭乃遁歸。

[1]白狼：縣名，治所在今遼寧省喀喇沁左翼蒙古族自治縣西南。

[2]揚威：官名，即揚威將軍，雜號將軍，領兵。晋四品。

[3]材官：官名，即材官將軍，漢朝屬將軍名號，領郡國材官士（步兵）出征，師還則省。東晋將材官校尉改稱材官將軍，設司馬一員，掌工匠土木之事，領營兵，隸屬中領軍。五品。

[4]徒河：縣名，治所在今遼寧省錦州市。

[5]柳城：縣名，治所在今遼寧省朝陽市西南十二臺營子。

[6]都尉：官名，統兵武職，不常置。

[7]寧遠：官名，即寧遠將軍，屬名號將軍。晋五品。

[8]死者大半：大，宋本作“太”。

是歲，成帝遣謁者徐孟、閭丘幸等持節拜皝鎮軍大將軍、平州刺史、大單于、遼東公，持節、都督、承制封拜，[1]一如廆故事。

[1]謁者：官名，謁者臺屬官。掌賓禮司儀、傳宣詔命、奉命出使等。又有監國謁者，監視諸侯王，權勢頗重。晋七品。　持節：官員外出持有皇帝授予的節杖，代表高等權威，常用於軍事長官出征。　鎮軍大將軍：官名，高級軍事長官，權任甚重。兩晋二品，開府位從公者一品。　大單于：匈奴最高首領。　都督：都督幽平二州諸軍事。慕容廆曾任此官。　承制：秉承皇帝旨意便宜行事。

皝自征遼東，[1]克襄平。仁所署居就令劉程以城降，[2]新昌人張衡執縣宰以降。[3]於是斬仁所置守宰，分徙遼東大姓於棘城，置和陽、武次、西樂三縣而歸。

[1]遼東：郡名，治所在襄平縣（今遼寧省遼陽市）。

[2]居就：縣名，治所在今遼寧省遼陽市東南亮甲山古城。

[3]新昌：縣名，治所在今遼寧省海城市東北向陽寨。

咸康初，遣封弈襲宇文别部涉弈于，[1]大獲而還。涉弈于率騎追戰于渾水，[2]又敗之。皝將乘海討仁，群下咸諫，以海道危阻，宜從陸路。皝曰："舊海水無凌，自仁反已來，凍合者三矣。[3]昔漢光武因滹沱之冰以濟大業，[4]天其或者欲吾乘此而克之乎！吾計决矣，有沮謀者斬！"乃率三軍從昌黎踐凌而進。[5]仁不虞皝之至也，軍去平郭七里，[6]候騎乃告，[7]仁狼狽出戰，爲皝所擒，殺仁而還。

[1]涉弈于：弈，中華本作"奕"。中華本校勘記："《通鑑》九七'涉奕于'作'涉夜干'。'奕''夜'譯音之異，'于''干'二字常相混，不知孰是。下不再出校。"

[2]渾水：今遼寧省遼河支流小遼河。

[3]凍合者三矣：凍，宋本作"東"。

[4]漢光武因滹沱之冰以濟大業：《後漢書》卷一《光武帝紀上》載：劉秀北征，天時寒，面皆破裂。至呼沱河，無船，適遇冰合，得過。

[5]三軍：軍，殿本作"萬"。　昌黎：郡名，治所在昌黎縣（今遼寧省義縣）。

[6]平郭：縣名，治所在今遼寧省蓋州市南。

［7］候騎：偵查騎兵。

立藉田於朝陽門東，［1］置官司以主之。

［1］藉田：皇帝親耕之田，每逢春耕前，皇帝躬耕藉田，以示對農業的重視。藉，殿本作“耤”，宋本作“籍”。

段遼遣其將李咏夜襲武興，［1］遇雨，引還，都尉張萌追擊，擒咏。段蘭擁衆數萬屯于曲水亭，［2］將攻柳城，宇文歸入寇安晋，爲蘭聲援。皝以步騎五萬擊之，師次柳城，蘭、歸皆遁。遣封弈率輕騎追擊，敗之，收其軍實，館穀二旬而還。［3］謂諸將曰：“二虜耻無功而歸，必復重至，宜於柳城左右設伏以待之。”遣封弈率騎潜于馬兜山諸道。俄而遼騎果至，弈夾擊，大敗之，斬其將榮保。［4］遣兼長史劉斌、郎中令陽景送徐孟等歸于京師。［5］使其世子儁伐段遼諸城，［6］封弈攻宇文别部，皆大捷而歸。

［1］武興：武興城，確址待考。位於今遼寧省大凌河上游建昌、凌源等縣一帶。

［2］曲水亭：位於今遼寧省朝陽市西南。

［3］館穀：居其館食其穀。

［4］榮保：《十六國春秋》卷二四《前燕録·慕容皝傳》：“奕夾擊，大破之，斬其將榮伯保。”《資治通鑑》卷九五《晋紀》成帝咸康二年：“弈縱擊，大破之，斬其將榮伯保。”未知孰是。

［5］長史：官名，掌顧問參謀，爲所在官署掾屬之長。魏晋南北朝時王府、公府、軍府、邊郡均置。晋八至六品。　郎中令：官

名，王國公侯屬官，魏晋爲王國中的三卿之一。晋六品。　京師：國都。《春秋公羊傳·桓公九年》："京師者何？天子之居也。"

［6］儁：慕容儁，字宣英，本書卷一一〇有載記。

立納諫之木，以開讜言之路。

後徙昌黎郡，築好城於乙連東，[1]使將軍蘭勃戍之，以逼乙連。又城曲水，以爲勃援。乙連飢甚，段遼輸之粟，蘭勃要擊獲之。遼遣將屈雲攻興國，[2]與皝將慕容遵大戰於五官水上，雲敗，斬之，盡俘其衆。

［1］好城：確址待考。疑在今遼寧省建昌縣或河北省青龍縣一帶。　乙連：確址待考。疑在今遼寧省建昌縣或河北省青龍縣一帶。

［2］興國：興國城，確址待考。疑在遼寧省大凌河上游一帶。

封弈等以皝任重位輕，宜稱燕王，皝於是以咸康三年僭即王位，赦其境内。以封弈爲國相，[1]韓壽爲司馬，裴開、陽騖、王寓、李洪、杜群、宋該、劉瞻、石琮、皇甫真、陽協、宋晃、平熙、張泓等並爲列卿將帥。起文昌殿，乘金根車，[2]駕六馬，出入稱警蹕。以其妻段氏爲王后，世子儁爲太子，皆如魏武、晋文輔政故事。

［1］國相：慕容氏的燕國非一般諸侯國，因此國相實爲國家丞相。

［2］金根車：根車，用自然圓曲的樹木做車輪裝配成的車子。黄金爲飾的根車謂金根車，帝王所乘。

廆以段遼屢爲邊患，遣將軍宋回稱藩于石季龍，[1]請師討遼。季龍於是總衆而至。廆率諸軍攻遼令支以北諸城，[2]遼遣其將段蘭來距，大戰，敗之，斬級數千，掠五千餘户而歸。季龍至徐無，[3]遼奔密雲山。[4]季龍進入令支，怒廆之不會師也，進軍擊之，至于棘城，[5]戎卒數十萬，四面進攻，郡縣諸部叛應季龍者三十六城。相持旬餘，左右勸廆降。廆曰："孤方取天下，何乃降人乎！"遣子恪等率騎二千，[6]晨出擊之。季龍諸軍驚擾，棄甲而遁。恪乘勝追之，斬獲三萬餘級，築戍凡城而還。[7]段遼遣使詐降於季龍，請兵應接。季龍遣其將麻秋率衆迎遼，恪伏精騎七千於密雲山，大敗之，獲其司馬陽裕、將軍鮮于亮，擁段遼及其部衆以歸。

[1]石季龍：即石虎，字季龍，本書卷一〇六有載記。
[2]令支：縣名，治所在今河北省遷安市西南。
[3]徐無：縣名，治所在今河北省遵化市東。
[4]密雲山：位於今北京市密雲區南，又名横山。
[5]棘城：一作大棘城，位於今遼寧省義縣西。
[6]恪：慕容恪，字玄恭，本書卷一一一有載記。
[7]凡城：縣名，治所在今河北省平泉市南。

帝又遣使進廆爲征北大將軍、幽州牧，[1]領平州刺史，[2]加散騎常侍，[3]增邑萬户，持節、都督、單于、公如故。

[1]征北大將軍：官名，職掌與征北將軍同，位在其上，多統

兵出鎮一方，都督數州軍事。不常置。晋二品，開府位從公者一品。　幽州：治所在薊縣（今北京市西南）。

[2]領：以地位較高的官員兼理較低的職務。

[3]散騎常侍：官名，三國魏文帝黄初年間置，侍從皇帝左右，諫諍得失，顧問應對，與侍中等共平尚書奏事。也用作宰相、諸公等加官，入宫議政。晋三品。

皝前軍師慕容評敗季龍將石成等于遼西，[1]斬其將呼延晃、張支，掠千餘户以歸。段遼謀叛，皝誅之。

[1]慕容評：十六國時昌黎棘城（今遼寧省義縣西）人，慕容廆之子。歷任前燕軍師將軍、輔弼將軍、司州刺史、驃騎將軍。後被前秦王猛所俘。　遼西：郡名，治所在陽樂縣（今河北省盧龍縣東南）。

季龍又使石成入攻凡城，不克，進陷廣城。[1]

[1]廣城：確址不詳，疑在今河北省平泉市周邊一帶。

皝雖稱燕王，未有朝命，乃遣其長史劉祥獻捷京師，[1]兼言權假之意，并請大舉討平中原。又聞庾亮薨，[2]弟冰、翼繼爲將相，[3]乃表曰：

臣皝觀前代昏明之主，[4]若能親賢並建，則功致升平；[5]若親黨后族，必有傾辱之禍。是以周之申伯號稱賢舅，[6]以其身藩于外，不握朝權。降及秦昭，[7]足爲令主，委信二舅，幾至亂國。逮于漢武，推重田蚡，[8]萬機之要，[9]無不决之。及蚡死後，切齒追恨。成帝暗弱，不能自立，内惑艶妻，[10]外恣五舅，[11]卒令王莽坐取帝位。每覽斯事，孰不痛惋！設使舅氏賢若穰侯、王鳳，[12]則但聞有二臣，不聞有二主。若其不才，則有竇憲、梁冀之禍。[13]凡此成敗，亦既然矣。苟能易軌，可無覆墜。

[1]獻捷：古代打勝仗後，進獻所獲的俘虜及戰利品。《穀梁傳·僖公二十一年》："冬，公伐邾，楚人使宜申來獻捷。捷，軍得也。"

[2]庾亮：字元規，本書卷七三有傳。

[3]冰：庾冰，字季堅，本書卷七三有傳。　翼：庾翼，字稚恭，本書卷七三有傳。

[4]臣兟觀前代昏明之主：兟，殿本、宋本作"究"。

[5]則功致升平：功，宋本、殿本作"政"。

[6]申伯：周人，宣王大臣。姜姓，宣王舅父，受褒賞，改封於謝（今河南省南陽市南）。申國對鞏固南土穩定起到了重要作用。

[7]秦昭：秦昭王，即秦昭襄王，戰國時秦國國君。名稷。秦武王異母弟。即位時年十九，由其母宣太后執政。在位期間以司馬錯、白起等人爲將，伐三晋，攻齊楚。取魏之河東、南陽，楚之巫郡、黔中，北定太原，盡有上黨。爲秦國統一六國奠定了堅實的基礎。

[8]田蚡：西漢長陵（今陝西省咸陽市東北）人，景帝王皇后同母異父弟。初爲諸曹郎，遷中大夫。武帝時封武安侯，任太尉。因好儒術不被竇太后喜歡，又因趙綰得罪竇太后之事牽連免官。竇太后死後復爲丞相。以帝舅之故驕横專斷，田園膏腴，姬妾上百，宅甲諸第，生活奢侈。

[9]萬機之要：機，殿本作"幾"。

[10]内惑艶妻：惑，殿本作“感”。

[11]五舅：即王氏五侯。西漢成帝時封其外家王譚、王商、王立、王根、王逢時五人皆爲侯，稱王氏五侯。

[12]穰侯：即戰國時人魏冉，秦昭王母宣太后異父弟。以擁立昭王有功任將軍。昭王年少，宣太后掌權，被任爲相，封於穰，號穰侯。秦國“四貴”之一。任相期間，舉白起爲將，屢敗韓、趙、魏、楚等國。　王鳳：西漢魏郡元城（今河北省大名縣東）人，字孝卿，元帝皇后王政君之兄。襲父爵爲陰平侯，成帝即位後任大司馬大將軍，領尚書事，專擅朝政。

[13]竇憲：東漢扶風平陵（今陝西省咸陽市西北）人，字伯度。章帝皇后之兄，任侍中、虎賁中郎將，寵貴日盛。竇太后臨朝，與弟竇篤、竇景、竇瓌並居要職，内掌機要，外宣誥命，恃權驕縱，横行京師。後自殺。　梁冀：東漢安定烏氏（今寧夏回族自治區固原市東南）人，字伯卓。兩個妹妹分别爲順帝、桓帝皇后。以貴戚爲黄門侍郎，拜河南尹。後任大將軍。梁太后臨朝，梁冀乃操權柄，先後立冲、質、桓三帝，專斷朝政近二十年。在位期間窮奢極欲，拓建林園，制同皇家。後自殺。

陛下命世天挺，[1]當隆晋道，而遭國多難，殷憂備嬰，[2]追述往事，至今楚灼。[3]迹其所由，實因故司空亮居元舅之尊，勢業之重，執政裁下，輕侮邊將，故令蘇峻、祖約不勝其忿，[4]遂致敗國。至令太后發憤，一旦升遐。若社稷不靈，人神無助，豺狼之心當可極邪！[5]前事不忘，後事之表，而中書監、左將軍冰等内執樞機，[6]外擁上將，昆弟並列，人臣莫疇。陛下深敦渭陽，[7]冰等自宜引領。[8]臣常謂世主若欲崇顯舅氏，何不封以藩國，豐其禄賜，限其勢利，使上無偏優，下無私論。如此，榮辱何從而生！噂啫何辭而起！往者惟亮一人，宿有名望，尚致世變，况今居之者素無聞焉！且人情易惑，難以户告，[9]縱令陛下無私於彼，天下之人誰謂不私乎！

[1]命世天挺：應命而出天資卓越。

[2]殷憂備嬰：備受憂鬱困擾。

[3]楚灼：痛苦不堪。楚，宋本、殿本作“焚”。

[4]蘇峻：字子高，本書卷一〇〇有傳。　祖約：字士少，祖逖同母弟，本書卷一〇〇有傳。

[5]當可極邪：邪，殿本作“耶”。

[6]中書監：官名，中書省長官之一。三國魏文帝初年分秘書置中書省，長官爲中書監、中書令。掌收納奏章、草擬詔令。平常不分高下，入朝時監略高於令。晋三品。　左將軍：官名，魏晋時爲常設官職，權位較兩漢漸低，僅爲武官名號，略高於一般雜號將軍，不典禁兵。晋三品。

[7]渭陽：《詩·秦風·渭陽》：“我送舅氏，曰至渭陽。”朱熹集傳：“舅氏，秦康公之舅，晋公子重耳也。出亡在外，穆公召而納之。時康公爲太子，送之渭陽而作此詩。”後因以“渭陽”爲表示甥舅情誼之典。渭，宋本作“胃”。

[8]引領：引退。

[9]難以户告：難以讓每家每户都明白知曉。

臣與冰等名位殊班，出處懸邈，又國之戚昵，理應降悦，以適事會。臣獨矯抗此言者，上爲陛下，退爲冰計，疾苟容之臣，[1]坐鑒得失。顛而不扶，焉用彼相！昔徐福陳霍氏之戒，[2]宣帝不從，至令忠臣更爲逆族，良由察之不審，防之無漸。臣今所陳，可謂防漸矣。但恐陛下不明臣之忠，不用臣之計，事過之日，更處焦爛之後耳。[3]昔王章、劉向每上封事，[4]未嘗不指斥王氏，故令二子或死或刑。谷永、張禹依違不對，[5]故容身苟免，取譏於世。臣被髮殊俗，位爲上將，夙夜惟憂，罔知所報，惟當外殄寇讎，内盡忠規，陳力輸誠，以答國恩。臣若不言，誰當言者！

[1]苟容：屈從附和取悦於人。

[2]徐福：西漢茂陵（今陝西省興平市東南）人，漢宣帝時，見霍氏奢侈，謂其必亡，乃上疏説："霍氏泰盛，陛下即愛厚之，宜以時抑制，無使至亡。"書三上，輒報聞。宣帝不納，霍氏果被誅滅。

[3]更處焦爛之後：《漢書》卷六八《霍光傳》載：霍氏被誅滅後，告霍氏者皆被封，獨徐福例外。有人爲徐福上書曰："臣聞客有過主人者，見其竈直突，傍有積薪，客謂主人，更爲曲突，遠徙其薪，不者且有火患。主人嘿然不應。俄而家果失火，鄰里共救之，幸而得息。於是殺牛置酒，謝其鄰人，灼爛者在於上行，餘各以功次坐，而不録言曲突者。人謂主人曰：'鄉使聽客之言，不費牛酒，終亡火患。今論功而請賓，曲突徙薪亡恩澤，燋頭爛額爲上客耶？'主人乃寤而請之。今茂陵徐福數上書言霍氏且有變，宜防絶之。鄉使福説得行，則國亡裂土出爵之費，臣亡逆亂誅滅之敗。往事既已，而福獨不蒙其功，唯陛下察之，貴徙薪曲突之策，使居焦髮灼爛之右。"宣帝乃賜福帛十匹，後以爲郎。

[4]王章：西漢泰山鉅平（今山東省泰安市南）人，字仲卿。

少以文學爲官，稍遷至諫大夫，在朝廷名敢直言。元帝初，擢爲左曹中郎將，與御史中丞陳咸相善，共毁中書令石顯，爲顯所陷，咸減死髡，章免官。成帝立，徵章爲諫大夫，遷司隸校尉，大臣貴戚敬憚之。王尊免後，代者不稱職，章以選爲京兆尹。時帝舅大將軍王鳳輔政，章雖爲鳳所舉，非鳳專權，不親附鳳。會日有蝕之，章奏封事，召見，言鳳不可任用，宜更選忠賢。上初納受章言，後不忍退鳳。章由是見疑，遂爲鳳所陷，罪至大逆。　劉向：西漢沛郡豐（今江蘇省豐縣）人，字子政，楚元王四世孫。曾任諫大夫、散騎宗正給事、光禄大夫等職。撰有《五經通義》《洪範五行傳》等，均已佚。另撰有《列女傳》《説苑》《新序》等存世。

[5]谷永：西漢長安（今陝西省西安市西北）人，本名并，字子雲。博學經書，善説灾異。歷任光禄大夫、安定太守、凉州刺史、太中大夫、光禄大夫給事中、北地太守、大司農等職。　張禹：西漢河内軹（今河南省濟源市南）人，字子文。元帝時任光禄大夫，成帝時任給事中、領尚書事、丞相。當時外戚王氏權勢甚大，吏民多借灾異抨擊王氏，張禹爲討好王氏，竟説吏民之言亂道誤人，致使王氏地位更加鞏固。

又與冰書曰：

君以椒房之親，[1]舅氏之昵，總據樞機，出内王命，兼擁列將州司之位，昆弟網羅，顯布畿甸。自秦漢以來，隆赫之極，豈有若此者乎！以吾觀之，若功就事舉，必享申伯之名；如或不立，將不免梁竇之迹矣。

[1]椒房：皇帝後宫。

每睹史傳，未嘗不寵恣母族，使執權亂朝，先有殊世之榮，尋有負乘之累，所謂愛之適足以爲害。吾常忿歷代之主，不盡防萌終寵之術，何不業以一土之封，令藩國相承，如周之齊陳？如此則永保南面之尊，復何黜辱之憂乎！竇武、何進好善虛己，[1]賢士歸心，雖爲閹豎所危，天下嗟痛，猶有能履以不驕，圖國亡身故也。[2]

[1]竇武：東漢扶風平陵（今陝西省咸陽市西北）人，字游平。桓帝時以長女選入宫中爲貴人而被拜郎中。女兒立爲皇后，又遷越騎校尉、城門校尉，封隗里侯。曾上書解除黨禁。桓帝死，迎立靈帝，任大將軍，封聞喜侯。執掌朝政，起用李膺、杜密等黨人。後因欲謀誅除宦官，事敗自殺。　何進：東漢南陽宛（今河南省南陽市）人，字遂高。靈帝時因異母妹選入宫中爲貴人、皇后，先後任郎中、虎賁中郎將、潁川太守、侍中、將作大匠、河南尹等職。後與袁紹等人謀誅除宦官，事敗被殺。

[2]國亡身故也：亡，殿本作“忘”。

方今四海有倒懸之急，中夏逋僭逆之寇，家有漉血之怨，人有復仇之憾，寧得安枕逍遥，雅談卒歲邪！[1]吾雖寡德，過蒙先帝列將之授，以數郡之人，尚欲并吞强虜，是以自頃迄今，交鋒接刃，一時務農，三時用武，而猶師徒不頓，倉有餘粟，敵人日畏，我境日廣，况乃王者之威，堂堂之勢，豈可同年而語哉！

冰見表及書甚懼，以其絶遠，非所能制，遂與何充等奏聽皝稱燕王。[2]

[1]卒歲邪：邪，殿本作“耶”。

[2]何充：字次道，本書卷七七有傳。

其年皝伐高句麗，[1]王釗乞盟而還。明年，釗遣其世子朝於皝。

[1]高句麗：古國名，亦作句麗、高麗。都城丸都（今吉林省集安市），後遷都今朝鮮民主主義人民共和國平壤市。

初，段遼之敗也，建威翰奔于宇文歸，自以威名夙振，終不保全，乃陽狂恣酒，被髮歌呼。歸信而不禁，故得周游自任，至於山川形便，攻戰要路，莫不練之。皝遣商人王車陰使察翰，翰見車無言，撫膺而已。[1]車還以白，皝曰：“翰欲來也。”乃遣車遺翰弓矢，翰乃竊歸駿馬，携其二子而還。

[1]翰見車無言，撫膺而已：無言，宋本作“唯”。

皝將圖石氏，從容謂諸將曰：“石季龍自以安樂諸城守防嚴重，[1]城之南北必不設備，今若詭路出其不意，冀之北土盡可破也。”於是率騎二萬出蠮螉塞，[2]長驅至于薊城，[3]進渡武遂津，[4]入于高陽，[5]所過焚燒積聚，掠徙幽冀三萬餘户。

[1]安樂：中華本校勘記：“《通鑑》九六作‘樂安’，是。”嚴重：重兵嚴守。

［2］蠮螉塞：居庸關的別名。又名軍都關。位於今北京市昌平區西北。關上築土室以候望，如蠮螉之掇土爲房，故名。

［3］薊城：薊縣城，位於今北京市西南。

［4］武遂津：位於今河北省武邑縣南。《資治通鑑》卷九六《晋紀》成帝咸康六年："燕兵進破武遂津。"胡三省注："武遂縣，前漢屬河間國，後漢、晋屬安平國，時屬武邑郡。易水過其南，曰武遂津。"

［5］高陽：縣名，治所在今河北省高陽縣東舊城。

使陽裕、唐柱等築龍城，[1]構宫廟，改柳城爲龍城縣。於是成帝使兼大鴻臚郭希持節拜皝侍中、大都督河北諸軍事、大將軍、燕王，[2]其餘官皆如故。封諸功臣百餘人。

［1］龍城：又稱和龍城、黄龍城、龍都。位於今遼寧省朝陽市十二臺營子。

［2］大鴻臚：官名，九卿之一，掌賓客迎送接待，贊襄引導朝會百官等。晋三品。　侍中：官名，東漢建安中與給事黄門侍郎出入禁中，省尚書事。曹魏時爲門下之侍中省長官。常侍衛皇帝左右，掌顧問應對、諫諍糾察、平議奏事、駁奏異議等，權力甚重。晋三品。　大都督河北諸軍事：官名，河北地區最高軍事行政長官。　大將軍：官名，高級軍事統帥。曹魏時多以之屯駐長安，對付蜀漢，蜀漢以其爲最高軍事長官，孫吴則别置上大將軍居其上。西晋時爲八公之一，位居上公、大司馬下，三公之上。東晋時常專擅軍政事務。晋一品。

咸康七年，皝遷都龍城。率勁卒四萬，入自南陜，以伐宇文、高句麗，又使翰及子垂爲前鋒，[1]遣長史王宇等勒衆萬五千，從北置而進。高句麗王釗謂皝軍之從北路也，乃遣其弟武統精鋭五萬距北置，躬率弱卒以防南陝。翰與釗戰于木底，[2]大敗之，乘勝遂入丸都，釗單馬而遁。皝掘釗父利墓，載其尸并其母妻珍寶，掠男女五萬餘口，焚其宫室，毁丸都而歸。明年，釗遣使稱臣於皝，貢其方物，乃歸其父尸。

[1]垂：慕容垂，字道明，本書卷一二三有載記。

[2]木底：木底城，位於今遼寧省新賓縣西木奇鎮。

宇文歸遣其國相莫淺渾伐皝，諸將請戰，皝不許。渾以皝爲憚之，荒酒縱獵，不復設備。皝曰："渾奢怠已甚，今則可一戰矣。"遣翰率騎擊之，渾大敗，僅以身免，盡俘其衆。

皝躬巡郡縣，勸課農桑，起龍城宫闕。

尋又率騎二萬親伐宇文歸，以翰及垂爲前鋒。歸使其驍將涉弈于盡衆距翰，皝馳遣謂翰曰："弈于雄悍，宜小避之，待虜勢驕，然後取也。"翰曰："歸之精鋭，盡在於此，[1]今若克之，歸則不勞兵而滅。[2]弈于徒有虚名，其實易與耳，不宜縱敵挫吾兵氣。"於是前戰，斬奕于，盡俘其衆，歸遠遁漠北。皝開地千餘里，徙其部人五萬餘落於昌黎，改涉弈于城爲威德城。行飲至之禮，[3]論功行賞各有差。

[1]盡在於此：殿本無"在"字。

[2]歸則不勞兵而滅：歸則，殿本作"則歸可"。

[3]飲至：征伐凱旋所舉行的慶功禮典。

以牧牛給貧家，田于苑中，公收其八，二分入私。有牛而無地者，亦田苑中，公收其七，三分入私。皝記室參軍封裕諫曰：[1]

臣聞聖王之宰國也，薄賦而藏於百姓，分之以三等之田，十一而稅之；寒者衣之，飢者食之，使家給人足。雖水旱而不爲灾者，何也？高選農官，務盡勸課，人治周田百畝，亦不假牛力；力田者受旌顯之賞，惰農者有不齒之罰。又量事置官，量官置人，使官必稱須，人不虚位，度歲入多少，裁而禄之。供百僚之外，[2]藏之太倉，三年之耕，餘一年之粟。以斯而積，公用於何不足？水旱其如百姓何！雖務農之令屢發，二千石令長莫有志勤在公、鋭盡地利者。故漢祖知其如此，以墾田不實，徵殺二千石以十數，是以明章之際，號次升平。

[1]記室參軍：官名，又稱記室參軍事。西晋始置，爲記室曹長官，掌文書表奏。

[2]百僚：僚，殿本作“寮”。

自永嘉喪亂，百姓流亡，中原蕭條，千里無烟，飢寒流隕，相繼溝壑。先王以神武聖略，保全一方，威以殄奸，德以懷遠，故九州之人，塞表殊類，襁負萬里，若赤子之歸慈父，流人之多舊土十倍有餘，人殷地狹，故無田者十有四焉。殿下以英聖之資，克廣先業，南摧强趙，東滅句麗，開境三千，户增十萬，[1]繼武闡廣之功，有高西伯。[2]宜省罷諸苑，以業流人。人至而無資産者，賜之以牧牛。人既殿下之人，牛豈失乎！善藏者藏於百姓，若斯而已矣。爾者深副樂土之望，[3]中國之人皆將壺餐奉迎，石季龍誰與居乎！且魏晋雖道消之世，猶削百姓不至於七八，持官牛田者官得六分，[4]百姓得四分，私牛而官田者與官中分，百姓安之，人皆悦樂。臣猶曰非明王之道，而况增乎！且水旱之厄，堯湯所不免，王者宜濬治溝澮，循鄭、白、西門、史起溉灌之法，[5]旱則决溝爲雨，水則入於溝瀆，上無《雲漢》之憂，[6]下無昏墊之患。[7]

[1]户增十萬：户，宋本作“石”。

[2]西伯：即周文王。《孟子·離婁上》：“吾聞西伯善養老者。”焦循正義：“西伯，即文王也。紂命爲西方諸侯之長，得專征伐，故稱西伯。”

[3]爾者：爾，殿本作“邇”。

[4]持官牛田者：持，殿本作“特”。

[5]鄭：鄭國，韓國水工，秦王嬴政元年（前 246）采納其建議開鑿水渠，名鄭國渠。自中山西瓠口（今陝西省涇縣西北）引涇水東流，至今三原縣北會濁水，復東經今富平、蒲城之南，注入洛水。　白：白公，西漢趙中大夫，建議開鑿水渠，在鄭國渠南，稱白渠。民得其饒，歌之曰：“鄭國在前，白渠起後。舉臿爲雲，决渠爲雨。涇水一石，其泥數斗。且溉且糞，長我禾黍。衣食京師，億萬之口。”　西門：西門豹，戰國時魏國大臣。西門氏，名豹。魏文侯任之爲鄴縣令，在任廢除爲河伯娶婦之陋習，懲辦貪官，移

風易俗，發展生産，興修水利，爲官清廉。在任期間，消除了來自趙、燕的威脅。　史起：戰國時魏國人。魏襄王時爲鄴令，開渠引漳水以灌鄴田。渠成，民得其利，歌之曰："鄴有賢令兮爲史公，決漳水兮灌鄴旁，終古舄鹵兮生稻粱。"

［6］《雲漢》之憂：《詩·大雅·雲漢序》："《雲漢》，仍叔美宣王也。宣王承厲王之烈，内有撥亂之志，遇災而懼，側身修行，欲銷去之。天下喜於王化復行，百姓見憂，故作是詩也。"

［7］昏墊：指困於水災。亦指水患，災害。《尚書·益稷》："洪水滔天，浩浩懷山襄陵，下民昏墊。"孔穎達疏："言天下之人，遭此大水，精神昏瞀迷惑，無有所知，又若沈溺，皆困此水災也。鄭云：'昏，没也；墊，陷也。禹言洪水之時，人有没陷之害。'"

句麗、百濟及宇文、段部之人，[1]皆兵勢所徙，非如中國慕義而至，咸有思歸之心。今户垂十萬，狹湊都城，恐方將爲國家深害，[2]宜分其兄弟宗屬，徙于西境諸城，撫之以恩，檢之以法，使不得散在居人，知國之虚實。

［1］百濟：古國名，故地在今朝鮮半島西南部，本馬韓故地。

［2］深害：深，殿本作"所"。

今中原未平，資畜宜廣，官司猥多，游食不少，一夫不耕，歲受其飢。必取於耕者而食之，一人食一人之力，游食數萬，損亦如之，安可以家給人足，治致升平！殿下降覽古今之事多矣，政之巨患莫甚於斯。其有經略出世，才稱時求者，自可隨須置之列位。非此已往，其耕而食，蠶而衣，亦天之道也。

殿下聖性寬明，思言若渴，故人盡芻蕘，[1]有犯無隱。前者參軍王憲、大夫劉明並竭忠獻款，以貢至言，雖頗有逆鱗，[2]意在無責。主者奏以妖言犯上，致之於法，殿下慈弘苞納，恕其大辟，猶削黜禁錮，不齒於朝。其言是也，殿下固宜納之；如其非也，宜亮其狂狷。罪諫臣而求直言，亦猶北行詣越，豈有得邪！右長史宋該等阿媚苟容，[3]輕劾諫士，己無骨鯁，嫉人有之，掩蔽耳目，[4]不忠之甚。

[1]人盡芻蕘：草野之人也能盡情發表意見。

[2]逆鱗：冒犯君主使之震怒。《韩非子·説難》："夫龍之爲蟲也，柔可狎而騎也，然其喉下有逆鱗徑尺，若人有嬰之者則必殺人。人主亦有逆鱗，説者能無嬰人主之逆鱗則幾矣。"

[3]右長史：官名，掌顧問參謀，爲所在官署掾屬之長。魏晋南北朝時王府、公府、軍府、邊郡均置長史，有時分左、右。晋八至六品。　阿媚苟容：阿諛獻媚，屈從附和取悦於人。

[4]掩蔽耳目：蔽，殿本作"閉"。

四業者國之所資，教學者有國盛事。習戰務農，尤其本也。百工商賈，猶其末耳。宜量軍國所須，置其員數，已外歸之於農，教之戰法，學者三年無成，亦宜還之於農，不可徒充大員，以塞聰俊之路。

臣之所言當也，願時速施行；非也，登加罪

戮，使天下知朝廷從善如流，罰惡不淹。[1]王憲、劉明，忠臣也，願宥忤鱗之愆，收其藥石之效。

[1]罰惡不淹：及時懲罰罪惡不拖延。

猇乃令曰："覽封記室之諫，孤實懼焉。君以黎元爲國，黎元以穀爲命。然則農者，國之本也，而二千石令長不遵孟春之令，惰農弗勸，宜以尤不修闢者措之刑法，肅厲屬城。主者明詳推檢，具狀以聞。苑囿悉可罷之，以給百姓無田業者。貧者全無資産，不能自存，各賜牧牛一頭。若私有餘力，樂取官牛墾官田者，其依魏晋舊法。溝洫溉灌，有益官私，[1]主者量造，務盡水陸之勢。中州未平，兵難不息，勛誠既多，官僚不可以減也。待克平凶醜，徐更議之。百工商賈數，四佐與列將速定大員，餘者還農。[2]學生不任訓教者，亦除員録。夫人臣關言於人主，至難也，妖妄不經之事皆應蕩然不問，擇其善者而從之。王憲、劉明雖其罪應禁黜，亦猶孤之無大量也。可悉復本官，仍居諫司。封生蹇蹇，深得王臣之體。《詩》不云乎：'無言不酬。'[3]其賜錢五萬，明宣内外，有欲陳孤過者，不拘貴賤，勿有所諱。"

[1]有益官私：私，殿本作"司"。
[2]餘者還農：餘，宋本作"除"。
[3]無言不酬：語出《詩·大雅·抑》。

時有黑龍白龍各一，見于龍山，猇親率群僚觀之，[1]去龍二百餘步，祭以太牢。[2]二龍交首嬉翔，解角而去。皝大悦，還宮，赦其境内，號新宮曰和龍，立龍翔佛寺于山上。

[1]郡僚：僚，殿本作"寮"。

[2]太牢：用牛羊豕三牲祭祀稱太牢。《莊子·至乐》："具太牢以爲膳。"成玄英疏："太牢，牛羊豕也。"

賜其大臣子弟爲官學生者號高門生，立東庠于舊宮，[1]以行鄉射之禮，[2]每月臨觀，考試優劣。皝雅好文籍，勤於講授，學徒甚盛，至千餘人。親造《太上章》以代《急就》，[3]又著典誡十五篇，以教胄子。[4]

[1]東庠：學校。

[2]鄉射之禮：古代禮儀。《周禮·地官·鄉大夫》："退而以鄉射之禮五物詢衆庶。"孫詒讓正義："退，謂王受賢能之書事畢，鄉大夫與鄉老則退各就其鄉學之庠而與鄉人習射，是爲鄉射之禮。"秦漢以後，亦有仿行。

[3]以代：代，宋本作"成"。　《急就》：即《急就篇》，漢代史游所作兒童識字之書。

[4]胄子：帝王或貴族的長子。

慕容恪攻高句麗南蘇，克之，置戍而還。[1]三年，[2]遣其世子儁與恪率騎萬七千東襲夫餘，[3]克之，虜其王及部衆五萬餘口以還。

[1]置戍而還：宋本作"王於幽州"。

[2]三年：中華本校勘記："周校：三年上脱年號，按之當爲永和也。今按：永和元年十二月皝始不用晋年號，自稱十二年（見《通鑑》九七）。《御覽》一二一引《前燕録》自咸和九年後即用皝之紀年，晋封皝爲燕王及遷都龍城在八年（晋咸康七年），龍見立寺在十二年（晋永和元年），皝於東序考試學生在十四年（永和三年）。則此'三年'當是'十三年'，脱'十'字。《通鑑》九七在永和二年可證。"

[3]夫餘：亦作扶餘，本書卷九七有傳。

皝親臨東庠考試學生，其經通秀異者，擢充近侍。以久旱，[1]丐百姓田租。罷成周、冀陽、營丘等郡。以渤海人爲興集縣，[2]河間人爲寧集縣，[3]廣平、魏郡人爲興平縣，[4]東萊、北海人爲育黎縣，[5]吴人爲吴縣，[6]悉隸燕國。

[1]以久旱：久旱，宋本作"冬旱"。

[2]渤海：郡名，西漢置，治所在浮陽縣（今河北省滄州市東南舊滄州），西晋治所在南皮縣（今河北省南皮縣東北）。

[3]河間：郡國名，治所在樂成縣（今河北省獻縣東南）。

[4]廣平：郡名，治所在曲梁侯國（今河北省邯鄲市永年區）。魏郡：治所在鄴縣（今河北省臨漳縣西南）。

[5]東萊：郡國名，治所在掖縣（今山東省萊州市）。萊，宋本作"來"。北海：郡名，治所在劇縣（今山東省昌樂縣西）。

[6]吴：郡國名，治所在吴縣（今江蘇省蘇州市）。

皝嘗畋于西鄙，將濟河，見一父老，服朱衣，乘白馬，舉手麾皝曰："此非獵所，王其還也。"秘之不言，遂濟河，連日大獲。後見白菟，[1]馳射之，馬倒被傷，乃説所見。輦而還宮，引儁屬以後事。以永和四年死，在位十五年，時年五十二。儁僭號，追謚文明皇帝。

[1]白菟：菟，宋本、殿本作“兔”。

慕容翰，字元邕，廆之庶長子也。性雄豪，多權略，猿臂工射，膂力過人。[1]廆甚奇之，委以折衝之任。行師征伐，所在有功，威聲大振，爲遠近所憚。作鎮遼東，高句麗不敢爲寇。善撫接，愛儒學，自士大夫至于卒伍，莫不樂而從之。

[1]膂力：膂，宋本作“臂”。

及奔段遼，深爲遼所敬愛。柳城之敗，段蘭欲乘勝深入，翰慮成本國之害，詭説於蘭，蘭遂不進。後石季龍征遼，眺親將三軍略令支以北，遼議欲追之，翰知眺躬自總戎，[1]戰必克勝，乃謂遼曰：“今石氏向至，[2]方對大敵，不宜復以小小爲事。燕王自來，[3]士馬精鋭。兵者凶器，戰有危慮，若其失利，何以南禦乎！”蘭怒曰：“吾前聽卿誑説，致成今患，不復入卿計中矣。”乃率衆追眺，蘭果大敗。翰雖處仇國，因事立忠，皆此類也。

[1]總戎：戎，殿本作“戍”。

[2]石氏向至：石季龍軍向我們這裏開來。

[3]燕王：王，殿本作“主”。

及遼奔走，翰又北投宇文歸。既而逃，[1]歸乃遣勁騎百餘追之。翰遥謂追者曰：“吾既思戀而歸，理無反面。吾之弓矢，汝曹足知，無爲相逼，自取死也。吾處汝國久，恨不殺汝。汝可百步豎刀，吾射中者，汝便宜反；不中者，可來前也。”歸騎解刀豎之，翰一發便中刀鐶，追騎乃散。

[1]既而逃：宋本無“而”字。

既至，皝甚加恩禮。建元二年，從皝討宇文歸，臨陣爲流矢所中，卧病積時。後疾漸愈，於其家中騎馬自試，或有人告翰私習騎，疑爲非常。皝素忌之，遂賜死焉。翰臨死謂使者曰：“翰懷疑外奔，罪不容誅，不能以骸骨委賊庭，故歸罪有司。天慈曲愍，不肆之市朝，[1]今日之死，翰之生也。但逆胡跨據神州，中原未靖，翰常克心自誓，志吞醜虜，上成先王遺旨，下謝山海之責。不圖此心不遂，没有餘恨，命也奈何！”仰藥而死。

[1]不肆之市朝：肆，殿本作“賜”。

陽裕，字士倫，右北平無終人也。[1]少孤，兄弟皆早亡，單煢獨立，雖宗族無能識者，惟叔父耽幼而奇之，曰：“此兒非惟吾門之標秀，[2]乃佐時之良器也。”

刺史和演辟爲主簿。[3]王浚領州，[4]轉治中從事，[5]忌而不能任。

［1］右北平：郡名，治所在無終縣（今天津市薊州區）。

［2］標秀：標，宋本作“摽”。

［3］和演：西晋人，任陽平太守，八王之亂中被司馬穎任爲右司馬、幽州刺史。謀殺王浚未果，反被王浚斬殺。　主簿：官名，此爲州府屬官。典領文書籍簿，省録衆事，職權甚重。

［4］王浚：字彭祖，本書卷三九有傳。

［5］治中從事：官名，亦稱治中從事史，省稱治中。州之佐吏，掌選署及文書案卷。魏晋之世，身份雖低，職權極重。

石勒既克薊城，問棗嵩曰：[1]“幽州人士，誰最可者？”嵩曰：“燕國劉翰，德素長者。北平陽裕，幹事之才。”勒曰：“若如君言，王公何以不任？”嵩曰：“王公由不能任，[2]所以爲明公擒也。”勒方任之，裕乃微服潛遁。

［1］棗嵩：字臺産，本書卷九二有傳。

［2］由：因爲。

時鮮卑單于段眷爲晋驃騎大將軍、遼西公，[1]雅好人物，虚心延裕。裕謂友人成泮曰：“仲尼喜佛肸之召，以匏瓜自喻，[2]伊尹亦稱何事非君，[3]何使非民，[4]聖賢尚如此，況吾曹乎！眷今召我，豈徒然哉！”泮曰：“今華夏分崩，九州幅裂，軌迹所及，易水而已。[5]欲偃蹇考槃，[6]以待大通者，[7]俟河之清也。人壽幾何？古人以爲白駒之嘆。[8]少游有云，[9]郡掾足以蔭後，況國相乎！卿追踪伊孔，抑亦知機其神也。"[10]裕乃應之。拜郎中令、中軍將軍，[11]處上卿位。歷事段氏五主，甚見尊重。

[1]驃騎大將軍：官名，魏晋制度，驃騎將軍爲重號將軍，僅次於大將軍，高於諸名號將軍，本不需加"大"字。然兩晋時將軍名號越授越濫，遂又增置此號，居諸名號將軍之首。多加於權臣元老，以示尊崇。開府置僚屬，不領兵。晋二品，開府位從公者一品。

[2]以匏瓜自喻：《史記》卷四七《孔子世家》："佛肸爲中牟宰。趙簡子攻范、中行，伐中牟。佛肸畔，使人召孔子。孔子欲往。子路曰：'由聞諸夫子，"其身親爲不善者，君子不入也"。今佛肸親以中牟畔，子欲往，如之何？'孔子曰：'有是言也。不曰堅乎，磨而不磷；不曰白乎，涅而不淄。我豈匏瓜也哉，焉能繫而不食？'"

[3]伊尹亦稱何事非君：《孟子·萬章下》："伊尹曰：'何事非君，何使非民，治亦進，亂亦進，曰：天之生斯民也，使先知覺後知，使先覺覺後覺。予，天民之先覺者也。予將以此道覺此民也。'"

[4]何使非民：民，原本、宋本作"臣"，殿本作"民"，據殿本改。

[5]易水：即今中易水。源出今河北省易縣西南，東流經興定縣南、雄安新區等地。

[6]偃蹇考槃：安卧隱居。

[7]以待大通者：殿本無"大"字。

[8]白駒之嘆：語出《莊子·知北游》："人生天地之間，若白駒之過郤，忽然而已。"

[9]少游：東漢馬援從弟。《後漢書》卷二四《馬援列傳》：馬援南征交趾，獲勝後乃擊牛釃酒，勞饗軍士。從容謂官屬曰："吾從弟少游常哀吾慷慨多大志，曰：'士生一世，但取衣食裁足，乘下澤車，御款段馬，爲郡掾史，守墳墓，鄉里稱善人，斯可矣。致求盈餘，但自苦耳。'當吾在浪泊、西里間，虜未滅之時，下潦上霧，毒氣重蒸，仰視飛鳶跕跕墯水中，卧念少游平生時語，何可得也！今賴士大夫之力，被蒙大恩，猥先諸君紆佩金紫，且喜且慙。"

[10]亦知機其神也：機，殿本作"幾"。

[11]中軍將軍：官名，西晋時統左右衛、前後左右驍騎等宿衛七營禁軍，主管京師及朝廷警衛。泰始四年（268）罷，置北軍中候代其職。後爲將軍名號，與鎮軍將軍、撫軍將軍並爲三名號將軍，不統禁兵。晋三品。

段遼與㲄相攻，裕諫曰："臣聞親仁善鄰，國之寶也。慕容與國世爲婚姻，且㲄令德之主，不宜連兵構怨，凋殘百姓。臣恐禍害之興，將由於此。願兩追前失，通款如初，使國家有太山之安，蒼生蒙息肩之惠。"遼不從。出爲燕郡太守。石季龍克令支，裕以郡降，拜北平太守，[1]徵爲尚書左丞。[2]

[1]北平：郡名，治所在徐無縣（今河北省遵化市東）。

[2]尚書左丞：官名，尚書省佐官，位次尚書，居尚書右丞上。與右丞共掌尚書都省庶務，率諸都令史監督稽核諸尚書曹、郎曹政務。左丞又掌督録近道文書章奏，監察糾彈尚書令、僕射、尚書等文武百官，號稱"監司"，權勢甚重。晋六品。

段遼之請迎於季龍也，裕以左丞領征東麻秋司馬。

秋敗，裕爲軍人所執，將詣皝。皝素聞裕名，即命釋其囚，拜郎中令，遷大將軍左司馬。[1]東破高句麗，北滅宇文歸，皆豫其謀，皝甚器重之。及遷都和龍，裕雅有巧思，皝所制城池宫閣，皆裕之規模。裕雖仕皝日近，寵秩在舊人之右，性謙恭清儉，剛簡慈篤，雖歷居朝端，若布衣之士。士大夫流亡羈絶者，莫不經營收葬，存恤孤遺，士無賢不肖皆傾身待之，是以所在推仰。

[1]左司馬：官名，府署高級幕僚。魏晋南北朝時王府、公府、軍府、邊郡均置司馬，有時分置左、右，掌參讚軍務、管理府内武職，位僅次於長史。晋八至六品。

初，范陽盧諶每稱之曰：[1]“吾及晋之清平，歷觀朝士多矣，忠清簡毅，篤信義烈，[2]如陽士倫者，實亦未幾。”及死，皝甚悼之，時年六十二。[3]

[1]范陽：郡名，治所在涿縣（今河北省涿州市）。　盧諶：劉琨别駕、從事中郎。劉琨爲段匹磾所害，率餘衆依段末波，後投後趙石虎。

[2]篤信義烈：義，宋本作“我”。

[3]時年六十二：二，殿本、宋本作“一”。

晋書　卷一一〇

載記第十

慕容儁 韓恒 李産 産子績

慕容儁

慕容儁，字宣英，皝之弟二子也。[1]初，廆常言："吾積福累仁，子孫當有中原。"既而生儁，廆曰："此兒骨相不恒，吾家得之矣。"及長，身長八尺二寸，姿貌魁偉，博觀圖書，有文武幹略。皝爲燕王，拜儁假節、安北將軍、東夷校尉、左賢王、燕王世子。[2]

[1]皝之弟二子也：弟，殿本作"第"。

[2]假節：假以節杖。指大臣臨時持節出巡，爲權臣掌軍、秉政的地位象徵和政治待遇。　安北將軍：官名，東漢建安年間置，與安東、安南、安西將軍合稱四安將軍，爲出鎮某一地區的軍事長官，或作爲刺史等兼理軍務的加官，權任頗重。晋三品，加持節都督者二品。　東夷校尉：官名，亦稱護東夷校尉，掌東北地區少數民族事務。駐平州（今遼寧省遼陽市）。晋四品。　左賢王：匈奴官名，即左屠耆王。屠耆爲匈奴語"賢"，漢人因稱之爲左賢王。

單于手下最高官職，常由太子擔任。

皝死，永和五年，儁即燕王位，依春秋列國故事稱元年，[1]赦于境内。是時石季龍死，[2]趙魏大亂，儁將圖兼并之計，以慕容恪爲輔國將軍，[3]慕容評爲輔弼將軍，[4]陽騖爲輔義將軍，[5]慕容垂爲前鋒都督、建鋒將軍，[6]簡精卒二十餘萬以待期。是歲，穆帝使謁者陳沉拜儁爲使持節、侍中、大都督、都督河北諸軍事、幽冀并平四州牧、大將軍、大單于、燕王，[7]承制封拜一如廆、皝故事。[8]

[1]“皝死”至“依春秋列國故事稱元年”：中華本校勘記：“皝死儁嗣位在永和四年，改稱元年則在五年。《御覽》一二一引《前燕録》作：‘皝薨，即燕王位，赦其境内。元年春正月，儁依春秋列國故事稱元年’，甚明。《載記》改‘元年春正月’爲‘永和五年’，而誤移於‘即燕王位’之前，遂似皝死即位亦在五年。”

[2]石季龍：即石虎，字季龍，本書卷一〇六有載記。

[3]慕容恪：字玄恭，本書卷一一一有載記。　輔國將軍：官名，屬將軍名號，三國兩晋皆置。晋三品。

[4]慕容評：十六國時昌黎棘城（今遼寧省義縣西）人，慕容廆之子。歷任前燕軍師將軍、輔弼將軍、司州刺史、驃騎將軍。後被前秦王猛所俘。　輔弼將軍：官名，十六國前燕置，統兵。

[5]陽騖：字士秋，本書卷一一一有載記。　輔義將軍：官名，三國吴置，權勢很大。十六國前燕亦置，地位亦重，僅在輔國將軍、輔弼將軍之下。

[6]慕容垂：字道明，本書卷一二三有載記。　前鋒都督：前鋒部隊的統帥。　建鋒將軍：官名，十六國前燕置，統兵。

[7]謁者：官名，謁者臺屬官。掌賓禮司儀、傳宣詔命、奉命出使等。又有監國謁者，監視諸侯王，權勢頗重。晉七品。　使持節：漢朝官吏奉使外出時，或由皇帝授予節杖，以提高其權力。魏晉以後，凡重要軍事長官出征或出鎮，加使持節，可誅殺二千石以下官員。　侍中：官名，東漢建安中與給事黄門侍郎出入禁中，省尚書事。曹魏時爲門下之侍中省長官。常侍衛皇帝左右，掌顧問應對、諫諍糾察、平議奏事、駁奏異議等，權力甚重。晉三品。　大都督：官名，高級軍事長官。三國初作爲加官於戰時臨時設置，後逐漸成爲常設加官官職，地位極高。　都督河北諸軍事：官名，河北地區最高軍事行政長官。　幽冀并平四州牧：本書卷八《穆帝紀》但云假儁幽平二州牧。幽，幽州，治所在薊縣（今北京市西南）。冀，冀州，三國魏治所在信都縣（今河北省衡水市冀州區），西晉移治房子縣（今河北省高邑縣西南）。并，并州，治所在晉陽縣（今山西省太原市西南）。平，平州，治所在襄平縣（今遼寧省遼陽市）。　大將軍：官名，高級軍事統帥。曹魏時多以之屯駐長安，對付蜀漢，蜀漢以其爲最高軍事長官，孫吴則别置上大將軍居其上。西晉時爲八公之一，位居上公、大司馬下，三公之上。東晉時常專擅軍政事務。晉一品。　大單于：本匈奴最高首領名，十六國時期一些少數民族政權亦置。

[8]承制：秉承皇帝旨意便宜行事。

明年，儁率三軍南伐，出自盧龍，[1]次于無終。[2]石季龍幽州刺史王午棄城走，留其將王他守薊。[3]儁攻陷其城，斬他，因而都之。徙廣寧、上谷人于徐無，[4]代郡人于凡城而還。[5]

[1]盧龍：盧龍塞，一名盧龍嶺。位於今河北省遷西縣北喜峰口一帶。

［2］無終：縣名，治所在今天津市薊州區。

［3］薊：縣名，治所在今北京市西南。

［4］廣寧：縣名，治所在今河北省張家口市。　上谷：郡名，三國魏治所在居庸縣（今北京市延慶區），晋治所在沮陽縣（今河北省懷來縣東南）。　徐無：縣名，治所在今河北省遵化市東。

［5］代郡：治所在代縣（今河北省蔚縣東北）。　凡城：縣名，治所在今河北省平泉市南。

及冉閔殺石祗，[1]僭稱大號，遣其使人常煒聘於儁。[2]儁引之觀下，使其記室封裕詰之曰：[3]“冉閔養息常才，負恩簒逆，有何祥應而僭稱大號？”煒曰：“天之所興，其致不同，狼烏紀于三王，[4]麟龍表于漢魏。寡君應天馭曆，[5]能無祥乎！且用兵殺罰，[6]哲王盛典，湯武親行誅放，而仲尼美之。魏武養於宦官，莫知所出，衆不盈旅，遂能終成大功。暴胡酷亂，蒼生屠膾，寡君奮劍而誅除之，黎元獲濟，可謂功格皇天，勛侔高祖。恭承乾命，有何不可？”裕曰：“石祗去歲使張舉請救，云璽在襄國，[7]其言信不？又聞閔鑄金爲己象，壞而不成，奈何言有天命？”煒曰：“誅胡之日，在鄴者略無所遺，璽何從而向襄國，此求救之辭耳。天之神璽，實在寡君。且妖孽之徒，欲假奇眩衆，或改作萬端，以神其事。寡君今已握乾符，類上帝，四海懸諸掌，大業集于身，何所求慮而取信此乎！鑄形之事，所未聞也。”儁既鋭信舉言，又欣於閔鑄形之不成也，必欲審之，乃積薪置火於其側，命裕等以意喻之。煒神色自若，抗言曰：“結髮已來，[8]尚不欺庸人，况千乘乎！巧詐虚言以救死者，使臣所不爲也。直道受戮，死自分耳。益薪速火，君之大惠。”左右勸儁殺之，儁曰：“古者兵交，使在其間，此亦人臣常事。”遂赦之。

[1]冉閔：字永曾，本書卷一〇七有載記。　石祗：十六國後趙國君，石虎庶子。石閔殺石鑒自立，石祗聞而在襄國稱帝。石閔率軍十萬攻打襄國，石祗懼而去帝號，稱趙王。後爲部將劉顯所殺。

[2]“冉閔殺石祗”至“常煒聘於儁”：中華本校勘記：“《通鑑》九九常煒使儁在永和七年三月，時閔方攻祗於襄國，祗死在五月。疑‘殺’當作‘攻’，或‘石祗’爲‘石鑒’之誤。”

[3]記室：官名，記室令史、記室督、記室參軍、中記室參軍等官職的省稱。此爲記室參軍。

[4]狼烏紀于三王：三王，指夏商周三代。《太平御覽》卷八二《皇王部·夏殷禹》引《帝王世紀》載：“禹年二十始用，三十二而洪水平。年百歲，崩於會稽。因葬會稽山陰縣之南，今山上有禹塚、井，祠下有群鳥耘田。”《太平御覽》卷八三《皇王部·殷帝成湯》引《尚書璿璣鈐》曰：“湯受金符，白狼銜鉤入殷朝。”注文曰：“鉤縛束之要，明湯得天下之要也。”《太平御覽》卷八四《皇王部·周武王》引《尚書中候》曰：“武王姬發渡於盟津，中流受文命，待天謀。有火自天出於王屋，流爲赤烏五至。”

[5]應天馭曆：馭，殿本作“叙”。

[6]用兵殺罰：罰，殿本作“伐”。

[7]襄國：縣名，治所在今河北省邢臺市。

[8]結髮：束髮。古代男子自成童開始束髮，因以指初成年。

遣慕容恪略地中山，[1]慕容評攻王午于魯口。[2]恪次唐城，[3]冉閔將白同、中山太守侯龕固守不下。恪留其將慕容彪攻之，進討常山。[4]評次南安，[5]王午遣其將鄭生距評。評逆擊，斬之，侯龕逾城出降。恪進克中山，斬白同。儁軍令嚴明，諸將無所犯。閔章武太守賈堅率郡兵邀評戰于高城，[6]擒堅於陣，斬首三千餘級。

[1]中山：郡名，治所在盧奴縣（今河北省定州市）。

[2]魯口：魯口城，位於今河北省饒陽縣。

[3]唐城：唐縣城，位於今河北省唐縣東北。

[4]常山：郡名，治所在真定縣（今河北省石家莊市）。

[5]南安：地名，确址不詳，疑在今河北省饒陽縣一帶。

[6]章武：郡國名，治所在東平舒縣（今河北省大城縣）。高城：縣名，治所在今河北省鹽山縣東南。

是歲丁零翟鼠及冉閔將劉準等率其所部降于儁，[1]封鼠歸義王，拜準左司馬。

[1]丁零：古民族名。又稱“丁令”“丁靈”。漢時爲匈奴屬國，游牧於我國北部和西北部廣大地區。魏晋南北朝時有部分進入中原。

時鮮卑段勤初附於儁，其後復叛。儁遣慕容恪及相國封弈討冉閔于安喜，[1]慕容垂討段勤于繹幕，[2]儁如中山，爲二軍聲勢。閔懼，奔于常山，恪追及於泒水。[3]閔威名素振，衆咸憚之。恪謂諸將曰：“閔師老卒疲，實爲難用；加其勇而無謀，一夫之敵耳。雖有甲兵，不足擊也。吾今分軍爲三部，掎角以待之。閔性輕鋭，又知吾軍勢非其敵，必出萬死衝吾中軍。吾今貫甲厚陣以俟其至，諸君但厲卒，[4]從傍須其戰合，夾而擊之，蔑不克也。”及戰，敗之，斬首七千餘級，擒閔，送之，斬於龍城。[5]恪屯軍呼沱。[6]閔將蘇亥遣其將金光率騎數千襲恪，恪逆擊，斬之，亥大懼，奔于并州。恪進據常山，段勤懼而請降，遂進攻鄴。[7]閔將蔣幹閉城距守。儁又遣慕容評等率騎一萬會攻鄴。是時鷰巢于儁正陽殿之西椒，生三雛，項上有豎毛；凡城獻異鳥，五色成章。儁謂群僚曰：[8]“是何祥也？”咸稱：“鷰者，燕鳥也。[9]首有毛冠者，言大燕龍興，冠通天章甫之象也。[10]巢正陽西椒者，言至尊臨軒朝萬國之徵也。三子者，數應三統之驗也。[11]神鳥五色，言聖朝將繼五行之籙以御四海者也。”儁覽之大悦。既而蔣幹率鋭卒五千出城挑戰，慕容評等擊敗之，斬首四千餘級，幹單騎還鄴。於是群臣勸儁稱尊號，儁答曰：“吾本幽漠射獵之鄉，[12]被髮左衽之俗，曆數之籙寧有分邪！卿等苟相褒舉，以覬非望，實匪寡德所宜聞也。”慕容恪、封弈討王午于魯口，降之。尋而慕容評攻克鄴城，送冉閔妻子僚屬及其文物于中山。

[1]相國：官名，春秋戰國時稱宰輔大臣爲相國，秦漢時稱爲丞相。魏晋南北朝時不常置，職權品秩略同於丞相，但位又比丞相尊貴，非尋常人臣之職。　安喜：縣名，治所在今河北省定州市東南。

[2]繹幕：縣名，治所在今山東省平原縣西北。

[3]泒水：即今沙河。源出山西省靈丘縣南，東南流經河北省阜平縣南、陽曲縣西，至新樂縣北，此下歷代屢經變遷。泒，殿本

作“派”。

［4］諸君但厲卒：君，殿本作“軍”。

［5］龍城：又稱和龍城、黄龍城、龍都。位於今遼寧省朝陽市十二臺營子。

［6］呼沱：呼沱河，位於今山西、河北兩省境内，下游歷代幾經變遷。呼，殿本作“滹”。

［7］鄴：縣名，曹魏五都之一。治所在今河北省臨漳縣西南。

［8］群僚：僚，殿本作“寮”，本卷下文“僚屬”同。

［9］燕鳥也：宋本“鳥”下有小字夾文“一作烏”。

［10］通天章甫：即通天冠。《後漢書志》卷三十《輿服志下》：“通天冠，高九寸，正豎，頂少邪却，乃直下爲鐵卷梁，前有山，展筩爲述，乘輿所常服。”章甫，儒者所戴冠帽。

［11］三統：指慕容廆、慕容皝、慕容儁三代。

［12］幽漠：漠，殿本作“漢”。

先是，蔣幹以傳國璽送于建鄴，儁欲神其事業，言曆運在己，乃詐云閔妻得之以獻，賜號曰“奉璽君”，因以永和八年僭即皇帝位，大赦境内，建元曰元璽，署置百官。以封弈爲太尉，[1]慕容恪爲侍中，陽騖爲尚書令，[2]皇甫真爲尚書左僕射，[3]張希爲尚書右僕射，[4]宋活爲中書監，[5]韓恒爲中書令，[6]其餘封授各有差。追尊廆爲高祖武宣皇帝，皝太祖文明皇帝。[7]時朝廷遣使詣儁，儁謂使者曰：“汝還白汝天子，我承人乏，爲中國所推，已爲帝矣。”初，石季龍使人探策于華山，[8]得玉版，文曰：“歲在申酉，不絶如綫。歲在壬子，真人乃見。”及此，燕人咸以爲儁之應也。改司州爲中州，[9]置司隸校尉官。[10]群下言：“大燕受命，上承光紀黑精之君，運曆傳屬，代金行之后，宜行夏之時，服周之冕，旗幟尚黑，牲牡尚玄。"[11]儁從之。其從行文武、諸藩使人及登號之日者，悉增位三級。泒河之師，守鄴之軍，下及戰士，賜各有差。臨陣戰亡者，將士加贈二等，士卒復其子孫。殿中舊人皆隨才擢叙。立其妻可足渾氏爲皇后，世子曄爲皇太子。

[1]太尉：官名，曹操爲丞相後，太尉府屬官歸相府，晋時太尉雖爲八公之一、三公之首，實爲名譽宰相，多爲大臣加官。晋一品。

[2]尚書令：官名，秦漢時爲尚書署長官。秩位雖低，權力甚重。魏晋時沿置，爲尚書省長官，綜理全國政務，參議大政，爲高級政務長官。晋三品。

[3]尚書左僕射：官名，尚書省次官，輔助尚書令執行政務，參議大政，諫諍得失，監察糾彈百官。有時尚書省不置令，衹設左右僕射，此時左僕射居右僕射之上。晋三品。

[4]尚書右僕射：官名，尚書令副手，掌拆閱封緘奏章文書、參議政事、諫諍駁議、監察百官。位在左僕射之下。晋三品。

[5]中書監：官名，中書省長官之一。三國魏文帝初年分秘書置中書省，長官爲中書監、中書令。掌收納奏章，草擬詔令。平常不分高下，入朝時監略高於令。晋三品。

[6]中書令：官名，掌收納尚書奏事、傳達皇帝詔旨。三國魏文帝初年分秘書置中書省，設中書監和中書令，職權甚重。晋三品。

[7]兟太祖：宋本"兟"下有"爲"字。

[8]華山：即今陝西省華陰市南華山，古號西岳。

[9]司州：治所在洛陽縣（今河南省洛陽市東北）。

[10]司隸校尉：官名，三國魏時先治弘農，後治河南，轄司州

所屬河南、河東、河内、弘農、平陽五郡。掌監察京師、糾察京都百官。西晋沿置。晋三品。

[11]尚玄：以赤黑爲尚。

晋寧朔將軍榮胡以彭城、魯郡叛降于儁。[1]

[1]寧朔將軍：官名，西晋時多駐幽州，爲幽州地區軍政長官，兼管烏丸事務。晋四品。　彭城：縣名，治所在今江蘇省徐州市。　魯郡：治所在魯縣（今山東省曲阜市東古城）。

常山人李犢聚衆數千，反于普壁壘，儁遣慕容恪率衆討降之。

初，冉閔既敗，王午自號安國王。午既死，吕護復襲其號，保于魯口。恪進討走之，遣前軍悦綰追及于野王，[1]悉降其衆。

[1]前軍：官名，即前軍將軍，與後軍、左軍、右軍三將軍各領營兵千人，職掌護衛皇帝宫禁。晋四品。

姚襄以梁國降于儁。[1]以慕容評爲都督秦雍益梁江揚荆徐兖豫十州河南諸軍事，[2]權鎮于洛水，[3]慕容彊爲前鋒都督、都督荆徐二州緣淮諸軍事，[4]進據河南。[5]

[1]姚襄：字景國，本書卷一一六有載記。　梁國：郡國名，治所在睢陽縣（今河南省商丘市）。

[2]都督秦雍益梁江揚荆徐兖豫十州河南諸軍事：上述十州之河南地區最高軍事行政長官。

[3]洛水：縣名，治所在今河南省洛寧縣西。

[4]都督荆徐二州緣淮諸軍事：上述二州之緣淮地區最高軍事行政長官。

[5]河南：郡名，治所在洛陽縣（今河南省洛陽市東北）。

儁自和龍至薊城，幽冀之人以爲東遷，互相驚擾，所在屯結。其下請討之，儁曰："群小以朕東巡，故相惑耳。今朕既至，尋當自定。然不虞之備亦不可不爲。"於是令内外戒嚴。

苻生河内太守王會、黎陽太守韓高以郡歸儁。[1]晋蘭陵太守孫黑、濟北太守高柱、建興太守高瓮各以郡叛歸于儁。[2]初，儁車騎大將軍、范陽公劉寧屯據蓨城，[3]降于苻氏，至此，率户二千詣薊歸罪，拜後將軍。[4]高句麗王釗遣使謝恩，貢其方物。儁以釗爲營州諸軍事、征東大將軍、營州刺史，[5]封樂浪公，王如故。

[1]苻生：字長生，本書卷一一二有載記。苻，宋本作"符"。　河内：郡名，治所在野王縣（今河南省沁陽市）。　黎陽：縣名，治所在今河南省浚縣東北。

[2]蘭陵：郡名，治所在丞縣（今山東省棗莊市嶧城區）。濟北：郡國名，治所在盧子城（今山東省平陰縣舊東阿東北）。高柱：柱，宋本作"柸"。　建興：治所在今河北省威縣東。《水經注·河水》："田融云：'趙武帝十二年，立建興郡，治廣宗，置建始、興德五縣隸焉。'"

[3]車騎大將軍：官名，西晋置，位在車騎將軍之上，多授予元老重臣，以示尊崇。開府置僚屬，一般不領兵。晋二品，開府位從公者一品。

[4]後將軍：官名，漢代爲重號將軍，與前、左、右將軍並爲上卿。魏晋以後權位漸低，僅爲將軍名號，略高於一般雜號將軍。晋三品。

[5]營州諸軍事：即都督營州諸軍事，營州最高軍事行政長官。營州，十六國後趙置，治所在令支縣（今河北省遷安市西南）。征東大將軍：官名，三國魏文帝黄初三年（222）置，職掌與征東將軍同，但位在其上，多統兵出鎮方面，都督數州軍事。不常置。二品，開府位從公者一品。

儁給事黄門侍郎申胤上言曰：[1]

夫名尊禮重，先王之制。冠冕之式，代或不同。漢以蕭曹之功，[2]有殊群辟，故劍履上殿，入朝不趨。世無其功，則禮宜闕也。至於東宫，體此爲儀，魏晋因循，制不納舄。[3]今皇儲過謙，準同百僚，[4]禮卑逼下，有違朝式。太子有統天之重，而與諸王齊冠遠游，[5]非所以辨章貴賤也。

[1]給事黄門侍郎：官名，魏晋時爲侍中省或門下省次官。與侍中俱掌門下衆事，職掌略同，地位隨皇帝旨意或侍中地位而定。晋五品。

[2]蕭：蕭何，秦末泗水沛縣豐邑（今江蘇省豐縣）人。隨劉邦起兵反秦。楚漢戰争中，留守關中，爲前綫籌集糧草。劉邦稱帝後，因功高封酇侯。助吕后誅除韓信，封相國。劉邦死後復事惠帝，死前推薦曹參繼任。　曹：曹參，秦末泗水沛（今江蘇省沛縣）人，早年爲獄掾。秦末隨劉邦起兵，屢建戰功。先後任假左丞相、左丞相。西漢建立後任齊相國。蕭何死後繼之爲漢相。

[3]制不納舄：入殿不穿舄。舄，古代一种以木爲複底的鞋。

[4]百僚：僚，殿本作“寮”。

[5]冠遠游：戴遠游冠。遠游冠，古代帽子。《後漢書》卷三十《輿服志下》："遠游冠，制如通天，有展筒横之於前，無山述，諸王所服也。"

祭饗朝慶，宜正服衮衣九文，[1]冠冕九旒。[2]

[1]正服：禮儀所規定的正式服裝。　衮衣九文：古代天子禮服上的九種圖案。《左傳·昭公二十五年》："爲九文、六采、五章以奉五色。"杜預注："九文謂山、龍、華、蟲、藻、火、粉米、黼、黻也。"

[2]九旒：天子所用垂飾。《禮記·樂記》："龍旂九旒，天子之旌也。"《管子·小匡》："賞服大路，龍旗九游，渠門赤旂。"

又仲冬長至，太陰數終，[1]黄鍾産氣，[2]綿微於下，此月閉關息旅，后不省方。《禮記》曰："是月也，事欲静，君子齋戒去聲色。"唯《周官》有天子之南郊從八能之説。[3]或以有事至靈，非朝饗之節，故有樂作之理。王者慎微，禮從其重。前來二至闕鼓，[4]不宜有設，今之鏗鎗，[5]蓋以常儀。二至之禮，事殊餘節，猥動金聲，驚越神氣，施之宣養，實爲未盡。

[1]太陰數終：冬爲陰，夏爲陽，冬至陰數盡，陽數始。

[2]黄鍾産氣：古代爲了預測節氣，將葦膜燒成灰，放在律管内，到某一節氣，相應律管内的灰就會自行飛出。黄鐘律和冬至相應，時在十一月。《淮南子·天文訓》："日行一度，十五日爲一節，以生二十四時之變。斗指子則冬至，音比黄鐘。"高誘注："黄鐘，

十一月也。鐘者，聚也，陽氣聚於黄泉之下也。”

[3]天子之南郊從八能：皇帝到南郊祭天，以八能相從。八能，謂能調和陰陽律曆五音的人。《後漢書志》卷五《禮儀志中》：“故使八能之士八人，或吹黄鍾之律間竽；或撞黄鍾之鍾；或度晷景。”王應麟《小學紺珠·律曆·八能》謂：“調黄鍾，調六律，調五音，調五聲，調五行，調律曆，調陰陽，調正德所行。”

[4]二至：冬至和夏至。

[5]鏗鎗：鎗，殿本作“鏘”。

又朝服雖是古禮，絳褠始於秦漢，[1]迄于今代，遂相仍準。朔望正旦，乃具袞舄。禮，諸侯旅見天子，不得終事者三，雨沾服失容，其在一焉。今或朝日天雨，未有定儀。禮貴適時，不在過恭。近以地濕不得納舄，而以袞襈改履。案言稱朝服，所以服之而朝，一體之間，上下二制，或廢或存，實乖禮意。大燕受命，侔踪虞夏，諸所施行，宜損益定之，以爲皇代永制。

儁曰：“其劍舄不趨，事下太常參議。[2]太子服袞冕，冠九旒，超級逼上，未可行也。冠服何容一施一廢，皆可詳定。”

[1]絳褠：絳紫色單衣。褠，宋本作“構”。

[2]太常：官名，漢代稱奉常，本掌禮樂宗廟、社稷祭祀，魏晋時此職掌歸尚書裁定，太常成爲閑職。晋三品。

初，段蘭之子龕因冉閔之亂，擁衆東屯廣固，[1]自號齊王，稱藩于建鄴，遣書抗中表之儀，非儁正位。儁遣慕容恪、慕容塵討之。恪既濟河。龕弟羆驍勇有智計，言於龕曰："慕容恪善用兵，加其衆旅既盛，恐不可抗也。若頓兵城下，雖復請降，懼終不聽。王但固守，羆請率精鋭距之。若其戰捷，王可馳來追擊，使虜匹馬無反。如其敗也，遽出請降，不失千户侯也。"龕弗從。羆固請行，龕怒殺之，率衆三萬來距恪。恪遇龕於淄水之南，[2]與戰，大敗之，遂斬其弟欽，盡俘其衆。恪進圍廣固，諸將勸恪宜急攻之，恪曰："軍勢有宜緩以克敵，有宜急而取之。若彼我勢均，且有强援，慮腹背之患者，須急攻之，以速大利。如其我强彼弱，外無寇援，力足制之者，當羈縻守之，以待其斃。兵法十圍五攻，此之謂也。龕恩結賊黨，衆未離心，淄南之戰，[3]非不鋭也，但龕用之無術，[4]以致敗耳。今憑固天險，上下同心，攻守勢倍，軍之常法。若其促攻，不過數旬，克之必矣，但恐傷吾士衆。自有事已來，卒不獲寧，吾每思之，不覺忘寢，亦何宜輕殘人命乎！當持久以取耳。"諸將皆曰："非所及也。"乃築室反耕，[5]嚴固圍壘。龕所署徐州刺史王騰、索頭單于薛雲降于恪。段龕之被圍也，遣使詣建鄴請救。穆帝遣北中郎將荀羨赴之，[6]憚虜强遷延不敢進。攻破陽都，[7]斬王騰以歸。恪遂克廣固，以龕爲伏順將軍，徙鮮卑胡羯三千餘户于薊，留慕容塵鎮廣固，恪振旅而歸。

[1]廣固：廣固城，位於今山東省青州市西北。

[2]恪遇龕於淄水之南：淄，原本、宋本、殿本作"濟"。《十六國春秋》卷二七《前燕録·慕容儁傳下》："段龕率衆三萬來拒。

丙戌，遇於淄水之南，與戰大敗。”《資治通鑑》卷一〇〇《晋紀》穆帝永和十二年：“段龕帥衆三萬逆戰。丙申，恪大破龕於淄水，執其弟欽。”胡三省注：“據《載記》，恪破龕於濟水之南。今言未至廣固百餘里，蓋在淄水而會戰也。《水經・濁水》：逕廣固城西，東流至廣饒，入巨淀，又比合于淄水。”李之亮先生據此認爲，廣固城在今山東省淄博市東四十里許，瀕臨淄水，“濟水之南”當作“淄水之南”。今據改。(參見李之亮、許華偉《〈晋書〉、〈十六國春秋〉對堪劄記》，《鄭州大學學報》1998 年第 3 期)

[3]淄南之戰：原本、宋本、殿本作“濟南之戰”。據李之亮先生考證改。

[4]但龕用之無術：龕，殿本作“其”。

[5]築室反耕：典出《左傳・宣公十五年》：楚莊王率軍攻打宋國，久攻不下，又聽説晋國準備援助宋國，便想撤兵。申叔獻計在城外建造營房，讓逃跑的農民回來種田，以示楚軍不走的決心，宋國必定會屈服。莊王采納了這一建議。

[6]北中郎將：官名，與東、西、南中郎將並稱四中郎將，統兵征戰，權職甚重。晋四品。　荀羡：字令則，本書卷七五有傳。

[7]陽都：縣名，治所在今山東省沂南縣南。

儁太子曄死，僞謚獻懷。升平元年，復立次子暐爲皇太子，赦其境内，改元曰光壽。

遣其撫軍慕容垂、中軍慕容虔與護軍平熙等率步騎八萬討丁零敕勒于塞北，[1]大破之，俘斬十餘萬級，獲馬十三萬匹，牛羊億餘萬。

[1]撫軍：官名，即撫軍將軍。三國蜀漢、孫吴皆置，爲加官，以示權重。晋沿置，與中軍將軍、鎮軍將軍並爲三名號將軍。晋三品。　中軍：官名，即中軍將軍，西晋時統左右衛、前後左右驍騎

等宿衛七營禁軍，主管京師及朝廷警衛。泰始四年（268）罷，置北軍中候代其職。後爲將軍名號，與鎮軍將軍、撫軍將軍並爲三名號將軍，不統禁兵。晋三品。　護軍：官名，此爲護軍將軍省稱。東漢建安十二年（207）曹操改丞相府護軍爲中護軍，資重者可遷護軍將軍，典武官選舉，與中領軍同掌禁軍。曹魏時四品，西晋時三品。　敕勒：古代北方少數民族名。北魏時亦稱铁勒、高車部。

初，廆有駿馬曰赭白，有奇相逸力。石季龍之伐棘城也，[1]皝將出避難，欲乘之，馬悲鳴蹀齧，人莫能近。皝曰："此馬見異先朝，孤常杖之濟難，今不欲者，蓋先君之意乎！"乃止。季龍尋退，皝益奇之。至是，四十九歲矣，而駿逸不虧，儁比之於鮑氏驄，[2]命鑄銅以圖其象，親爲銘贊，鐫勒其傍，置之薊城東掖門。是歲，象成而馬死。

[1]棘城：一作大棘城，位於今遼寧省義縣西。

[2]鮑氏驄：《樂府詩集·雜歌謡辭三·鮑司隸歌》："鮑氏驄，三人司隸再入公，馬雖瘦，行步工。"郭茂倩題解："《樂府廣題》曰：《列異傳》云鮑宣，宣子永，永子昱，三世皆爲司隸，而乘一驄馬，京師人歌之。"後以"鮑氏驄"指司隸校尉或三公之職。

匈奴單于賀賴頭率部落三萬五千降于儁，拜寧西將軍、雲中郡公，[1]處之于代郡平舒城。[2]

[1]寧西將軍：官名，屬將軍名號，十六國一些少數民族政權與北魏皆置。

[2]平舒城：平舒縣城，位於今山西省廣靈縣西平水城。

晋太山太守諸葛攸伐其東郡。儁遣慕容恪距戰，王師敗績。北中郎將謝萬先據梁宋，[1]懼而遁歸。恪進兵入寇河南，汝、潁、譙、沛皆陷，[2]置守宰而還。

[1]北中郎將謝萬先據梁宋：中華本校勘記："《校文》：謝萬時爲西中郎將，北中郎將則郗曇也。《傳》脱郗名而以其官加之萬，疏矣。又考《帝紀》，萬喪師事在升平三年七月，荀羡山荏之敗則在二年十二月，今先列萬事而羡敗遠次於下文，序事先後倒置。"　謝萬：字萬石，本書卷七九有傳。

[2]汝：汝南郡，西晋治所在新息縣（今河南省息縣西南），東晋移治懸瓠城（今河南省汝南縣）。　潁：潁川郡，治所在許昌縣（今河南省許昌市東）。宋本作"穎"。　譙：譙郡，郡國名，曹魏置，治所在譙縣（今安徽省亳州市）。　沛：沛郡，治所在沛縣（今江蘇省沛縣）。

儁自薊城遷于鄴，赦其境内，繕修宫殿，復銅雀臺。[1]

[1]銅雀臺：東漢建安年間曹操建於鄴城的三臺之一，故址位於今河北省臨漳縣。

廷尉監常煒上言：[1]"大燕雖革命創制，至於朝廷銓謨，亦多因循魏晋，唯祖父不殯葬者，獨不聽官身清朝，斯誠王教之首，不刊之式。然禮貴適時，世或損益，是以高祖制三章之約，[2]而秦人安之。自頃中州喪亂，連兵積年，或遇傾城之敗，覆軍之禍，坑師沉卒，往往而然，孤孫煢子，十室而九。兼三方岳峙，父子異邦，存亡吉凶，杳成天外。或便假一時，或依嬴博之制，[3]孝子糜身無補，順孫心喪靡及，雖招魂虚葬以叙罔極之情，又禮無招葬之文，令不此載。若斯之流，抱琳琅而無申，懷英才而不齒，誠可痛也。恐非明揚側陋，[4]務盡時珍之道。吴起、二陳之疇，[5]終將無所展其才幹。漢祖何由免于平城之圍？[6]郅支之首何以懸于漢闕？[7]謹案《戊辰詔書》，蕩清瑕穢，與天下更始，以明惟新之慶。[8]五六年間，尋相違伐，於則天之體，臣竊未安。”儁曰：[9]“煒宿德碩儒，練明刑法，覽其所陳，良足采也。今六合未寧，[10]喪亂未已，又正當搜奇拔異之秋，未可才行兼舉，且除此條，聽大同更議。”

[1]廷尉監：官名，與廷尉正、廷尉平，合稱“廷尉三官”，協助廷尉治理刑獄。晋六品。

[2]三章之約：秦末劉邦打入關中，與父老約法三章：殺人者死，傷人及盜抵罪。約，殿本作“法”。

[3]嬴博之制：嬴博，春秋時齊國二邑名稱。《禮記·檀弓下》：“延陵季子適齊，於其反也，其長子死，葬於嬴、博之間。”“其坎深不至於泉，其斂以時服，既葬而封，廣輪揜坎，其高可隱也。”孔子曰：“延陵季子之於禮也，其合矣乎。”

[4]明揚側陋：提拔下層人才。側陋，簡陋。此指居住簡陋的下層人。

[5]吴起：戰國時衛國左氏（今山東省菏澤市定陶區西）人，初事魯，後入魏，終入楚，幫助楚悼王改革，使楚國强盛。　二陳：陳平和陳湯。陳平，秦末陽武（今河南省原陽縣東南）人，少治黄老之術。秦末天下大亂，先後事魏王咎、項羽，後歸劉邦。歷任都尉、亞將、護軍中尉，爲劉邦重要謀士，屢出奇計。漢朝建立

後封户牖侯和曲逆侯。惠帝時歷任郎中令、左右丞相。吕后死，又與周勃等人誅除諸吕，迎立文帝。陳湯，西漢山陽瑕丘（今山東省濟寧市兖州區東北）人，字子公。建昭三年（前36）以西域副校尉與西域都户騎都尉甘延壽矯制發諸國兵，斬郅支單于於都賴水上。

[6]平城：縣名，治所在今山西省大同市東北古城。

[7]郅支：匈奴郅支骨都侯單于，名呼屠吾斯，虚閭權渠單于之子。漢宣帝五鳳二年（前56）自立單于，與其弟呼韓邪對立，後將其擊敗，都單于庭，爲北匈奴。後被西漢西域都護甘延壽副校尉陳湯攻殺。

[8]惟新：惟，殿本作“維”。

[9]儁曰：儁，宋本作“雋”。本卷下文多處“儁”宋本作“雋”者，不再出注。

[10]六合：指天下。

使昌黎、遼東二郡營起廆廟，[1]范陽、燕郡構皝廟，[2]以其護軍平熙領將作大匠，[3]監造二廟焉。

[1]昌黎：郡名，治所在昌黎縣（今遼寧省義縣）。　遼東：郡名，治所在襄平縣（今遼寧省遼陽市）。

[2]范陽：郡名，治所在涿縣（今河北省涿州市）。　燕郡：治所在薊縣（今北京市西南）。

[3]領：以地位較高的官員兼理較低的職務。　將作大匠：官名，掌領徒隸修建宫室、宗廟、陵墓及其他土木工程。

苻堅平州刺史劉特率户五千降于儁。[1]

[1]苻堅：字永固，本書卷一一三有載記。　儁：宋本作

"雋"。

河間李黑聚衆千餘，[1]攻略州郡，殺棗强令衛顔，[2]儁長樂太守傅顔討斬之。[3]

[1]河間：郡國名，治所在樂成縣（今河北省獻縣東南）。
[2]棗强：縣名，治所在今河北省棗强縣東南。
[3]長樂：郡名，治所在信都縣（今河北省衡水市冀州區）。

常山大樹自拔，根下得璧七十、珪七十三，光色精奇，有異常玉。儁以爲岳神之命，遣其尚書郎段勤以太牢祀之。[1]

[1]尚書郎：官名。東漢之制，取孝廉中之有才能者入尚書臺，在皇帝左右處理政務，初入臺稱守尚書郎中，滿一年稱尚書郎，滿三年稱侍郎。魏晋以後尚書各曹有侍郎、郎中等官，綜理職務，通稱爲尚書郎。晋六品。　太牢：用牛羊豕三牲祭祀。《莊子·至樂》："具太牢以爲膳。"成玄英疏："太牢，牛羊豕也。"

初，冉閔之僭號也，石季龍將李歷、張平、高昌等並率其所部稱藩於儁，遣子入侍。既而投款建鄴，結援苻堅，並受爵位，羈縻自固，雖貢使不絶，而誠節未盡。吕護之走野王也，遣弟奉表謝罪於儁，拜寧南將軍、河内太守。[1]又上黨馮鴦自稱太守，[2]附于張平，平屢言之，儁以平故，赦其罪，以爲京兆太守。[3]護、鴦亦陰通京師。[4]張平跨有新興、雁門、西河、太原、上黨、上郡之地，[5]壘壁三百餘，胡晋十餘萬户，遂拜置征、鎮，爲鼎跱之勢。儁遣其司徒慕容評討平，[6]領軍慕輿根討鴦，[7]司空陽騖討昌，[8]撫軍慕容臧攻歷。并州壘壁降者百餘所，以尚書右僕射悦綰爲安西將軍、領護匈奴中郎將、并州刺史以撫之。[9]平所署征西諸葛驤、鎮北蘇象、寧東喬庶、鎮南石賢等率壘壁百三十八降于儁，[10]儁大悦，皆復其官爵。既而平率衆三千奔于平陽，[11]鴦奔于野王，歷走滎陽，[12]昌奔邵陵，[13]悉降其衆。

［1］寧南將軍：官名，領兵武職，十六國一些少數民族政權及北魏均置。

［2］上黨：郡名，治所在潞縣（今山西省黎城縣南）。

［3］京兆：郡名，治所在長安縣（今陝西省西安市西北）。

［4］京師：國都。《春秋公羊傳·桓公九年》："京師者何？天子之居也。"

［5］新興：郡名，治所在九原縣（今山西省忻州市）。　雁門：郡名，治所在廣武縣（今山西省代縣西南）。　西河：郡名，治所在離石縣（今山西省吕梁市離石區）。　太原：郡名，治所在晋陽縣（今山西省太原市西南）。　上郡：治所在膚施縣（今陝西省榆林市東南）。

［6］司徒：官名，西漢哀帝元壽二年（前1）改丞相爲大司徒，東漢光武帝時改名爲司徒，東漢末又改爲丞相。三國魏恢復三公制，改丞相爲司徒，管理民政。兩晋沿制，爲八公之一，在太尉之下、司空之上。與丞相通職，一般不並置，爲名譽宰相。晋一品。

［7］領軍：官名，即領軍將軍，三國曹丕置，職掌同於中領軍，但任職者資位重於中領軍，簡稱領軍。爲禁衛軍最高統帥，常由皇帝親信或宗室擔任。兩晋沿置。晋三品。

[8]司空：官名，魏晋南北朝爲名譽宰相，多爲大臣加官。晋八公之一，位在三公之末。晋一品。

[9]安西將軍：官名，東漢建安年間置，與安東、安南、安北將軍合稱四安將軍，爲出鎮某一地區的軍事長官，或作爲刺史等兼理軍務的加官，權任頗重。晋三品，加持節都督者二品。　護匈奴中郎將：官名，亦稱使匈奴中郎將、匈奴中郎將。掌監護南匈奴事務，多以并州刺史兼任，使持節或假節。晋四品。

[10]征西：官名，即征西將軍。東漢永元年間置，地位與雜號將軍、偏將軍、裨將軍等同。建安年間與征東、征南、征北將軍合稱四征將軍，地位提高。晋三品，加持節都督者二品。　鎮北：官名，即鎮北將軍。東漢建安年間置，與鎮西、鎮南、鎮東將軍合稱四鎮將軍，多爲持節都督，出鎮方面。曹魏二品。晋三品，加持節都督者二品。　寧東：官名，即寧東將軍，西晋趙王司馬倫建始元年（301）置。十六國一些少數民族政權亦置。　鎮南：官名，即鎮南將軍，與鎮東、鎮西、鎮北將軍合稱四鎮將軍。多爲持節都督，出鎮方面。曹魏二品。晋改三品，加持節都督者二品。

[11]平陽：郡名，治所在平陽縣（今山西省臨汾市西南）。

[12]滎陽：郡名，治所在滎陽縣（今河南省滎陽市東北）。滎，宋本作“榮”。

[13]邵陵：縣名，治所在今河南省漯河市郾城區東。

儁於是復圖入寇，兼欲經略關西，[1]乃令州郡校閲見丁，[2]精覆隱漏，率户留一丁，餘悉發之，欲使步卒滿一百五十萬，[3]期明年大集，將進臨洛陽，爲三方節度。武邑劉貴上書極諫，[4]陳百姓凋弊，召兵非法，恐人不堪命，有土崩之禍，并陳時政不便于時者十有三事。儁覽而悦之，付公卿博議，事多納用，乃改爲三五占兵，寬戎備一周，悉令明年季冬赴集鄴都。

[1]關西：地區名，指潼關以西地區。

[2]校閲見丁：核查現有丁壯。

[3]“率户留一丁”至“步卒滿”：宋本無此十四字。

[4]武邑：縣名，治所在今河北省武邑縣。

是歲，晋將荀羨攻山茌，[1]拔之，斬儁太山太守賈堅。[2]儁青州刺史慕容塵遣司馬悦明救之，[3]羨師敗績，復陷山茌。

[1]山茌：縣名，治所在今山東省濟南市長清區東南。

[2]斬儁太山太守賈堅：中華本校勘記：“《通鑑》一〇〇云堅被擒，憤惋而卒，疑‘斬’當作‘擒’。”

[3]司馬：官名，府署高級幕僚。掌參讚軍務、管理府内武職，位僅次於長史。魏晋南北朝時王府、公府、軍府、邊郡均置。晋八至六品。

儁立小學于顯賢里以教胄子。[1]封其子泓爲濟北王，冲爲中山王。[2]讌群臣於蒲池，[3]酒酣，賦詩，因談經史，語及周太子晋，[4]潸然流涕，顧謂群臣曰：“昔魏武追痛倉舒，[5]孫權悼登無已，[6]孤常謂二主緣愛稱奇，無大雅之體。自曄亡以來，孤鬚髮中白，始知二主有以而然。[7]卿等言曄定何如也？孤今悼之，得無貽怪將來乎？”其司徒左長史李績對曰：“獻懷之在東宫，臣爲中庶子，[8]既忝近侍，聖質志業，臣實不敢不知。臣聞道備無愆，其唯聖人乎。先太子大德有八，未見闕也。”儁曰：“卿言亦以過矣，然試言之。”績曰：“至孝自天，性與道合，此其一也。聰敏慧悟，機思若流，此其二也。沉毅好斷，理詣無幽，此其三也。疾諛亮物，雅悦直言，此其四也。好學愛賢，不耻下問，此其五也。英姿邁古，藝業超時，此其六也。虚襟恭讓，尊師重道，此其七也。輕財好施，勤恤民隱，此其八也。”儁泣曰：“卿雖褒譽，然此兒若在，吾死無憂也。吾既不能追踪唐虞，官天下以禪有德，近模三王，以世傳授。景茂幼冲，[9]器藝未舉，卿以爲何如?”績曰：“皇太子天資岐嶷，[10]聖敬日躋，[11]而八德闕然，[12]二闕未補，雅好游田，娱心絲竹，所以爲損耳。”儁顧謂暐曰：“伯陽之言，藥石之惠，汝宜戢之。”[13]因問高年疾苦、孤寡不能自存者，賜穀帛有差。

[1]小學：《大戴禮記·保傅》：“古者年八歲而出就外舍，學小藝焉，履小節焉。”盧辯注：“《白虎通》曰：‘八歲入小學，十五入大學是也。’此太子之禮。《尚書大傳》曰：‘公卿之太子，大夫元士嫡子，年十三始入小學，見小節而履小義；二十而入大學，見大節而踐大義。’此世子入學之期也。又曰：‘十五年入小學，十八入大學者，謂諸子性晚成者，至十五入小學，其早成者，十八入大學。’《内則》曰：‘十年出就外傳，居宿於外，學書計者，謂公卿以下教子於家也。’” 胄子：帝王或貴族的長子。

[2]冲：慕容冲，小字鳳皇，昌黎棘城（今遼寧省義縣西）人，慕容儁之子。西燕國主。

[3]蒲池：縣名，治所在今陝西省西安市鄠邑區東。

[4]周太子晋：《後漢書》卷二八《馮衍傳》李賢注引《列仙傳》：“王子喬，周靈王太子晋也。好吹笙，作鳳鳴，游伊洛之間，道人浮丘公接以上嵩高山，遂仙去也。”

[5]倉舒：曹冲，曹操之子，自幼聰明，深得曹操喜愛。十三

歲病亡，後追謚爲鄧哀侯。

[6]登：孫登，三國時吴郡富春（今浙江省杭州市富陽區）人，字子高。孫權長子，孫權爲吴王，立爲王太子，後孫權稱帝，立爲皇太子。立凡二十一年，年三十三卒，謚宣太子。　無已：無，宋本作“北”。

[7]有以而然：所以如此是有原因的。

[8]中庶子：官名，即太子中庶子。太子侍從，掌侍從、奏事、諫議等。晋五品。

[9]景茂幼冲：慕容暐年齡幼小。景茂，慕容暐字，本書卷一一一有載記。

[10]天資岐嶷：天資聰慧。

[11]聖敬日躋：對其聖明的敬意與日俱增。

[12]闃（qù）然：空無所有。

[13]汝宜戢之：你應當珍藏。

儁夜夢石季龍齧其臂，寤而惡之，命發其墓，剖棺出尸，蹋而駡之曰："死胡安敢夢生天子！"遣其御史中尉陽約數其殘酷之罪，[1]鞭之，棄于漳水。

[1]御史中尉：此爲十六國前燕所置官，其職掌和地位似與北魏御史中尉不同。北魏御史中尉相當於御史中丞，而前燕御史中尉遠比不上。　陽約：殿本乙作“約陽”。

諸葛攸又率水陸三萬討儁，[1]入自石門，[2]屯于河渚。攸部將匡超進據碻磝，蕭館屯于新栅，又遣督護徐冏率水軍三千泛舟上下，[3]爲東西聲勢。儁遣慕容評、傅顔等統步騎五萬，戰于東阿，[4]王師敗績。

[1]三萬：三，殿本、宋本作“二”。

[2]石門：地名，在今河南省滎陽市東北。

[3]督護：官名，州郡及出鎮方面將軍府皆設，掌兵事。兩晋時常統軍征伐，秖督一軍。

[4]東阿：縣名，治所在今山東省陽穀縣東北阿城鎮。

塞北七國賀蘭、涉勒等皆降。

俄而儁寢疾，謂慕容恪曰：“吾所疾惙然，[1]當恐不濟。修短命也，復何所恨！但二寇未除，景茂冲幼，慮其未堪多難。吾欲遠追宋宣，[2]以社稷屬汝。”[3]恪曰：“太子雖幼，天縱聰聖，必能勝殘刑措，不可以亂正統也。”儁怒曰：“兄弟之間豈虚飾也！”恪曰：“陛下若以臣堪荷天下之任者，寧不能輔少主乎！”儁曰：“若汝行周公之事，吾復何憂！李績清方忠亮，堪任大事，汝善遇之。”

[1]所疾惙然：病得困頓虚弱。

[2]宋宣：宋宣公，春秋時宋國國君。名力，宋武公之子。死前曾立遺囑不由太子繼位，由弟弟和繼位。

[3]社稷：此指國家。

是時兵集鄴城，盗賊互起，每夜攻劫，晨昏斷行。於是寬常賦，設奇禁，賊盗有相告者賜奉車都尉，[1]捕誅賊首木穀和等百餘人，乃止。

[1]奉車都尉：官名，魏晋時作加官，與駙馬都尉、騎都尉並號三都尉。晋六品。

升平四年，儁死，時年四十二，在位十一年。[1]僞謚景昭皇帝，廟號烈祖，墓號龍陵。

[1]在位十一年：中華本校勘記："《校文》：儁立於永和四年，至升平四年凡十三年，此云'十一年'，'一'當爲'三'之訛。按：此自永和五年改元起算，亦當是'十二年'，'一'字必訛。"

儁雅好文籍，自初即位至末年，講論不倦，覽政之暇，唯與侍臣錯綜義理，凡所著述四十餘篇。性嚴重，慎威儀，未曾以慢服臨朝，雖閑居宴處亦無懈怠之色云。[1]

[1]宴處：宴，殿本作"燕"。

韓恒，字景山，灌津人也。[1]父默，以學行顯名。恒少能屬文，師事同郡張載，載奇之，曰："王佐才也。"身長八尺一寸，博覽經籍，無所不通。

[1]灌津：縣名，治所在今河北省武邑縣東南。

永嘉之亂，避地遼東。廆既逐崔毖，復徙昌黎，召見，嘉之，拜參軍事。咸和中，宋該等建議以廆立功一隅，勤誠王室，位卑任重，不足以鎮華夷，宜表請大將軍、燕王之號。廆納之，命群寮博議，咸以爲宜如該議。恒駁曰："自群胡乘間，人嬰荼毒，諸夏蕭條，無復綱紀。明公忠武篤誠，憂勤社稷，抗節孤危之中，建功萬里之外，終古勤王之義，未之有也。夫立功者患信義不著，不患名位不高，故桓文有寧復一匡之功，[1]亦不先求禮命以令諸侯。宜繕甲兵，候機會，除群凶，靖四海，功成之後，九錫自至。且要君以求寵爵者，非爲臣之義也。”廆不平，出爲新昌令。[2]

[1]桓：齊桓公，春秋時齊國國君，名小白，僖公之子，襄公之弟。公元前685至前643年在位。爲公子時因國家内亂出走至莒，襄公死後被迎回立爲國君。在位時任用管仲，改革内政，國力漸强。九合諸侯，尊王攘夷，成爲春秋五霸之首。　文：晋文公，名重耳，晋獻公之子，因受迫害而流亡在外十九年，歷盡艱難險阻。回國即位後改革朝政，加强軍備，國力漸强，終成春秋五霸之一。

[2]新昌：縣名，治所在今遼寧省海城市東北向陽寨。

皝爲鎮軍，復參軍事。遷營丘太守，[1]政化大行。儁爲大將軍，徵拜諮議參軍，[2]加揚烈將軍。[3]

[1]營丘：位於今山東省淄博市東北臨淄鎮北（一説在今山東省昌樂縣東南，漢爲營陵縣治），周武王封吕尚於齊，建都於此。

[2]諮議參軍：官名，兩晋時大將軍府、丞相府、公府、位從公府、州軍府均有置者，掌顧問謀議。

[3]揚烈將軍：官名，統軍出鎮地方，或爲刺史加官。晋五品。

儁僭位，將定五行次，衆論紛紜。恒時疾在龍城，儁召恒以决之。恒未至而群臣議以燕宜承晋爲水德。既而恒至，言於儁曰：“趙有中原，非唯人事，天所命也。天實與之，而人奪之，臣竊謂不可。且大燕王迹始自於震，於《易》，震爲青龍。受命之初，有龍見於都邑城，龍爲木德，幽契之符也。”儁初雖難改，後終從恒議。儁秘書監清河聶熊聞恒言，[1]乃嘆曰：“不有君子，國何以興，其韓令君之謂乎！”後與李産俱傅東宫，[2]從太子曄入朝，儁顧謂左右曰：“此二傅一代偉人，未易繼也。”其見重如此。

[1]秘書監：官名，秘書省長官，掌管藝文圖籍、課試署吏，統著作局，掌國史修撰並管理中外三閣圖書。晋三品。　清河：即清河郡，治所在清河縣（今山東省臨清市東北）。

[2]李産：李，宋本作“季”。

李産，字子喬，范陽人也。少剛厲，有志格。永嘉之亂，同郡祖逖擁衆部於南土，[1]力能自固，産遂往依之。逖素好從横，弟約有大志，[2]産微知其旨，乃率子弟十數人間行還鄉里，仕於石氏，爲本郡太守。

[1]祖逖：字士稚，本書卷六二有傳。

[2]約：祖約，字士少，本書卷一〇〇有傳。

及慕容儁南征，前鋒達郡界，鄉人皆勸産降，産曰：“夫受人之禄，當同其安危，[1]今若舍此節以圖存，義士將謂我何！”衆潰，始詣軍請降。儁嘲之曰：“卿受石氏寵任，衣錦本鄉，何故不能立功於時，而反委質乎！烈士處身於世，固當如是邪？”産泣曰：“誠知天命有歸，非微臣所抗。然犬馬爲主，豈忘自效，但以孤窮勢促，[2]致力無術，僶俛歸死，實非誠款。”儁嘉其慷慨，顧謂左右曰：“此真長者也。”乃擢用之，[3]歷位尚書。[4]性剛正，好直言，每至進見，未曾不論朝政之得失，同輩咸憚焉，儁亦敬其儒雅。前後固辭年老，不堪理劇。轉拜太子太保。[5]謂子績曰：“以吾之才而致於此，始者之願亦已過矣，不可復以西夕之年取笑於來今也。”固辭而歸，死於家。子績。[6]

[1]同其安危：其，殿本作“負”。

[2]孤窮勢促：促，宋本、殿本作“蹙”。

[3]乃擢用之：宋本無“乃”字。

[4]尚書：官名，東漢尚書臺六曹各置尚書，魏晋出爲朝官，分掌尚書省諸曹，品秩提高。晋三品。

[5]太子太保：官名，東宫三師之一，位居太子太師、太子太傅下，品秩同太子太師。晋三品。

[6]子績：中華本校勘記：“《斠注》：《李秀碑》作‘産子續’，此‘績’字爲‘續’之訛。按：《册府》二二五又訛作‘緒’。李績已見上文，下有附傳，不具出校。”

績，字伯陽，少以風節知名，清辯有辭理。弱冠爲郡功曹。[1]時石季龍親征段遼，師次范陽，百姓飢儉，軍供有闕。季龍大怒，太守惶怖避匿。績進曰：“郡帶北裔，與寇接壤，疆埸之間，人懷危慮。聞輿駕親戎，將除殘賊，雖嬰兒白首，咸思效命，非唯爲國，亦自求寧，雖身膏草野，猶甘爲之，敢有私吝而闕軍實！但比年灾儉，家有菜色，困弊力屈，無所取濟，逋廢之罪，情在可矜。”季龍見績年少有壯節，嘉而恕之，於是太守獲免。

[1]弱冠：指男子二十歲時。《禮記·曲禮上》："二十曰弱，冠。"年少爲弱，待至二十，即爲成年，舉行冠禮。 郡功曹：官名，郡府屬官，執掌人事，參與郡政務。功曹，亦稱功曹史，晋朝不開府將軍、太子二傅、特進、郡縣皆置的屬官，掌吏員賞罰任免事宜。

刺史王午辟爲主簿。[1]儁之南征也，隨午奔魯口。鄧恒謂午曰："績鄉里在北，父已降燕，今雖在此，終不爲用，方爲人患。"午曰："績於喪亂之中捐家立義，情節之重，有侔古烈，若懷嫌害之，必駭衆望。"恒乃止。午恐績終爲恒所害，乃資遣之。及到，儁責其背親後至，績答曰："臣聞豫讓報智伯仇，稱于前史。既官身所在，何事非君！陛下方弘唐虞之化，臣實未謂歸順之晚也。"儁曰："此亦事主之一節耳。"累遷太子中庶子。

[1]主簿：官名，此爲州府屬官。典領文書籍簿，省録衆事，職權甚重。

及暐立，慕容恪欲以績爲尚書右僕射，暐憾績往言，不許。恪屢請，乃謂恪曰："萬機之事委之叔父，[1]伯陽一人，暐請獨裁。"績遂憂死。

[1]萬機：機，殿本作"幾"。

晋書　卷一一一

載記第十一

慕容暐 慕容恪 陽騖 皇甫真

慕容暐

慕容暐，字景茂，儁第三子也。初封中山王，尋立爲太子。及儁死，群臣欲立慕容恪，恪辭曰："國有儲君，非吾節也。"於是立暐。

升平四年，僭即皇帝位，大赦境内，改元曰建熙，立其母可足渾氏爲皇太后。[1]以慕容恪爲太宰、録尚書，[2]行周公事；慕容評爲太傅，[3]副贊朝政；慕輿根爲太師；[4]慕容垂爲河南大都督、征南將軍、兖州牧、荆州刺史，[5]領護南蠻校尉，[6]鎮梁國；[7]孫希爲安西將軍、并州刺史；[8]傅顔爲護軍將軍；[9]其餘封授各有差。

[1]立其母：立，殿本作"尊"。

[2]太宰：官名，即太師，因避司馬師名諱而改名太宰。八公之一，居上公之首，爲宰相之任。晋一品。　録尚書：官名，即録

尚書事。初爲職銜名，重臣加此名義始得總知國事，綜理政務，成爲真宰相。魏晋多以公卿權重者居之，總領尚書省政務，凡重號將軍、刺史皆得命曹授用，位在三公之上。

[3]慕容評：十六國時昌黎棘城（今遼寧省義縣西）人，慕容廆之子。歷任前燕軍師將軍、輔弼將軍、司州刺史、驃騎將軍。後被前秦王猛所俘。　太傅：官名，晋爲八公之一。位上公，太宰之下、太保之上。晋一品。

[4]太師：官名，八公之一、上公之首，位在太傅、太保之上，居百官之首，名位極尊。晋一品。

[5]慕容垂：字道明，本書卷一二三有載記。　河南：郡名，治所在洛陽縣（今河南省洛陽市東北）。　大都督：官名，高級軍事長官。三國初作爲加官於戰時臨時設置，後逐漸成爲常設加官官職，地位極高。　征南將軍：官名，與征東、征西、征北將軍合稱四征將軍。三國魏蜀吴、兩晋皆置，出鎮方面，地位顯要。晋三品，加持節都督者二品。　兖州：三国魏治所在廪丘縣（今山東省鄄城縣西北），晋惠帝末，兖州闔境淪没於石勒。東晋元帝僑置兖州，治京口（今江蘇省鎮江市）。　荆州：三國時曹魏治新野縣（今河南省新野縣），孫吴治江陵縣（今湖北省江陵縣），西晋統一後治所在江陵縣（今湖北省江陵縣），前燕荆州治所在今河南省魯山縣。

[6]領：以地位較高的官員兼理較低的職務。　護南蠻校尉：官名，亦稱南蠻校尉，府鎮襄陽，東晋改鎮江陵。掌荆州及江州少數民族事務，統兵。晋四品。

[7]梁國：郡國名，治所在睢陽縣（今河南省商丘市）。

[8]安西將軍：官名，東漢建安年間置，與安東、安南、安北將軍合稱四安將軍，爲出鎮某一地區的軍事長官，或作爲刺史等兼理軍務的加官，權任頗重。晋三品，加持節都督者二品。　并州：治所在晋陽縣（今山西省太原市西南）。

[9]護軍將軍：官名，東漢建安十二年（207）曹操改丞相府

護軍爲中護軍，資重者可遷護軍將軍，典武官選舉，與中領軍同掌禁軍。曹魏時四品，西晉時三品。

暐既庸弱，國事皆委之於恪。慕輿根自恃勳舊，驕傲有無上之心，忌恪之總朝權，將伺隙爲亂，乃言於恪曰："今主上幼沖，母后干政，殿下宜慮楊駿、諸葛元遜之變，[1]思有以自全。且定天下者，殿下之功也，兄亡弟及，先王之成制，過山陵之後，[2]可廢主上爲一國王，殿下踐尊位，以建大燕無窮之慶。"恪曰："公醉乎？何言之勃也！[3]昔曹臧、吴札並於家難之際，[4]猶曰爲君非吾節，况今儲君嗣統，四海無虞，宰輔受遺，奈何便有私議！公忘先帝之言乎？"根大懼，陳謝而退。恪以告慕容垂，垂勸恪誅之。恪曰："今新遭大凶，二虜伺隙，山陵未建，而宰輔自相誅滅，恐乖遠近之望，且可容忍之。"根與左衛慕輿干潛謀誅恪及評，因而篡位。入白可足渾氏及暐曰："太宰、太傅將謀爲亂，臣請率禁兵誅之，以安社稷。"可足渾氏將從之，暐曰："二公國之親穆，先帝所託，終應無此，未必非太師將爲亂也。"於是使其侍中皇甫真、護軍傅顏收根等，[5]於禁中斬之，大赦境内。遣傅顏率騎二萬觀兵河南，臨淮而還，軍威甚盛。

[1]楊駿：字文長，本書卷四〇有傳。　諸葛元遜：諸葛恪，三國時琅邪陽都（今山東省沂南縣南）人，字元遜，諸葛瑾長子，少有才名。歷任孫吴騎都尉、撫越將軍、領丹楊太守、威北將軍、大將軍等職。孫權卒後，輔立孫亮，拜太傅，改善國政，頗得人

心。建興二年（253）伐魏失敗，損兵折將，國内怨聲載道。後爲孫峻所殺。

［2］山陵：皇帝陵墓。

［3］何言之勃：勃，殿本作“悖”。

［4］曹臧：春秋時曹國人，名子臧。《左傳・成公十五年》：“諸侯將見子臧於王而立之，子臧辭曰：‘《前志》有之，曰：“聖達節，次守節，下失節。”爲君，非吾節也。雖不能聖，敢失守乎？’遂逃，奔宋。”　吴札：春秋時吴國人，名季札。《左傳・襄公十四年》：吴王諸樊將立季札。季札辭曰：“曹宣公之卒也，諸侯與曹人不義曹君，將立子臧。子臧去之，遂弗爲也，以成曹君。君子曰：‘能守節。’君，義嗣也。誰敢奸君？有國，非吾節也。札雖不才，願附於子臧，以無失節。”

［5］侍中：官名，東漢建安中與給事黄門侍郎出入禁中，省尚書事。曹魏時爲門下之侍中省長官。常侍衛皇帝左右，掌顧問應對、諫諍糾察、平議奏事、駁奏異議等，權力甚重。晋三品。　護軍：官名，此爲護軍將軍省稱。東漢建安十二年（207）曹操改丞相府護軍爲中護軍，資重者可遷護軍將軍，典武官選舉，與中領軍同掌禁軍。曹魏時四品，西晋時三品。

初，儁所署寧南將軍吕護據野王，[1]陰通京師，[2]穆帝以護爲前將軍、冀州刺史。[3]儁死，謀引王師襲鄴，[4]事覺，暐使慕容恪等率衆五萬討之。傅顔言於恪曰：“護窮寇假合，王師既臨，則上下喪氣，曾不敢窺兵中路，展其螗蜋之心。[5]此則士卒懾魂，敗亡之驗也。殿下前以廣固天險，[6]守易攻難，故爲長久之策。今賊形便不與往同，宜急攻之，以省千金之費。”恪曰：“護老賊，經變多矣。觀其爲備之道，未易卒平。今圈之窮城，樵采路絶，内無蓄積，外無强援，不過十旬，其斃必矣，何必遽殘士卒之命而趣一時之利哉！吾嚴濬圍壘，休養將卒，以重官美貨間而離之。事淹勢窮，其釁易動；我則未勞，而寇已斃。[7]此爲兵不血刃，坐以制勝也。”遂列長圍守之。護遣其將張興率勁卒七千出戰，傅顔擊斬之。自三月至八月而野王潰，護南奔于晋，悉降其衆。尋復叛歸于暐，暐待之如初。因遣傅顔與護率衆據河陰。顔北襲敕勒，[8]大獲而還。護攻洛陽，中流矢而死。將軍段崇收軍北渡，屯于野王。

[1]寧南將軍：官名，領兵武職，十六國一些少數民族政權及北魏均置。　野王：縣名，治所在今河南省沁陽市。

[2]京師：國都。《春秋公羊傳·桓公九年》：“京師者何？天子之居也。”此指東晋都城建康。

[3]前將軍：官名，漢代重號將軍之一，與左、右、後將軍並爲上卿。魏晋時常設，權位較兩漢時漸低，僅爲武官名號，略高於一般雜號將軍，不典禁兵，不與朝政。晋三品。　冀州：治所在信都縣（今河北省衡水市冀州區）。

[4]鄴：縣名，曹魏五都之一。治所在今河北省臨漳縣西南。

[5]螗蜋之心：螗蜋即螳螂。《淮南子·人間訓》：“齊莊公出獵，有一蟲舉足將搏其輪，問其御曰：‘此何蟲也？’對曰：‘此所謂螳螂者也。其爲蟲也，知進而不知却，不量力而輕敵。’莊公曰：‘此爲人，而必爲天下勇武矣！’回車而避之。”

[6]廣固：廣固城，位於今山東省青州市西北。

[7]而寇已斃：斃，原本、宋本、殿本作“獘”，據中華本改。

[8]敕勒：我國古代北方少數民族名。北魏時亦稱鐵勒、高車部。

暐遣其寧東慕容忠攻陷滎陽，[1]又遣鎮南慕容塵寇長平。[2]時晋冠軍將軍陳祐戍洛陽，[3]遣使請救，帝遣桓温援之。[4]

[1]寧東：官名，即寧東將軍，西晋趙王司馬倫建始元年（301）置。十六國一些少數民族政權亦置。　滎陽：郡名，治所在滎陽縣（今河南省滎陽市東北）。

[2]“暐遣其寧東慕容忠”至“寇長平”：中華本校勘記：“《哀紀》、《通鑑》一〇一事在興寧元年。此記下文：“興寧初，暐復使慕容評寇許昌”，事在興寧二年。下“興寧初”三字應在此句上方合。”　鎮南：官名，即鎮南將軍。與鎮東、鎮西、鎮北將軍合稱四鎮將軍。多爲持節都督，出鎮方面。曹魏二品。晋改三品，加持節都督者二品。

[3]冠軍將軍：官名，曹魏、孫吴、西晋皆置。西晋時領營兵。晋三品。　洛陽：古都名，位於今河南省洛陽市東北。

[4]桓温：字元子，本書卷九八有傳。

興寧初，暐復使慕容評寇許昌、懸瓠、陳城，[1]並陷之，遂略汝南諸郡，[2]徙萬餘户于幽冀。[3]暐豫州刺史孫興上疏，[4]請步卒五千先圖洛陽。暐納之，遣其太宰司馬悦希軍于盟津，[5]孫興分戍成皋，[6]以爲之聲援。尋而陳祐率衆奔陸渾，[7]河南諸壘悉陷於希。慕容恪攻陷金墉，[8]害揚威將軍沈勁。[9]以其左中郎將慕容筑爲假節、征虜將軍、洛州刺史，[10]鎮金墉，慕容垂爲都督荆揚洛徐兖豫雍益凉秦等十州諸軍事、征南大將軍、荆州牧，[11]配兵一萬，鎮魯陽。[12]

[1]許昌：縣名，治所在許昌城（今河南省許昌市東）。　懸瓠：懸瓠城，即今河南省汝南縣城。　陳城：中華本校勘記："《哀紀》、《通鑑》一〇一"城"作"郡"，是。"陳郡，治所在陳縣（今河南省周口市淮陽區）。

[2]汝南：郡名，西晋治所在新息縣（今河南省息縣西南），東晋移治懸瓠城（今河南省汝南縣）。

[3]幽：幽州，治所在薊縣（今北京市西南）。　冀：冀州，三國魏治所在信都縣（今河北省衡水市冀州區），西晋移治房子縣（今河北省高邑縣西南）。

[4]豫州：曹魏時治所在安城縣（今河南省正陽縣東北），西晋移治陳縣（今河南省周口市淮陽區），十六國前趙移治許昌縣（今河南省許昌市東）。

[5]盟津：孟津，又名富平津。位於今河南省孟州市西南黄河上。

[6]成皋：縣名，治所在今河南省滎陽市汜水鎮。

[7]陸渾：縣名，治所在今河南省嵩縣東北。

[8]金墉：金墉城，三國魏明帝時築。位於今河南省洛陽市東北漢魏洛陽故址西北角。三面開門，南曰乾光門，東曰含春門，北曰䢸門。城内又置西宫，西晋改爲永昌宫。魏晋時被廢的皇帝及后妃都安置於此。城小而固，爲攻占戍守要地。

[9]揚威將軍：官名，雜號將軍，領兵。晋四品。　沈勁：字世堅，本書卷八九有傳。

[10]左中郎將：官名，光禄勛屬官。西漢時與五官、右中郎將分領中郎，更值宿衛，協助光禄勛考核管理郎官、謁者、從官。魏晋初不設五官、左、右三郎署，其官仍置，但職位漸輕。晋四品。將，原本、宋本、殿本無此字，據中華本補。　假節：假以節杖。指大臣臨時持節出巡，爲權臣掌軍、秉政的地位象徵和政治待遇。　征虜將軍：既是武官名，也作爲高級文職官員的加官。晋三品。　洛州：治所在宜陽縣（今河南省宜陽縣西）。

[11]都督荆揚洛徐兖豫雍益凉秦等十州諸軍事：上述十州最高軍事行政長官。凉，原本、宋本、殿本均作“凉”，唯中華本作“梁”。　征南大將軍：官名，屬將軍名號，多授予統兵出鎮在外，都督數州諸軍事者。位在征南將軍之上。晋二品，開府位從公者一品。

[12]魯陽：縣名，治所在今河南省魯山縣。

時暐境内多水旱，慕容恪、慕容評並稽首歸政，請遜位還第，曰：“臣以朽暗，器非經國，荷先帝拔擢之恩，[1]又蒙陛下殊常之遇，猥以輕才，竊位宰録，不能上諧陰陽，下釐庶政，致使水旱愆和，[2]彝倫失序，[3]轅弱任重，夕惕唯憂。臣聞王者則天建國，辨方正位，司必量才，官惟德舉。臺傅之重，參理三光，苟非其人，則靈曜爲虧。[4]尸禄貽殃，負乘招悔，由來常道，未之或差。以姬旦之勛聖，[5]猶近則二公不悦，[6]遠則管蔡流言，[7]况臣等寵緣戚來，榮非才授，而可久點天官，塵蔽賢路！是以中年拜表，披陳丹款。聖恩齒舊，未忍遐棄，奄冉偷榮，[8]愆責彌厚。自待罪鼎司，歲餘辰紀；忝冒宰衡，七載于兹。雖乃心經略，而思不周務，至令二方干紀，跋扈未庭，同文之咏，有慚盛漢，深乖先帝託付之規，[9]甚違陛下垂拱之義。臣雖不敏，竊聞君子之言，敢忘虞丘避賢之美，[10]輒循兩疏知止之分，[11]謹送太宰、大司馬、太傅、司徒章綬，惟垂昭許。”[12]暐曰：“朕以不天，早傾乾覆，先帝所託，唯在二公。二公懿親碩德，勛高魯衛，[13]翼贊王室，輔導朕躬，宣慈惠和，坐而待旦，虔誠夕惕，美亦至矣。故能外掃群凶，内清九土，四海晏如，政和時洽。雖宗廟社稷之靈，抑亦公之力也。今關右有未賓之氐，[14]江吴有遺燼之虜，方賴謀猷，混寧六合，豈宜虚己謙冲，以違委任之重！王其割二疏獨善之小，[15]以成公旦復衮之大。"恪、評等固請致政，暐曰："夫建德者必以終善爲名，佐命者則以功成爲效。[16]公與先帝開構洪基，膺天明命，將廓夷群醜，紹復隆周之迹。灾眚横流，乾光墜曜。朕以眇躬，猥荷大業，不能上成先帝遺志，致使二虜游魂，所以功未成也，豈宜冲退。且古之王者，不以天下爲榮，憂四海若荷擔，然後仁讓之風行，則比屋而可封。今道化未純，鯨鯢未殄，宗社之重，非唯朕身，公所憂也。當思所以寧濟兆庶，靖難敦風，垂美將來，侔踪周漢，不宜崇飾常節，以違至公。"遂斷其讓表，恪、評等乃止。

[1]荷先帝拔擢之恩：殿本"荷"上有"過"字。

[2]致使：致，宋本作"政"。

[3]彝倫：人倫，倫常。

[4]靈曜：日月。

[5]姬旦：即周公旦，亦稱文公、叔旦。周武王弟，與吕尚同爲西周開國元勛。以魯公封於曲阜。武王去世，輔佐成王，平定叛亂，營建洛邑，制禮作樂，功勛卓著。

[6]二公：指太公望和召公奭。《史記》卷三四《燕召公世家》載："成王既幼，周公攝政，當國踐祚，召公疑之，作《君奭》。《君奭》不説周公。"

[7]管蔡：管叔和蔡叔。管叔又稱叔鮮，姬姓，名鮮，西周初三監之一。周武王之弟，被封於管，以監視武庚及殷商遺民。後與

蔡叔、武庚起兵反對周公，失敗身亡。蔡叔，又稱叔度，姬姓，名度，西周初三監之一。周武王之弟，被封於蔡，以監視殷遺民。後聯合管叔、武庚起兵反對周公，失敗，被流放而死。二人均爲周武王之弟，因起兵作亂失敗身亡。

［8］奄冉：因循苟且。

［9］先帝託付：帝，原本、宋本作“祖”，殿本作“帝”，據殿本改。

［10］虞丘：《説苑·至公》載：“楚令尹虞邱子，復於莊王曰：‘臣聞奉公行法，可以得榮；能淺行薄，無望上位；不名仁智，無求顯榮；才之所不著，無當其處。臣爲令尹十年矣，國不加治，獄訟不息，處士不升，淫禍不討，久踐高位，妨群賢路，尸禄素餐，貪欲無厭，臣之罪當稽於理。臣竊選國俊下里之士曰孫叔敖，秀羸多能，其性無欲，君舉而授之政，則國可使治，而士民可使附。’莊王曰：‘子輔寡人，寡人得以長於中國，令行於絶域，遂霸諸侯，非子如何！’虞邱子曰：‘久固禄位者，貪也；不進賢達能者，誣也；不讓以位者，不廉也。不能三者，不忠也。爲人臣不忠，君王又何以爲忠？臣願固辭。’莊王從之，賜虞邱子菜地三百，號曰國老。”

［11］兩疏：西漢疏廣和其侄疏受。疏廣，西漢東海蘭陵（今山東省蘭陵縣蘭陵鎮）人，字仲翁。宣帝時先後任太子少傅、太傅。其侄子疏受同時任少傅。後叔侄二人俱告病辭官還鄉。親屬勸其爲子孫置産業，疏廣認爲這衹能使子孫懶惰，不從。

［12］惟垂昭許：希望能够得到允許。

［13］魯衛：周武王滅商後分封，周公旦被封在魯，康叔被封在衛。

［14］關右：地區名，即關西，泛指故函谷關或今潼關以西地區。

［15］王其割二疏獨善之小：王其，宋本作“正宜”。

［16］佐命者：佐，殿本作“位”。

暐鍾律郎郭欽奏議以暐承石季龍水爲木德，[1]暐從之。

[1]鍾律郎：官名，掌曆法推算。十六國及北朝一些少數民族政權置。　石季龍：即石虎，字季龍，本書卷一〇六有載記。

太和元年，[1]暐遣撫軍慕容厲攻晋太山太守諸葛攸。[2]攸奔于淮南，厲悉陷兖州諸郡，置守宰而還。

[1]太和元年：中華本校勘記："前記境内多水旱及恪請歸政。據《御覽》一一引《前燕録》稱建熙七年五月，暐下書稱'亢陽三時'云云，建熙七年乃晋太和元年。又慕容恪請歸政，《通鑑》一〇一亦在太和元年。則此'太和元年'四字應在上文'暐境内皆水旱'句之前方合。"

[2]撫軍：官名，即撫軍將軍。三國蜀漢、孫吴皆置，爲加官，以示權重。晋沿置，與中軍將軍、鎮軍將軍並爲三名號將軍。晋三品。　太山：郡名，治所在奉高縣（今山東省泰安市東）。

慕容恪有疾，深慮暐政不在己，慕容評性多猜忌，大司馬之位不能允授人望，乃召暐兄樂安王臧謂之曰："今勁秦跋扈，强吴未賓，二寇並懷進取，但患事之無由耳。夫安危在得人，國興在賢輔，若能推才任忠，和同宗盟，則四海不足圖，二虜豈能爲難哉！吾以常才，受先帝顧託之重，每欲掃平關隴，蕩一甌吴，庶嗣成先帝遺志，謝憂責于當年。[1]而疾固彌留，恐此志不遂，所以没有餘恨也。吴王天資英傑，經略超時，司馬職統兵權，不可以失人，吾終之後，必以授之。若以親疏次第，不以授汝，當以授沖。汝等雖才識明敏，然未堪多難，國家安危，實在于此，不可昧利忘憂，以致大悔也。”又以告評。月餘而死，其國中皆痛惜之。

[1]謝憂責：承擔爲國解憂的責任。

先是，晉南陽督護趙弘以宛降于暐，[1]暐遣其南中郎將趙盤自魯陽戍宛。[2]至此，晉右將軍桓豁攻宛，[3]拔之，趙盤退奔魯陽。豁遣輕騎追盤，及於雉城，[4]大戰敗之，執盤，戍宛而歸。

[1]南陽：郡名，治所在宛縣（今河南省南陽市）。　督護：官名，州郡及出鎮方面將軍府皆設，掌兵事。兩晉時常統軍征伐，祇督一軍。

[2]南中郎將：官名，與東、西、北中郎將並稱四中郎將，統兵征戰，權職甚重。晉四品。

[3]右將軍：官名，漢代重號將軍之一，與前、左、後將軍並爲上卿。魏晉時常設，權位漸低，僅爲武官名號，略高於一般雜號將軍。晉三品。　桓豁：字朗子，本書卷七四有傳。

[4]雉城：雉縣城，位於今河南省南召縣東南。

苻堅將苻謏據陝，[1]降于暐。時有圖書云：“燕馬當飲渭水。”堅恐暐乘釁入關，大懼，乃盡精鋭以備華陰。[2]暐群下議欲遣兵救謏，因圖關右。慕容評素無經略，又受苻堅間貨，沮議曰：“秦雖有難，未易可圖。朝廷雖明，豈如先帝，吾等經略，又非太宰之匹，[3]終不能平秦也。但可閉關息旅，保寧疆埸足矣。”暐魏尹慕容德上疏曰：[4]“先帝應天順時，受命革代，方以文德懷遠，以一六合。神功未就，奄忽升遐。昔周文既没，武王嗣興，伏惟陛下則天比德，揆聖齊功，方闡崇乾基，纂成先志。逆氐僭據關隴，[5]號同王者，惡積禍盈，自相疑戮，釁起蕭墻，勢分四國，投誠請援，旬日相尋，豈非凶運將終，數歸有道。兼弱攻昧，取亂侮亡，機之上也。今秦土四分，可謂弱矣。時來運集，天贊我也。天與不取，反受其殃。吴越之鑒，我之師也。宜應天人之會，建牧野之旗。[6]命皇甫真引并冀之衆，徑趣蒲阪；[7]臣垂引許洛之兵，[8]馳解謏圍；太傅總京都武旅，爲二軍後繼。飛檄三輔，[9]仁聲先路，獲城即侯，微功必賞，此則鬱概待時之雄，抱志未申之桀，必岳峙灞上，[10]雲屯隴下。天羅既張，内外勢合，區區僭豎，不走則降，大同之舉，今其時也。願陛下獨斷聖慮，無訪仁人。”暐覽表大悦，將從之。評固執不許，乃止。苻謏知評、暐之無遠略，恐救師弗至，乃箋於慕容垂、皇甫真曰：“苻堅、王猛皆人傑也，[11]謀爲燕患，爲日久矣。今若乘機不赴，恐燕之君臣將有甬東之悔。”[12]垂得書，私於真曰：“方爲人患者必在於秦，主上富於春秋，[13]未能留心政事，觀太傅度略，豈能抗苻堅、王猛乎？”真曰：“然，繞朝有云，[14]謀之不從可如何！”

[1]苻堅將苻謏據陜：中華本校勘記：“周校：‘謏’，《苻堅載記》作‘庾’。按：《魏書·苻堅傳》亦作‘庾’。然本書《苻生載記》仍作‘謏’。《通鑑》一〇一作‘廋’，胡注‘疏鳩反’。本書音義作‘謏’，‘蘇鳥反’。‘謏’‘廋’音近。‘廋’‘庾’不知

孰是。”

［2］華陰：縣名，治所在今陝西省華陰市東南。

［3］太宰：太，宋本作“大”。

［4］魏尹：尹，宋本作“户”。　慕容德：字玄明，又名備德，十六國南燕創建者，本書卷一二七有載記。

［5］關隴：地區名，指關中和今甘肅省東部一帶地區。

［6］牧野：地名，在今河南省淇縣以西、衛輝市以北。殷商末期，周武王軍與商紂王軍大戰於此。

［7］蒲阪：即蒲坂，縣名，治所在今山西省永濟市蒲州鎮。

［8］臣垂引許洛之兵：宋本“臣”下有“亦”字。

［9］三輔：地區名，以長安爲中心的京畿地區，轄境相當於今陝西省中部地區。

［10］灞上：即霸上，又名霸頭，地名，在今陝西省西安市東白鹿原北首。

［11］苻堅：字永固，本書卷一一三有載記。　王猛：字景略，本書卷一一四有載記。

［12］甬東之悔：《左傳·哀公二十二年》：冬十一月丁卯，越滅吴。越國打算讓吴王居甬東，吴王説：“孤老矣，焉能事君？”乃縊。甬東，一作甬句東，即今浙江省舟山群島。甬，宋本作“涌”。

［13］主上：主，宋本作“王”。

［14］繞朝：春秋時秦國人。晋國的士會在秦國，晋國設計欺騙秦國以使其放士會回國。秦國中計，放士會回國。士會臨行，繞朝贈之以策，説：“子無謂秦無人，吾謀適不用也。”

暐僕射悦綰言於暐曰：[1]“太宰政尚寬和，百姓多有隱附。傳曰，唯有德者可以寬臨衆，其次莫如猛。今諸軍營户，三分共貫，風教陵弊，威綱不舉，宜悉罷軍封，以實天府之饒，肅明法令，以清四海。”[2]暐納之。

綰既定制，朝野震局，[3]出户二十餘萬。慕容評大不平，尋賊綰，[4]殺之。

[1]僕射：官名，即尚書僕射。秦漢爲尚書令副貳，東漢建安四年（199）分置左、右，爲尚書省次官。晋三品。

[2]以清四海：宋本無“以”字。

[3]震局：局，殿本作“驚”。

[4]尋賊綰：不久就讒毁悦綰。

晋大司馬桓温、江州刺史桓冲、豫州刺史袁真率衆五萬伐暐，[1]前兖州刺史孫元起兵應之。温部將檀玄攻胡陸，[2]執暐寧東慕容忠。暐遣其將慕容厲與温戰于黄墟，[3]厲師大敗，單馬奔還。高平太守徐翻以郡歸順。[4]温前鋒朱序又破暐將傅顔于林渚，[5]温軍大振，次於枋頭。[6]暐懼，謀奔和龍。[7]慕容垂曰：“不然。臣請擊之，若戰不捷，走未晚也。”乃以垂爲使持節、南討大都督，[8]慕容德爲征南將軍，率衆五萬距温，使其散騎侍郎樂嵩乞師於苻堅。[9]堅遣將軍苟池率衆二萬，出自洛陽，師于潁川，[10]外爲赴援，内實覬隙，有兼并之志矣。慕容德屯于石門，[11]絶温糧漕。豫州刺史李邦率州兵五千斷温餽運。[12]温頻戰不利，糧運復絶，及聞堅師之至，乃焚舟棄甲而退。德率勁騎四千，先温至襄邑東，[13]伏於澗中，與垂前後夾擊，王師大敗，死者三萬餘人。苟池聞温班師，邀擊于譙，[14]温衆又敗，死者萬計。

［1］大司馬：官名，八公之一，位在上公之下、大將軍及三公之上，高級將帥，多爲大臣加官。晋一品。　江州：治所在南昌縣（今江西省南昌市）。　桓冲：字幼子，本書卷七四有傳。　豫州：東晋僑置州，治所不常，或在蕪湖縣（今安徽省蕪湖市東），或在牛渚（今安徽省馬鞍山市西長江南岸采石磯），或在姑孰（今安徽省當塗縣西北），義熙中徙治壽春（今安徽省壽縣）。　袁真：東晋人。歷任廬江太守、龍驤將軍、西中郎將、豫州刺史等職。桓温北伐失利，歸罪袁真，將其廢黜。因懷恨叛降前燕。

［2］胡陸：即湖陸，縣名，治所在今山東省魚臺縣東南。

［3］與温戰：與，宋本作“于”。　黄墟：一説位於今河南省開封市東，一説位於河南省蘭考縣東南。

［4］高平：郡名，治所在昌邑縣（今山東省巨野縣南）。

［5］朱序：字次倫，本書卷八一有傳。　林渚：位於今河南省新鄭市東北。

［6］枋頭：地名，在今河南省浚縣西南淇門渡。

［7］和龍：和龍城，又名黄龍城、龍都。即今遼寧省朝陽市。

［8］使持節：漢朝官吏奉使外出時，或由皇帝授予節杖，以提高其權力。魏晋以後，凡重要軍事長官出征或出鎮，加使持節，可誅殺二千石以下官員。　南討大都督：官名，南征部隊的統帥。

［9］散騎侍郎：官名，三國魏置。隸屬散騎省，侍從皇帝左右，顧問應對，諫諍拾遺，與散騎常侍、侍中等共平尚書奏事。晋五品。

［10］潁川：即今潁河，源出河南省登封市西南陽乾山，東南流至安徽省潁上縣東南入淮河。

［11］石門：地名，在今河南省滎陽市東北。

［12］李邦：中華本校勘記：“《通鑑》一〇二作‘李邽’。”

［13］襄邑：縣名，治所在今河南省睢縣。

［14］譙：縣名，治所在今安徽省亳州市。

垂既有大功，威德彌振，慕容評素不平之。垂又言其將孫蓋等摧鋒陷鋭，宜論功超授，評寢而不録。垂數以爲言，頗與評廷争。可足渾氏素惡垂，毁其戰功，遂與評謀殺垂。垂懼，奔于苻堅。

先是，暐使其黄門侍郎梁琛聘于堅。[1]琛還，言於評曰："秦揚兵講武，運粟陝東，以琛觀之，無久和之理。兼吴王西奔，必有觀釁之計，深宜備之。"評曰："不然。秦豈可受吾叛臣而不懷和好哉！"琛曰："鄰國相并，有自來矣。况今並稱大號，理無俱存。苻堅機明好斷，納善如流。王猛有王佐之才，鋭於進取。觀其君臣相得，自謂千載一時。桓温不足爲慮，終爲人患者，其唯王猛乎？"暐、評不以爲虞。皇甫真又陳其事曰："苻堅雖聘使相尋，託輔車爲諭，[2]然抗均鄰敵，勢同戰國，明其甘於取利，無慕善之心，終不能守信存和，以崇久要也。頃來行人累續，兼師出洛川，夷險要害，具之耳目。觀虚實以措奸圖，聽風塵而伺國隙者，寇之常也。又吴王外奔，爲之謀主，伍員之禍，[3]不可不慮。洛陽、并州、壺關諸城，[4]並宜增兵益守，以防未兆。"暐召評而謀之。評曰："秦國小力弱，杖我爲援，且苻堅庶幾善道，終不納叛臣之言。不宜輕自擾懼，以動寇心也。"暐從之。

[1]黄門侍郎：官名，魏晋時爲侍中省或門下省次官。侍從皇帝，顧問應對，多以重臣或外戚子弟擔任，位頗重要。晋五品。

[2]輔車爲諭：以輔車作比喻。輔車，頰輔與牙床。一説車夾木與車輿。比喻事物互爲依存的利害關係。

［3］伍員：春秋時人，名員，字子胥。楚國大夫伍奢之次子，伍尚之弟。楚平王七年（前522）費無忌誣蔑伍奢與太子建叛亂，結果伍尚和伍奢被殺，伍子胥逃入吴國。助公子闔閭刺殺吴王僚，奪取王位。後被闔閭任爲行人，率兵攻楚，大敗越國。後因多次勸諫闔閭子夫差而被疏遠，最終自殺。

［4］壺關：縣名，治所在今山西省長治市北。

俄而堅遣其將王猛率衆伐暐，攻慕容筑于金墉。暐遣慕容臧率衆救之。臧次滎陽，猛部將梁成、洛州刺史鄧羌與臧戰于石門，臧師敗績，死者萬餘，遂相持于石門。筑以救兵不至，以金墉降于猛。梁成又敗慕容臧，斬首三千餘級，獲其將軍楊璩，臧遂城新樂而還。[1]

［1］新樂：縣名，治所在今河北省南皮縣東南。

桓温之敗也，歸罪于豫州刺史袁真。真怒，以壽陽降暐，[1]暐遣其大鴻臚温統署真爲使持節、散騎常侍、都督淮南諸軍事、征南大將軍、領護南蠻校尉、揚州刺史，[2]封宣城公，未至而真、統俱卒。真黨朱輔立真子瑾爲建威將軍、豫州刺史，[3]以固壽陽。

［1］壽陽：即壽春縣，秦置。治所在今安徽省壽縣東南。

［2］大鴻臚：官名，九卿之一，掌賓客迎送接待，贊襄引導朝會百官等。晋三品。　散騎常侍：官名，三國魏文帝黄初年間置，侍從皇帝左右，諫諍得失，顧問應對，與侍中等共平尚書奏事。也用作宰相、諸公等加官，入宫議政。晋三品。　都督淮南諸軍事：淮南地區最高軍事行政長官。　揚州：三國魏、吴各置揚州，魏治

所在壽春縣（今安徽省壽縣），吴治在建業縣（今江蘇省南京市）。西晋統一後復合，治所在建鄴縣（今江蘇省南京市）。

[3]建威將軍：官名，領兵征戰，曹魏、孫吴、西晋皆置。晋四品。

時外則王師及苻堅交侵，兵革不息；内則暐母亂政，評等貪冒，政以賄成，官非才舉，群下切齒焉。其尚書左丞申紹上疏曰：[1]

臣聞漢宣有言："與朕共治天下者，其唯良二千石乎！"是以特重此選，必妙盡英才，莫不拔自貢士，歷資内外，用能仁感猛獸，惠致群祥。今者守宰或擢自匹夫兵將之間，或因寵戚，藉緣時會，非但無聞於州閭，亦不經于朝廷。又無考績，[2]黜陟幽明。[3]貪惰爲惡，無刑戮之懼；清勤奉法，無爵賞之勸。百姓窮弊，侵賕無已，兵士逋逃，乃相招爲賊盜。風頹化替，莫相糾攝。且吏多則政煩，由來常患。今之見户，不過漢之一大郡，而備置百官，加之新立軍號，兼重有過往時。虚假名位，廢棄農業，公私驅擾，人無聊生。宜并官省職，務勸農桑。秦吴二虜僻僭一時，尚能任道捐情，[4]肅諧僞部，况大燕累聖重光，君臨四海，而可美政或虧，取陵奸寇哉！鄰之有善，衆之所望，我之不修，彼之願也。

[1]尚書左丞：官名，尚書省佐官，位次尚書，居尚書右丞上。與右丞共掌尚書都省庶務，率諸都令史監督稽核諸尚書曹、郎曹政

務。左丞又掌督録近道文書章奏，監察糾彈尚書令、僕射、尚書等文武百官，號稱“監司”，權勢甚重。晉六品。

[2]又無考績：考，宋本作“者”。

[3]黜陟幽明：罷黜愚昧的人，提拔賢明的人。語出《尚書·舜典》：“三載考績，三考黜陟幽明。”

[4]任道捐情：捐，宋本作“損”。

秦吴狡猾，地居形勝，非唯守境而已，乃有吞噬之心。中州豐實，户兼二寇，弓馬之勁，秦晉所憚，[1]雲騎風馳，國之常也，而比赴敵後機，[2]兵不速濟者何也？皆由賦法靡恒，役之非道。郡縣守宰每於差調之際，無不舍越殷强，首先貧弱，行留俱窘，資贍無所，人懷嗟怨，遂致奔亡，進闕供國之饒，退離覊農之要。兵豈在多，貴於用命。宜嚴制軍科，務先饒復，習兵教戰，使偏伍有常，從戎之外，足營私業，父兄有陟岵之觀，[3]子弟懷孔爾之顧，[4]雖赴水火，何所不從！

[1]秦晉：秦，原本、宋本作“奉”，殿本作“秦”，據殿本改。

[2]比赴敵後機：屢屢貽誤戰機。

[3]陟岵：《詩·魏風·陟岵》：“陟彼岵兮，瞻望父兮。”此指對長輩的感情。

[4]孔爾：即孔邇，親近。

節儉約費，先王格謨；去華敦朴，哲后恒憲。故周公戒成王以嗇財爲本，漢文以皂幃變俗，[1]孝景宫人弗過千餘，魏武寵賜不盈十萬，薄葬不墳，儉以率下，所以割肌膚之惠，全百姓之力。謹案後宫四千有餘，僮侍厮養通兼十倍，日費之重，價盈萬金，綺縠羅紈，歲增常調，戎器弗營，奢玩是務。今帑藏虚竭，軍士無襜褕之賚，[2]宰相侯王迭以侈麗相尚，風靡之化，積習成俗，卧薪之諭，[3]未足甚焉。宜罷浮華非要之役，峻明婚姻喪葬之條，禁絶奢靡浮煩之事，出傾宫之女，均商農之賦。公卿以下以四海爲家，信賞必罰，綱維肅舉者，温猛之首可懸之白旗，秦吴二主可以禮之歸命，豈唯不復侵寇而已哉！陛下若不遠追漢宗弋綈之模，[4]近崇先帝補衣之美，臣恐頹風弊俗亦革變靡途，中興之歌無以軫之絃咏。

[1]漢文以皂幃變俗：《史記》卷十《孝文本紀》載："上常衣綈衣，所幸慎夫人，令衣不得曳地，幃帳不得文綉，以示敦朴，爲天下先。"

[2]襜褕：一種較長的單衣。

[3]卧薪：《漢書》卷四八《賈誼傳》載賈誼上疏："臣竊惟事勢，可爲痛哭者一，可爲流涕者二，可爲長太息者六，若其它背理而傷道者，難遍以疏舉。進言者皆曰天下已安已治矣，臣獨以爲未也。曰安且治者，非愚則諛，皆非事實知治亂之體者也。夫抱火厝之積薪之下而寢其上，火未及燃，因謂之安，方今之勢，何以異此！"

[4]漢宗弋綈：《漢書》卷四《文帝紀贊》："孝文皇帝即位二十三年，宫室苑囿車騎服御無所增益。有不便，輒弛以利民。嘗欲作露臺，召匠計之，直百金。上曰：'百金，中人十家之産也。吾

奉先帝宫室，常恐羞之，何以臺爲！’身衣弋綈，所幸慎夫人衣不曳地，帷帳無文綉，以示敦朴，爲天下先。”

又拓宇兼并，不在一城之地；控制戎夷者，懷之以德。今魯陽、上郡重山之外，[1]雲陰之北，四百有餘，而未可以羈服塞表，爲平寇之基，徒孤危託落，令善附内駭。宜攝就并豫，以臨二河，通接漕轂，擬之丘後；重晋陽之戍，[2]增南藩之兵，戰守之備，衒以千金之餌，蓄力待時，可一舉而滅。如其虔劉送死，[3]俟入境而斷之，可令匹馬不反。非唯絶二賊闚覦，[4]乃是戡殄之要，惟陛下覽焉。

暐不納。

[1]上郡：治所在膚施縣（今陝西省榆林市東南）。

[2]晋陽：縣名，治所在今山西省太原市西南。

[3]虔劉：劫掠。

[4]闚覦：覬覦。

苻堅又使王猛、楊安率衆伐暐，猛攻壺關，安攻晋陽。暐使慕容評等率中外精卒四十餘萬距之。猛、安進師潞川。[1]州郡盗賊大起，鄴中多怪異，暐憂懼不知所爲，乃召其使而問曰：[2]“秦衆何如？今大師既出，[3]猛等能戰不？”[4]或對曰：“秦國小兵弱，豈王師之敵，景略常才，又非太傅之匹，不足憂也。”黄門侍郎梁琛、中書侍郎樂嵩進曰：[5]“不然。兵書之義，計敵能鬥，當以算取之。若冀敵不鬥，非萬全之道也。慶鄭有云：[6]‘秦衆雖少，戰士倍我。’衆之多少，非可問也。且秦行師千里，固戰是求，何不戰之有乎！”暐不悦。

[1]潞川：亦稱潞水，即今山西濁漳河。

[2]而問曰：宋本無“曰”字。

[3]今大師既出：殿本無“今”字。

[4]能戰不：不，殿本、宋本作“否”。

[5]中書侍郎：官名，三國魏文帝黄初初年設中書省，在長官中書監、中書令以下有通事郎，後增設中書郎，亦稱中書侍郎。掌草擬詔書，外出執行重要使命等。晋五品。

[6]慶鄭：春秋時晋國大夫。

猛與評等相持。評以猛懸軍遠入，利在速戰，議以持久制之。猛乃遣其將郭慶率騎五千，夜從間道起火高山，燒評輜重，火見鄴中。評性貪鄙，鄣固山泉，賣樵鬻水，積錢絹如丘陵，三軍莫有鬥志。暐遣其侍中蘭伊讓評曰：“王，高祖之子也，宜以宗廟社稷爲憂，奈何不務撫養勛勞，專以聚斂爲心乎！府藏之珍貨，朕豈與王愛之！若寇軍冒進，王持錢帛安所置也！皮之不存，毛將安傅！錢帛可散之三軍，以平寇凱旋爲先也。”評懼而與猛戰于潞川，評師大敗，死者五萬餘人，評等單騎遁還。猛遂長驅至鄴，堅復率衆十萬會猛攻暐。

先是，慕容桓以衆萬餘屯于沙亭，[1]爲評等後繼。聞評敗，引屯内黄。[2]堅遣將鄧羌攻信都，[3]桓率鮮卑五千退保和龍。散騎侍郎徐蔚等率扶餘、高句麗及上黨質子五百餘人，[4]夜開城門以納堅軍。暐與評等數十騎奔于昌黎。堅遣郭慶追及暐于高陽，[5]堅將巨武執暐，[6]將縛之，暐曰："汝何小人而縛天子！"武曰："我梁山巨武，受詔縛賊，何謂天子邪！"遂送暐于堅。堅詰其奔狀，暐曰："狐死首丘，[7]欲歸死于先人墳墓耳！"堅哀而釋之，令還宫率文武出降。郭慶遂追評、桓于和龍。桓殺其鎮東慕容亮而并其衆，攻其遼東太守韓稠于平川。[8]郭慶遣將軍朱嶷擊桓，執而送之。

[1]沙亭：地名，一作沙庭，在今河北省臨漳縣西南鄴鎮南。

[2]内黄：縣名，治所在今河南省内黄縣西北。

[3]信都：縣名，治所在今河北省衡水市冀州區。

[4]扶餘：亦作夫餘，本書卷九七有傳。　高句麗：古國名，亦作句麗、高麗。都城丸都（今吉林省集安市），後遷都今朝鮮民主主義人民共和國平壤市。　上黨：郡名，治所在潞縣（今山西省黎城縣南）。　質子：人質，多爲被質押國的王子或世子。

[5]高陽：縣名，治所在今河北省高陽縣東舊城。

[6]巨武：中華本校勘記："《校文》：《御覽》一二一引《前燕録》作'巨虎'，此避唐諱而改。"

[7]狐死首丘：《禮記·檀弓上》："古之人有言曰：'狐死正丘首'，仁也。"鄭玄注："正丘首，正首丘也。"孔穎達疏："所以正首而向丘者，丘是狐窟穴根本之處，雖狼狽而死，意猶向此丘。"此作故鄉之思。

[8]遼東：郡名，治所在襄平縣（今遼寧省遼陽市）。　平川：《水經注·大遼水》："白狼水又東北，逕昌黎縣故城西。《地理志》曰交黎也，東部都尉治，王莽之禽虜也。應劭曰：'今昌黎也。'高平川水注之，水出西北平川。"熊會貞按："《晋書·慕容暐載記》，慕容桓攻其遼東太守韓稠于平川，蓋即此平川。"昌黎縣，即今遼寧省義縣。川，原本、宋本、殿本作"州"，據中華本改。

堅徙暐及其王公已下并鮮卑四萬餘户于長安，封暐新興侯，署爲尚書。[1]堅征壽春，[2]以暐爲平南將軍、别部都督。[3]淮南之敗，隨堅還長安。既而慕容垂攻苻丕于鄴，慕容冲起兵關中，暐謀殺堅以應之，事發，爲堅所誅，時年三十五。及德僭稱尊號，僞謚幽皇帝。

[1]尚書：官名，東漢尚書臺六曹各置尚書，魏晋出爲朝官，分掌尚書省諸曹，品秩提高。晋三品。

[2]壽春：縣名，治所在今安徽省壽縣東南。

[3]平南將軍：官名，與平東、平西、平北將軍合稱四平將軍。多持節都督或監某一地區的軍事，有時作爲刺史等地方官員監理軍務的加官。晋三品，加持節都督者二品。　別部都督：官名，前秦苻堅爲安置慕容暐所設官。

始廆以武帝太康六年稱公，至暐四世。暐在位一十一年，[1]以海西公太和五年滅，通廆、皝凡八十五年。[2]

[1]暐在位一十一年：一十一年，原本、殿本作“二十一年”，宋本作“一十一年”，據宋本、中華本校勘記改。

[2]“始廆以武帝太康六年稱公”至“凡八十五年”：中華本校勘記：“自太康六年至太和五年凡八十六年。《廆載記》亦未言廆於是年稱公，但云‘建興中愍帝遣使拜廆鎮軍將軍、昌黎、遼東二國公’，《魏書廆傳》同。自建興元年至太和五年亦止五十八年。且《廆載記》稱建武初，元帝封廆爲昌黎公，廆讓而不受，似建興之封亦未受。其受遼東公之封實在太興四年，下至太和五年更止五十年。不知何以致誤。”

慕容恪，字玄恭，皝之第四子也。幼而謹厚，沉深有大度。母高氏無寵，皝未之奇也。年十五，身長八尺七寸，容貌魁傑，雄毅嚴重，每所言及，輒經綸世務，皝始異焉，乃授之以兵。數從皝征伐，臨機多奇策。使鎮遼東，甚有威惠，高句麗憚之，不敢爲寇。皝使恪與儁俱伐夫餘，儁居中指授而已，恪身當矢石，推鋒而進，所嚮輒潰。

皝將終，謂儁曰：“今中原未一，方建大事，恪智勇俱濟，汝其委之。”及儁嗣位，彌加親任。累戰有大功，封太原王，拜侍中、假節、大都督、録尚書。儁寢疾，引恪與慕容評屬以後事。及暐之世，總攝朝權。初，建鄴聞儁死，曰：“中原可圖矣。”桓温曰：“慕容恪尚存，所憂方爲大耳。”

慕輿根之就誅也，内外危懼。恪容止如常，神色自若，出入往還，一人步從。或有諫之者，恪曰：“人情懷懼，且當自安以靖之。吾復不安，則衆何瞻仰哉!”於是人心稍定。恪虚襟待物，諮詢善道，量才處任，使人不逾位。朝廷謹肅，進止有常度，雖執權政，每事必諮之於評。罷朝歸第，則盡心色養，手不釋卷。其百僚有過，未嘗顯之，自是庶僚化德，稀有犯者。

恪之圍洛陽也，秦中大震，苻堅親將以備潼關，[1]軍回乃定。恪爲將不尚威嚴，專以恩信御物，務於大略，不以小令勞衆。軍士有犯法，密縱舍之，捕斬賊首以令軍。營内不整似可犯，而防禦甚嚴，終無喪敗。

[1]潼關：位於今陝西省潼關縣東北黄河南岸潼關。

臨終，暐親臨問以後事，恪曰："臣聞報恩莫大薦士，板築猶可，[1]而況國之懿藩！吴王文武兼才，管蕭之亞，[2]陛下若任之以政，國其少安。不然，臣恐二寇必有闚闟之計。"言終而死。

[1]板築：指殷商賢臣傅説。《史記》卷三《殷本紀》載：武丁夜夢得聖人，名曰説。群臣百官都不是夢中人，便命人在朝廷以外尋求，結果發現一個版築城墻的刑徒，與夢中所見一樣，便舉以爲相，使殷國大治。

[2]管：管仲，春秋初潁上（今安徽省潁水之濱）人，名夷吾。齊桓公時任卿相，進行一系列改革，使齊國國力大增，齊桓公成爲春秋五霸之首。　蕭：蕭何，秦末泗水沛縣豐邑（今江蘇省豐縣）人。隨劉邦起兵反秦。楚漢戰争中，留守關中，爲前綫籌集糧草。劉邦稱帝後，因功高封酇侯。助吕后誅除韓信，封相國。劉邦死後復事惠帝，死前推薦曹參繼任。

陽騖，字士秋，右北平無終人也。[1]父耽，仕廆，官至東夷校尉。[2]騖少清素好學，器識沉遠。起家爲平州别駕，[3]屢獻安時强國之術，事多納用，廆甚奇之。

[1]右北平：郡名，治所在無終縣（今天津市薊州區）。

[2]東夷校尉：官名，亦稱護東夷校尉，掌東北地區少數民族事務。駐平州（今遼寧省遼陽市）。晋四品。

[3]平州：治所在襄平縣（今遼寧省遼陽市）。　别駕：官名，别駕從事、别駕從事史省稱。州部佐官，因從刺史行部，别乘傳

車，故稱。位居州吏之右。

瓠即王位，遷左長史。[1]東西征伐，參謀幃幄。瓠臨終謂儁曰："陽士秋忠幹貞固，可託付大事，汝善待之。"儁之將圖中原也，騖制勝之功亞于慕容恪。

[1]左長史：官名，掌顧問參謀，爲所在官署掾屬之長。魏晋南北朝時王府、公府、軍府、邊郡均置長史，有時分左、右。晋八至六品。

暐既嗣僞位，申以師傅之禮，親遇日隆。及爲太尉，[1]慨然而嘆曰："昔常林、徐邈先代名臣，[2]猶以鼎足任重而終辭三事。[3]以吾虚薄，何德以堪之！"固求罷職，言甚懇至，暐優答不許。

[1]太尉：官名，曹操爲丞相後，太尉府屬官歸相府，晋時太尉雖爲八公之一、三公之首，實爲名譽宰相，多爲大臣加官。晋一品。

[2]常林：三國時河内温縣（今河南省温縣西南）人，字伯槐。漢末避亂遷居上黨，并州刺史梁習推薦與曹操，歷任南和縣長、博陵太守、幽州刺史。曹魏建立後，任少府、大司農。時論以林節操清峻，欲致之公輔，而林遂稱疾篤。　徐邈：三國時燕國薊縣（今北京市西南）人，字景山。曹操時任丞相軍謀掾、隴西太守。曹丕時任潁川典農中郎將、撫軍大將軍軍師。明帝時任涼州刺史。在任務農積穀，立學明訓，進善黜惡，威信四布，使西域塞而復通。後爲光禄大夫，數歲即拜司空，邈嘆曰："三公論道之官，無其人則缺，豈可以老病忝之哉？"遂固辭不受。

［3］三事：三公。

鶩清貞謙謹，老而彌篤，既以宿望舊齒，自慕容恪已下莫不畢拜。性儉約，常乘弊車瘠馬，及死，無斂財。

皇甫真，字楚季，安定朝那人也。[1]弱冠，[2]以高才，廆拜爲遼東國侍郎。[3]皝嗣位，遷平州别駕。時内難連年，百姓勞悴，真議欲寬減歲賦，休息力役。不合旨，免官。後以破麻秋之功，拜奉車都尉，[4]守遼東、營丘二郡太守，[5]皆有善政。及儁僭位，入爲典書令。[6]後從慕容評攻拔鄴都，珍貨充溢，真一無所取，唯存恤人物，收圖籍而已。儁臨終，與慕容恪等俱受顧託。

［1］安定：郡名，西漢置，治所在高平縣（今寧夏回族自治區固原市），東漢治所在臨涇縣（今甘肅省鎮原縣東南），東晋治所在安定縣（今甘肅省涇川縣北）。　朝那：縣名，治所在今寧夏回族自治區固原市東南。

［2］弱冠：指男子二十歲時。《禮記·曲禮上》："二十曰弱，冠。"年少爲弱，待至二十，即爲成年，舉行冠禮。

［3］遼東國：西晋改遼東郡置，治所在襄平縣（今遼寧省遼陽市老城區）。　侍郎：官名，諸侯王國屬官，掌贊相威儀，通傳教令。曹魏、西晋王公諸侯國皆置，位在典書令下，屬郎中令。東晋改屬常侍。晋八品。

［4］奉車都尉：官名，魏晋時作加官，與駙馬都尉、騎都尉並號三都尉。晋六品。

［5］營丘：郡名，治所在武寧縣（今遼寧省朝陽市東）。

[6]典書令：官名，西晋王國屬官，位在常侍下、侍郎上。

慕輿根將謀爲亂，真陰察知之，乃言於恪，請除之。恪未忍顯其事。俄而根謀發伏誅，恪謝真曰："不從君言，幾成禍敗。"吕護之叛，恪謀於朝曰："遠人不服，修文德以來之。今護宜以恩詔降乎，不宜以兵戈取也？"真曰："護九年之間三背王命，揆其奸心，凶勃未已。明公方飲馬江湘，勒銘劍閣，[1]況護蕞爾近畿而不梟戮，[2]宜以兵算取之，不可復以文檄喻也。"恪從之。以真爲冠軍將軍、别部都督。師還，拜鎮西將軍、并州刺史，[3]領護匈奴中郎將。[4]徵還，拜侍中、光禄大夫，[5]累遷太尉、侍中。

[1]劍閣：即劍門關，位於今四川省劍閣縣東北。

[2]蕞爾：形容小。爾，殿本作"而"。

[3]鎮西將軍：官名，與鎮東、鎮南、鎮北將軍合稱四鎮將軍。多爲持節都督，出鎮方面。曹魏二品。晋改三品，加持節都督者二品。

[4]護匈奴中郎將：官名，亦作使匈奴中郎將、匈奴中郎將，掌監護南匈奴事務，多以并州刺史兼任，使持節或假節。晋四品。

[5]光禄大夫：官名，三公等大臣告老回家即拜此職，或作爲在朝顯職的加官。晋三品，開府位從公者一品。

苻堅密謀兼并，欲觀釁隙，乃遣其西戎主簿郭辯潛結匈奴左賢王曹轂，[1]令轂遣使詣鄴，辯因從之。真兄典仕苻堅爲散騎常侍，從子奮、覆並顯關西。辯既至鄴，歷造公卿，言於真曰："辯家爲秦所誅，故寄命曹王，貴兄常侍及奮、覆兄弟並相知在素。”真怒曰：“臣無境外之交，斯言何以及我！君似奸人，得無因緣假託乎！”乃白暐請窮詰之，暐、評不許。辯還謂堅曰：“燕朝無綱紀，實可圖之。鑒機識變，唯皇甫真耳。”堅曰：“以六州之地，豈無智識士一人哉！真亦秦人，而燕用之，固知關西多君子矣。”

[1]西戎主簿：官名，西戎校尉府屬官。典領文書籍簿，省録衆事，職權甚重。　匈奴左賢王曹轂：中華本校勘記：“周校：《苻堅載記》作‘右賢王’。按：《海西公紀》同《苻堅載記》，疑作‘右’是。”

真性清儉寡欲，不營産業，飲酒至石餘不亂，雅好屬文，凡著詩賦四十餘篇。

王猛入鄴，真望馬首拜之。明日更見，語乃卿猛。[1]猛曰：“昨拜今卿，何恭慢之相違也？”真答曰：“卿昨爲賊，朝是國士，吾拜賊而卿國士，何所怪也？”猛大嘉之，謂權翼曰：“皇甫真故大器也。”從堅入關，爲奉車都尉，數歲而死。

[1]語乃卿猛：和王猛説話以“卿”相稱。

史臣曰：觀夫北陰衍氣，醜虜彙生，隔閡諸華，聲教莫之漸，[1]雄據殊壤，貪悍成其俗，先叛後服，蓋常性也。自當塗紊紀，[2]典午握符，[3]推亡之功，掩岷吴而可録，[4]御遠之策，懷戎狄而猶漏。慕容廆英姿偉量，是曰邊豪，釁迹奸圖，實惟亂首。何者？無名而舉，表深譏於魯册；[5]象龔致罰，昭大訓於姚典。[6]况乎放命挺禍，距戰發其狼心；剽邑屠城，略地騁其螫賊。既而二帝遘平陽之酷，按兵窺運；五鐸啓金陵之祚，[7]率禮稱藩。勤王之誠，當君危而未立；匡主之節，俟國泰而將徇。適所謂相時而動，豈素蓄之款哉！然其制敵多權，臨下以惠，勸農桑，敦地利，任賢士，該時傑，[8]故能恢一方之業，創累葉之基焉。

[1]聲教莫之漸：没有受到聲教的熏染教化。

[2]當塗紊紀：曹魏亂紀。當塗，當塗高，指曹魏。《後漢書》卷七五《袁術傳》："代漢者當塗高。"李賢注："當塗高者，'魏'也。"

[3]典午：典爲司，午爲馬。指司馬氏。

[4]掩岷吴而可録：滅孫吴蜀漢而統一天下的功勛可載。

[5]魯册：即《春秋》。

[6]姚典：即《舜典》，《尚書》中的篇名。

[7]五鐸：五馬，指西晋末宗室瑯邪王司馬睿、西陽王司馬羕、汝南王司馬祐、南頓王司馬宗、彭城王司馬雄先後渡過長江，來到江南。其中司馬睿爲東晋王朝的開國君主。

[8]該時傑：擁有包容當時豪傑。

元真體貌不恒，[1]暗符天表，沉毅自處，頗懷奇略。于時群雄角立，争奪在辰，顯宗主祭於冲年，庾亮竊政於元舅，朝綱不振，天步孔艱，[2]遂得據已成之資，乘土崩之會。揚兵南騖，則烏丸卷甲；建旆東征，則宇文摧陣。乃負險自固，恃勝而驕，端拱稱王，不待朝命。

昔鄭武職居三事,[3]爵不改伯;齊桓績宣九合,[4]位止爲侯。瞻曩烈而功微,徵前經而禮縟,[5]溪壑難滿,此之謂乎?

[1]體貌不恒:體貌非凡、不平常。

[2]天步孔艱:國運艱難。

[3]鄭武職居三事:鄭武公具有三公的地位和權力。鄭武公,春秋時鄭國國君,公元前770至前744年在位。名滑突,一作掘突。因護送周平王東遷有功,任周平王的執政卿士。

[4]齊桓績宣九合:齊桓公具有九合諸侯的功績。齊桓公,春秋時齊國國君,名小白,僖公之子,襄公之弟。公元前685至前643年在位。爲公子時因國家内亂出走至莒,襄公死後被迎回立爲國君。在位時任用管仲,改革内政,國力漸强。九合諸侯,尊王攘夷,成爲春秋五霸之首。

[5]禮縟:禮儀繁密瑣碎。

宣英文武兼優,加之以機斷,因石氏之釁,首圖中原,燕士協其籌,[1]冀馬爲其用,一戰而平巨寇,再舉而拔堅城,氣讋傍鄰,威加邊服。便謂深功被物,天數在躬,遽竊鴻名,偷安寶籙。[2]猶將席卷京洛,肆其蟻聚之徒;宰割黎元,縱其鯨吞之勢。使江左疲於奔命,[3]職此之由。非夫天厭素靈而啓異類,不然者,其鋒何以若斯!

[1]燕士:士,殿本作“王”。

[2]寶籙:天命。

[3]江左:江東。因自北方視之,江東在左,江西在右,故稱。

景茂庸材，不親厥務，賢輔攸賴，逆臣挫謀，於是陷金墉而款河南，包銅城而臨漠北，西秦勁卒頓函關而不進，東夏遺黎企鄴宫而授首。當此之時也，凶威轉熾。及玄恭即世，虐媪亂朝。垂以勛德不容，評以黷貨干政，志士絶忠貞之路，讒人襲交亂之風。輕鄰反速其咎，禦敵罕修其備，以携離之衆，抗敢死之師。鋒鏑未交，白溝淪境；衝輣暫擬，[1]紫陌成墟。是知由余出而戎亡，[2]子常升而郢覆，[3]終於身死異域，智不自全，吉凶惟人，良所謂也。

[1]衝輣暫擬：戰争一旦謀劃。衝輣，戰車，此指戰争。暫，一旦，一經。

[2]由余：又作繇余，春秋時戎人。其祖先本晋人，因能言晋語，戎王遣其入秦。秦穆公愛其才，乃離間由余與戎王的關係，使人召之入秦，待以客禮。後由余爲秦國謀劃滅戎，開地千里，稱霸西戎。

[3]子常：即囊瓦，春秋時楚國人，字子常。楚平王十年（前519）任令尹，喜蓄貨聚馬，以貪名聞於諸侯。楚昭王十年（前506），吴與蔡、唐等國伐楚，子常率軍迎戰，三戰皆敗，乃棄師逃到鄭國。吴師乘勝攻入楚國郢都，楚昭王逃奔隨國。

贊曰：青山徙構，玄塞分疆。蠢兹雜種，奕世彌昌。[1]角端掩月，[2]步摇翻霜。乘危蝟起，怙險鴟張。假竊神器，憑陵帝鄉。守不以德，終致餘殃。

[1]奕世：原本、宋本、殿本作“弈世”，據中華本改。

[2]角端：牛角作的弓。此指慕容鮮卑。《三國志》卷三〇《魏

書·鮮卑傳》裴松之注引王沈《魏書》:“鮮卑亦東胡之餘也,别保鮮卑山,因號焉。其言語習俗與烏丸同。其地東接遼水,西當西城。常以季春大會,作樂水上,嫁女娶婦,髠頭飲宴。其獸異於中國者,野馬、羱羊、端牛。端牛角爲弓,世謂之角端者也。”

晉書　卷一一二

載記第十二

苻洪　苻健　苻生 苻雄 王墮

苻洪

苻洪，字廣世，略陽臨渭氐人也。[1]其先蓋有扈之苗裔，[2]世爲西戎酋長。始其家池中蒲生，長五丈，五節如竹形，時咸謂之蒲家，因以爲氏焉。父懷歸，部落小帥。先是，隴右大雨，[3]百姓苦之，謡曰："雨若不止，洪水必起。"故因名曰洪。[4]好施，多權略，驍武善騎射。

[1]略陽：郡名，西晋泰始中以廣魏郡改名，治所在臨渭縣（今甘肅省天水市東北渭河北岸）。

[2]有扈：古國名。又稱有扈。在今陝西省西安市鄠邑區。《左傳·昭公元年》："夏有觀扈。"杜預注："扈在始平鄠縣。"

[3]隴右大雨：吴金華等先生據《太平御覽》卷一二一引崔鴻《十六國春秋》"大雨"下有"霖"字，認爲"大雨霖"指大雨多日不停，没有"霖"則文意不足。（參見吴金華、吴新江《〈晋書〉

辨疑》,《古籍整理研究學刊》2000 年第 4 期)

[4]故因名曰洪：吴金華等先生據《太平御覽》卷一二一引崔鴻《十六國春秋》“故”字下没有“因”字，認爲“因”字可能涉上文“因以爲氏焉”而衍。(參見吴金華、吴新江《〈晋書〉辨疑》,《古籍整理研究學刊》2000 年第 4 期)

屬永嘉之亂，乃散千金，召英傑之士訪安危變通之術。宗人蒲光、蒲突遂推洪爲盟主。劉曜僭號長安，[1]光等逼洪歸曜，拜率義侯。曜敗，洪西保隴山。[2]石季龍將攻上邽，[3]洪又請降。季龍大悦，拜冠軍將軍，[4]委以西方之事。季龍滅石生，洪説季龍宜徙關中豪桀及羌戎内實京師。[5]季龍從之，以洪爲龍驤將軍、流人都督，[6]處于枋頭。[7]累有戰功，封西平郡公，其部下賜爵關内侯者二千餘人，以洪爲關内領侯將。冉閔言於季龍曰：[8]“苻洪雄果，其諸子並非常才，宜密除之。”季龍待之愈厚。及石遵即位，閔又以爲言，遵乃去洪都督，[9]餘如前。洪怨之，乃遣使降晋。後石鑒殺遵，所在兵起，洪有衆十餘萬。

[1]劉曜：字永明，本書卷一〇三有傳。　長安：縣名，治所在今陝西省西安市西北。

[2]隴山：又名隴阪、隴首、隴頭、隴坻，位於今陝西省寶鷄市與甘肅省清水縣、張家川回族自治縣之間。

[3]石季龍：即石虎，字季龍，本書卷一〇六有傳。　上邽：縣名，治所在今甘肅省天水市。

[4]冠軍將軍：官名，曹魏、孫吴、西晋皆置。西晋時領營兵。晋三品。

[5]關中：地區名，函谷關以西秦國故地，包括今河南省靈寶市以西及陝西省、甘肅省東部和四川省部分地區。　京師：國都。《春秋公羊傳·桓公九年》："京師者何？天子之居也。"

[6]龍驤將軍：官名，高級軍事將領。晋三品。

[7]枋頭：地名，在今河南省浚縣西南淇門渡。

[8]冉閔：字永曾，本書卷一〇七有載記。

[9]遵乃去洪都督：吴金華等先生據王重民《敦煌古籍叙録》敦煌殘卷"都督"之下有"號"字，認爲當據補。（參見吴金華、吴新江《〈晋書〉辨疑》，《古籍整理研究學刊》2000 年第 4 期）

永和六年，帝以洪爲征北大將軍、都督河北諸軍事、冀州刺史、廣川郡公。[1]時有説洪稱尊號者，洪亦以讖文有"草付應王"，又其孫堅背有"艸付"字，[2]遂改姓苻氏，自稱大將軍、大單于、三秦王。洪謂博士胡文曰："孤率衆十萬，居形勝之地，冉閔、慕容儁可指辰而殄，[3]姚襄父子克之在吾數中，[4]孤取天下，有易於漢祖。"初，季龍以麻秋鎮枹罕，冉閔之亂，秋歸鄴，洪使子雄擊而獲之，以秋爲軍師將軍。[5]秋説洪西都長安，洪深然之。既而秋因宴鴆洪，將并其衆，世子健收而斬之。[6]洪將死，謂健曰："所以未入關者，言中州可指時而定。今見困豎子，中原非汝兄弟所能辦。關中形勝，吾亡後便可鼓行而西。"言終而死，年六十六。健僭位，僞謚惠武帝。

[1]征北大將軍：官名，職掌與征北將軍同，位在其上，多統兵出鎮一方，都督數州軍事。不常置。晋二品，開府位從公者一品。　都督河北諸軍事：河北地區最高軍事行政長官。　冀州：治

所在信都縣（今河北省衡水市冀州區）。

［2］堅：苻堅，字永固，本書卷一一三有載記。　艸付：艸，殿本作“草”。

［3］慕容儁：字宣英，本書卷一一〇有載記。

［4］姚襄：字景國，本書卷一一六有載記。

［5］軍師將軍：官名，東漢時權力極重，十六國前凉、前秦用作武官名號。

［6］世子健收而斬之：吴金華等先生據王重民《敦煌古籍叙録》敦煌殘卷無“世”字，認爲可取，因爲苻健是苻洪的第三子，並非世子。（參見吴金華、吴新江《〈晋書〉辨疑》，《古籍整理研究學刊》2000年第4期）

苻健

健，[1]字建業，洪第三子也。初，母姜氏夢大羆而孕之，[2]及長，勇果便弓馬，好施，善事人，甚爲石季龍父子所親愛。季龍雖外禮苻氏，心實忌之，乃陰殺其諸兄，而不害健也。及洪死，健嗣位，去秦王之號，稱晋爵，遣使告喪于京師，且聽王命。

［1］健：宋本、殿本作“苻健”。

［2］母姜氏夢大羆而孕之：姜，原本、宋本、殿本作“羌”，據中華本校勘記改。

時京兆杜洪竊據長安，[1]自稱晋征北將軍、雍州刺史，[2]戎夏多歸之。健密圖關中，懼洪知之，乃僞受石祗官，繕宫室於枋頭，課所部種麥，示無西意，有知而不種者，健殺之以徇。既而自稱晋征西大將軍、都督關中諸軍事、雍州刺史，[3]盡衆西行，起浮橋於盟津以濟。[4]遣其弟雄率步騎五千入潼關，[5]兄子菁自軹關入河東。[6]健執菁手曰：“事若不捷，汝死河北，我死河南，不及黄泉，[7]無相見也。”既濟，焚橋，自統大衆繼雄而進。杜洪遣其將張先要健於潼關，健逆擊破之。健雖戰勝，猶修箋于洪，并送名馬珍寶，請至長安上尊號。洪曰：“幣重言甘，誘我也。”乃盡召關中之衆來距。健筮之，遇《泰》之《臨》，[8]健曰：“小往大來，吉亨。昔往東而小，今還西而大，[9]吉孰大焉！”是時衆星夾河西流，占者以爲百姓還西之象。健遂進軍，次赤水，[10]遣雄略地渭北，又敗張先於陰槃，[11]擒之，諸城盡陷，菁所至無不降者，三輔略定。[12]健引兵至長安，洪奔司竹。[13]健入而都之，遣使獻捷京師，并修好於桓温。[14]

[1]京兆：郡名，治所在長安縣（今陝西省西安市西北）。

[2]征北將軍：官名，與征東、征西、征南將軍合稱四征將軍。三國魏蜀吴、兩晋皆置，出鎮方面，地位顯要。晋三品，加持節都督者二品。　雍州：治所在長安縣（今陝西省西安市西北）。

[3]征西大將軍：官名，屬將軍名號，多授予統兵出鎮在外，都督數州諸軍事者。位在征西將軍之上。晋二品，開府位從公者一品。　都督關中諸軍事：關中地區最高軍事行政長官。

[4]盟津：孟津，又名富平津。位於今河南省孟州市西南黄河上。

[5]潼關：位於今陝西省潼關縣東北黄河南岸潼關。

[6]軹關：位於今河南省濟源市西北，當豫、晋交通要衝，爲太行八陘中第一陘，爲歷代兵家必争之地。　河東：郡名，治所在安邑縣（今山西省夏縣西北禹王城）。

［7］不及黄泉：原本、宋本、殿本作“比及黄泉”，據中華本校勘記改。

［8］《泰》：《周易》六十四卦之一。乾下坤上，爲上下交通之象。《易·泰》：“《象》曰：天地交，泰。”王弼注：“泰者，物大通之時也。”　《臨》：《周易》六十四卦之一。兑下坤上。《易·臨》：“象曰：澤上有地，臨。”

［9］還西而大：西，殿本作“東”。

［10］赤水：甘肅省隴西縣東渭河支流赤亭河。

［11］陰槃：縣名，治所在今陝西省西安市臨潼區東北陰盤城。

［12］三輔：地區名，以長安爲中心的京畿地區，轄境相當於今陝西省中部地區。

［13］司竹：地名，在今陝西省周至縣東南。

［14］桓温：字元子，本書卷九八有傳。

健軍師將軍賈玄碩等表健爲侍中、大都督關中諸軍事、大單于、秦王，[1]健怒曰：“我官位輕重，非若等所知。”既而潛使諷玄碩等使上尊號。永和七年，僭稱天王、大單于，赦境内死罪，建元皇始，繕宗廟社稷，[2]置百官於長安。立妻强氏爲天王皇后，子萇爲天王皇太子，弟雄爲丞相、都督中外諸軍事、車騎大將軍、領雍州刺史，[3]自餘封授各有差。

［1］侍中：官名，東漢建安中與給事黄門侍郎出入禁中，省尚書事。曹魏時爲門下之侍中省長官。常侍衛皇帝左右，掌顧問應對、諫諍糾察、平議奏事、駁奏異議等，權力甚重。晋三品。　大都督關中諸軍事：官名，關中地區最高軍事行政長官，都督加“大”，以示地位之高。　大單于：匈奴最高首領。

［2］宗廟：爲當時國都的標志。《三國志》卷二五《魏書·高

堂隆傳》載高堂隆説："凡帝王徙都立邑，皆先定天地社稷之位，敬恭以奉之。將營宫室，則宗廟爲先，廄庫爲次，居室爲後。"《魏書》卷六〇《韓麒麟附韓顯宗傳》載韓顯宗説："《春秋》之義，有宗廟曰都。"　社稷：祭祀土神和穀神的場所。

[3]丞相：官名，原爲最高國務長官，魏晋時省置無常，或分置左、右，或稱大丞相，多用來安置權臣。　都督中外諸軍事：官名，亦稱都督中外諸軍。全國最高軍事統帥，總統中央地方的内外諸軍，權力極大。　車騎大將軍：官名，西晋置，位在車騎將軍之上，多授予元老重臣，以示尊崇。開府置僚屬，一般不領兵。晋二品，開府位從公者一品。　領：以地位較高的官員兼理較低的職務。

初，杜洪之奔也，招晋梁州刺史司馬勛。[1]至是，勛率步騎三萬入秦川，[2]健敗之於五丈原。[3]

[1]梁州：三國曹魏治所在沔陽縣（今陝西省勉縣東），西晋移治南鄭縣（今陝西省漢中市東）。　司馬勛：東晋人，任梁州刺史、建威將軍。後反叛，自稱成都王。後被朱序斬殺。

[2]秦川：地區名，泛指今陝西、甘肅二省秦嶺以北渭水平原。

[3]五丈原：地名，在今陝西省岐山縣南石頭河與渭河交匯處西南。

八年，健僭即皇帝位于太極前殿，諸公進爲王，以大單于授其子萇。

杜洪屯宜秋，[1]爲其將張琚所殺，[2]琚自立爲秦王，置百官。健率步騎二萬攻琚，斬其首。健至自宜秋，遣雄、菁率衆掠關東，并援石季龍豫州刺史張遇於許昌，[3]與晋鎮西將軍謝尚戰於潁水之上，[4]王師敗績。雄乘勝逐北，至于壘門，殺傷太半，遂虜遇及其衆歸于長安，拜遇司空、豫州刺史，鎮許昌。雄攻王擢於隴上，[5]擢奔涼州，[6]雄屯隴東。[7]張重華拜擢征東大將軍，[8]使與其將張弘、宋脩連兵伐雄。雄與菁率衆擊敗之，獲弘、脩送長安。

[1]宜秋：宜秋城，位於今陝西省涇陽縣西北。

[2]杜洪屯宜秋，爲其將張琚所殺：李之亮先生認爲，此云杜洪爲其部將張琚所殺，恐誤。諸史中唯《十六國春秋》言杜洪、張琚爲最詳，然絶無言杜洪爲張琚所殺者。《晋書》卷三七《宗室·濟南惠王遂傳》："永和中，張琚據隴東，遣使招勛，勛復入長安。初，京兆人杜洪以豪族陵琚，琚以勇俠侮洪，洪知勛憚琚兵强，因説勛曰：'不殺張琚，關中非國家有也。'勛乃僞請琚，於坐殺之。"此段記載與《載記》自相矛盾，而與《十六國春秋》全合。又《魏書》卷九五《臨渭氐苻健傳》："健長驅至長安，杜洪奔司竹，健遂入都。"亦可證苻健入長安時所驅者乃杜洪，若杜洪早爲張琚所殺，則苻健所驅當爲張琚。（參見李之亮、許華偉《〈晋書〉、〈十六國春秋〉對堪劄記》，《鄭州大學學報》1998年第3期）

[3]豫州：曹魏時治所在安城縣（今河南省正陽縣東北），西晋移治陳縣（今河南省周口市淮陽區），十六國前趙移治許昌縣（今河南省許昌市東）。

[4]鎮西將軍：官名，與鎮東、鎮南、鎮北將軍合稱四鎮將軍。多爲持節都督，出鎮方面。曹魏二品。晋改三品，加持節都督者二品。　謝尚：字仁祖，本書卷七九有傳。　潁水：即今潁河。源出河南省登封市西南陽乾山，東南流至安徽省潁上縣東南入淮河。

[5]隴上：地區名，泛指今陝北、甘肅二省及其以西一帶地方。

[6]涼州：東漢治所在隴縣（今甘肅省張家川回族自治縣），

三國魏移治姑臧縣（今甘肅省武威市）。

[7]隴東：郡名，治所在秦汧縣故城（今陝西省隴縣東南）。

[8]張重華：字泰臨，本書卷八六有傳。　征東大將軍：官名，三國魏文帝黄初三年（222）置，職掌與征東將軍同，但位在其上，多統兵出鎮方面，都督數州軍事。不常置。晋二品，開府位從公者一品。

初，張遇自許昌來降，健納遇後母韓氏爲昭儀，每於衆中謂遇曰：[1]“卿，吾子也。”遇慚恨，引關中諸將欲以雍州歸順，乃與健中黄門劉晃謀夜襲健，[2]事覺，遇害。於是孔特起池陽，[3]劉珍、夏侯顯起鄠，[4]喬景起雍，[5]胡陽赤起司竹，呼延毒起霸城，[6]衆數萬人，並遣使詣征西桓温、中軍殷浩請救。[7]

[1]謂遇曰：遇，殿本作“吾”。

[2]中黄門：官名，宦官中地位較低者。晋七品。

[3]於是孔特起池陽：中華本校勘記：“《通鑑》九九‘特’作‘持’。”

[4]鄠：縣名，治所在今陝西省西安市鄠邑區北。

[5]喬景起雍：中華本校勘記：“《通鑑》九九‘景’作‘秉’，胡注：《載記》作‘喬景’，避唐諱也。”

[6]霸城：縣名，治所在今陝西省西安市東北。

[7]征西：官名，即征西將軍。東漢永元年間置，地位與雜號將軍、偏將軍、裨將軍等同。建安年間與征東、征南、征北將軍合稱四征將軍，地位提高。晋三品，加持節都督者二品。　中軍：官名，即中軍將軍，西晋時統左右衛、前後左右驍騎等宿衛七營禁軍，主管京師及朝廷警衛。泰始四年（268）罷，置北軍中候代其職。後爲將軍名號，與鎮軍將軍、撫軍將軍並爲三名號將軍，不統

禁兵。晋三品。　殷浩：字深源，本書卷七七有傳。

雄遣菁掠上洛郡，[1]於豐陽縣立荆州，[2]以引南金奇貨、弓竿漆蠟，通關市，來遠商，於是國用充足，而異賄盈積矣。

[1]上洛郡：治所在上洛縣（今陝西省商洛市商州區）。

[2]豐陽縣：縣名，治所在今陝西省山陽縣。

十年，温率衆四萬趨長安，遣别將從均口入淅川，[1]攻上洛，執健荆州刺史郭敬，而遣司馬勛掠西鄙。健遣其子萇率雄、菁等衆五萬，距温于堯柳城愁思堆。[2]温轉戰而前，次于灞上，萇等退營城南。健以羸兵六千固守長安小城，遣精鋭三萬爲游軍以距温。三輔郡縣多降于温。健别使雄領騎七千，與桓冲戰於白鹿原，[3]王師敗績，又破司馬勛于子午谷。[4]初，健聞温之來也，收麥清野以待之，故温衆大飢。至是，徙關中三千餘户而歸。及至潼關，又爲萇等所敗，司馬勛奔還漢中。[5]

[1]從均口：殿本無此三字。

[2]堯柳城：即嶢柳城，即今陝西省藍田縣城。　愁思堆：位於今陝西省藍田縣南。

[3]白鹿原：位於今陝西省西安市藍田縣西灞、滻二水之間。南連秦嶺，北至灞岸，東西四十里，南北十五里。

[4]子午谷：位於今陝西省長安市長安區西南子午鎮通往今安康市的秦嶺山谷。

[5]漢中：郡名，治所在南鄭縣（今陝西省漢中市）。

其年，西虜乞没軍邪遣子入侍，健於是置來賓館於平朔門以懷遠人。起靈臺於杜門。與百姓約法三章，薄賦卑宫，垂心政事，優禮耆老，[1]修尚儒學，而關右稱來蘇焉。[2]

[1]耆老：鄉中年老又有影響的人。

[2]關右：地區名，即關西，泛指故函谷關或今潼關以西地區。來蘇：謂因其來而於困苦中獲得蘇息。

新平有長人見，[1]語百姓張靖曰："苻氏應天受命，今當太平，外面者歸中而安泰。"問姓名，弗答，俄而不見。新平令以聞，健以爲妖，[2]下靖獄。會大雨霖，河渭溢，蒲津監寇登得一屐於河，[3]長七尺三寸，人迹稱之，指長尺餘，文深一寸。健嘆曰："覆載之中何所不有，張靖所見定不虚也。"赦之。蝗蟲大起，自華澤至隴山，[4]食百草無遺。牛馬相噉毛，猛獸及狼食人，行路斷絶。健自蠲百姓租税，[5]减膳徹懸，素服避正殿。

[1]新平：郡名，治所在漆縣（今陝西省彬州市）。

[2]健以爲妖：原本無"以"字，宋本、殿本有，據宋本、殿本補。

[3]蒲津：一作蒲坂津，位於今山西省永濟市蒲州鎮與陝西省大荔縣朝邑鎮之間的黄河上。

[4]華澤：位於今山西省華陰市境。

[5]健自蠲百姓租税：吴金華等先生據王重民《敦煌古籍叙

録》敦煌殘卷“自”作“息”，可參考。（參見吴金華、吴新江《〈晋書〉辨疑》，《古籍整理研究學刊》2000年第4期）

初，桓温之入關也，其太子萇與温戰，爲流矢所中死。至是，立其子生爲太子。健寢疾，菁勒兵入東宫，將殺苻生自立。時生侍健疾，菁以健爲死，回攻東掖門。健聞變，升端門陳兵，衆皆舍杖逃散，執菁殺之。數日，健死，時年三十九，在位四年。[1]僞謚明皇帝，廟號世宗，後改曰高祖。

[1]在位四年：中華本校勘記：“《校文》：《穆帝紀》健卒於永和十一年，距永和七年健稱天王時凡五年，此云‘四年’誤。至其卒年，《御覽》一二一引《前秦録》作四十九，相較差十年。”

苻生

生，字長生，健第三子也。幼而無賴，祖洪甚惡之。生無一目，爲兒童時，洪戲之，問侍者曰：“吾聞瞎兒一淚，信乎？”侍者曰：“然。”生怒，引佩刀自刺出血，曰：“此亦一淚也。”洪大驚，鞭之。生曰：“性耐刀槊，不堪鞭捶。”洪曰：“汝爲爾不已，吾將以汝爲奴。”生曰：“可不如石勒也。”洪懼，跣而掩其口，謂健曰：[1]“此兒狂勃，宜早除之，不然，長大必破人家。”健將殺之，雄止之曰：“兒長成自當修改，何至便可如此！”健乃止。及長，力舉千鈞，雄勇好殺，手格猛獸，走及奔馬，擊刺騎射，冠絶一時。桓温之來伐也，生單馬入陣，搴旗斬將者前後十數。

［1］謂健曰：宋本無“健”字。

萇既死，健以讖言三羊五眼應符，故立爲太子。健卒，僭即皇帝位，大赦境内，改年壽光，時永和十二年也。[1]尊其母强氏爲皇太后，立妻梁氏爲皇后。以吕婆樓爲侍中、左大將軍，[2]苻安領太尉，[3]苻柳爲征東大將軍、并州牧，[4]鎮蒲坂，苻謏爲鎮東大將軍、豫州牧，[5]鎮陜城，[6]自餘封授有差。

［1］時永和十二年也：二，殿本作“三”。中華本校勘記：“《穆紀》生嗣位在永和十一年。《御覽》一二一引《前秦録》，生於苻健皇始五年即位，改元壽光，即晋永和十一年，《通鑑》一〇〇同。此云‘十二年’，疑‘二’爲‘一’字之誤。”

［2］左大將軍：官名，十六國前秦置，位次於大將軍，統兵武職，地位尊崇。

［3］太尉：官名，曹操爲丞相後，太尉府屬官歸相府，晋時太尉雖爲八公之一、三公之首，實爲名譽宰相，多爲大臣加官。晋一品。

［4］并州：前秦并州治所在蒲坂縣（治所在今山西省永濟市西南蒲州鎮）。

［5］鎮東大將軍：官名，三國魏置，職掌與鎮東將軍同，唯資歷深者得任此職。晋二品，開府位從公者一品。

［6］陜城：陜縣城，在今河南省三門峽市陜州區。

初，生將强懷與桓温戰没，其子延未及封而健死。會生出游，懷妻樊氏於道上書，論懷忠烈，請封其子。生怒，射而殺之。僞中書監胡文、中書令王魚言於生曰：[1]“比頻有客星孛于大角，[2]熒惑入于東井。[3]大角爲帝坐，東井秦之分野，於占，[4]不出三年，國有大喪，大臣戮死。願陛下遠追周文，[5]修德以禳之，惠和群臣，以成康哉之美。”[6]生曰：“皇后與朕對臨天下，亦足以塞大喪之變。毛太傅、梁車騎、梁僕射受遺輔政，[7]可謂大臣也。”於是殺其妻梁氏及太傅毛貴，車騎、尚書令梁楞，[8]左僕射梁安。未幾，又誅侍中、丞相雷弱兒及其九子、二十七孫。諸羌悉叛。弱兒，南安羌酋也，剛鯁好直言，見生嬖臣趙韶、董榮亂政，每大言於朝，故榮等譖而誅之。

[1]中書監：官名，中書省長官之一。三國魏文帝初年分秘書置中書省，長官爲中書監、中書令。掌收納奏章，草擬詔令。平常不分高下，入朝時監略高於令。晋三品。　中書令：官名，掌收納尚書奏事、傳達皇帝詔旨。三國魏文帝初年分秘書置中書省，設中書監和中書令，職權甚重。晋三品。

[2]客星：夜空中新出現的星。　孛于大角：在大角星邊光芒四射。孛，彗星出現時光芒四射的現象。大角，星名。北天的橙色亮星，屬亢宿。

[3]熒惑：火星。　東井：星宿名。即井宿，二十八宿之一。因在玉井之東，故稱。

[4]於占：占，宋本作“古”。

[5]周文：周文王，姓姬，名昌，王季之子，武王之父。

[6]康哉：《尚書·益稷》：“乃賡載歌曰：‘元首明哉，股肱良哉，庶事康哉。’”歌詞稱頌君明臣良，諸事安寧。後遂以“康哉”爲歌頌太平之詞。

[7]太傅：官名，晋爲八公之一。位上公，太宰之下、太保之

上。晋一品。　車騎：官名，即車騎將軍。魏晋南北朝時位次於驃騎將軍，在諸名號將軍之上，多作爲軍府名號，以加授大臣及重要州郡長官。晋二品，開府位從公者一品。　僕射：官名，即尚書僕射。秦漢爲尚書令副貳，東漢建安四年（199）分置左、右，爲尚書省次官。晋三品。

[8]尚書令：官名，秦漢時爲尚書署長官。秩位雖低，權力甚重。魏晋時沿置，爲尚書省長官，綜理全國政務，參議大政，爲高級政務長官。晋三品。

生雖在諒闇，[1]游飲自若，荒耽淫虐，殺戮無道，常彎弓露刃以見朝臣，鍾鉗鋸鑿備置左右。又納董榮之言，誅其司空王墮以應日蝕之灾。饗群臣于太極前殿，飲酣樂奏，生親歌以和之。命其尚書令辛牢典勸，既而怒曰："何不强酒？猶有坐者！"引弓射牢而殺之。於是百寮大懼，無不引滿昏醉，污服失冠，蓬頭僵仆，生以爲樂。

[1]諒闇：皇帝居喪。

生聞張祚見殺，[1]玄靚幼冲，[2]命其征東苻柳、參軍閻負、梁殊使凉州，[3]以書喻之。負、殊至姑臧，玄靚年幼，不見殊等。其凉州牧張瓘謂負、殊曰："孤之本朝，世執忠節，遠宗大晋，臣無境外之交，君等何爲而至？"負、殊曰："晋王以鄰藩義好，有自來矣。雖擁阻山河，[4]然風通道會，不欲使羊、陸二公獨美於前。[5]主上以欽明紹統，八表宅心，[6]光被四海，格於天地。晋王思與張王齊曜大明，交玉帛之好，兼與君公同金蘭之契，[7]是以不遠而來，有何怪乎！”瓘曰：“羊、陸一時之事，亦非純臣之義也。本朝六世重光，固忠不貳，若與苻征東交玉帛之好者，[8]便是上違先公純誠雅志，下乖河右遵奉之情。”負、殊曰：“昔微子去殷，[9]項伯歸漢，[10]雖背君違親，前史美其先覺。亡晋之餘，遠逃江會，天命去之，淪絶已久，[11]故尊先王翻然改圖，北面二趙，[12]蓋神算無方，鑒機而作。君公若欲稱制河西，衆旅非秦之敵，如欲宗歸遺晋，深乖先君雅旨，孰若遠踪竇融附漢之規，[13]近述先王歸趙之事，垂祚無窮，永享遐祉乎？”瓘曰：“中州無信，好食誓言。往與石氏通好，旋見寇襲。中國之風，誠在昔日，不足復論通和之事也。”負、殊曰：“三王異政，五帝殊風，趙多奸詐，秦以義信，豈可同年而語哉！張先、楊初皆擅兵一方，不供王貢，先帝命將擒之，宥其難恕之罪，加以爵封之榮。今上道合二儀，慈弘山海，信符陰陽，[14]御物無際，不可以二趙相況也。”[15]瓘曰：“秦若兵强化盛，自可先取江南，天下自然盡爲秦有，何辱征東之命！”負、殊曰：“先帝以大聖神武，開構鴻基，强燕納款，八州順軌。主上欽明，道必隆世，慨徽號擁于河西，正朔未加吴會，以吴必須兵，凉可以義，故遣行人先申大好。如君公不能蹈機而發者，正可緩江南數年之命，回師西旆，恐凉州弗可保也。”瓘曰：“我跨據三州，帶甲十萬，西包崑域，東阻大河，伐人有餘，而況自固！秦何能爲患！”負、殊曰：“貴州險塞，孰若崤函？[16]五郡之衆，何如秦雍？張琚、杜洪因趙之成資，據天阻之固，策三秦之鋭，藉陸海之饒，勁士風集，驍騎如雲，自謂天下可平，關中可固，先帝神矛一指，望旗冰解，人咏來蘇，不覺易主。燕雖武視關東，猶以地勢之義，逆順之理，北面稱藩，貢不逾月。致肅慎楛矢，[17]通九夷之珍；單于屈膝，名王内附。控弦之士百有餘萬，鼓行而濟西河者，君公何以抗之？盍追遵先王臣趙故事，世享大美，爲秦之西藩。”瓘曰：“然秦之德義加於天下，江南何以不賓？”負、殊曰：“文身之俗，負阻江山，道洿先叛，[18]化盛後賓，自古而然，豈但今也！故《詩》曰：‘蠢爾蠻荆，大邦爲仇。’[19]言其不可以德義懷也。”瓘曰：“秦據漢舊都，地兼將相，文武輔臣，領袖一時者誰也？”負、殊曰：“皇室懿藩，忠若公旦者，則大司馬、武都王安，[20]征東大將軍、晋王柳；文武兼才，神器秀拔，入可允釐百工，出能折衝萬里者，衛大將軍、廣平王黄眉，[21]後將軍、清河王法，[22]龍驤將軍、東海王堅之兄弟；其耆年碩德，德侔尚父者，[23]則太師、録尚書事、廣寧公魚遵；[24]其清素剛嚴，骨鯁貞亮，則左光禄大夫强平，[25]金紫光禄程肱、牛夷；[26]博聞强識，探賾索幽，[27]則中書監胡文，中書令王魚，黄門侍郎李柔；[28]雄毅厚重，權智無方，則左衛將軍李威，[29]右衛將軍苻雅；[30]才識明達，令行禁止，則特進、領御史中丞梁平老，[31]特進、光禄大夫强汪，侍中、尚書吕婆樓；文史富贍，鬱爲文宗，則尚書右僕射董榮，秘書監王颺，[32]著作郎梁讜；[33]驍勇多權略，攻必取，戰必勝，關張之流，萬人之敵者，則前將軍、新興王飛，[34]建節將軍鄧羌，[35]立忠將軍彭越，[36]安遠將軍范俱難，[37]建武將軍徐盛；[38]常伯納言，[39]卿校牧守，則人皆文武，莫非才賢；其餘懷經世之才，蘊佐時之略，守南山之操，遂而不奪者，王猛、朱彤之倫，[40]相望於巖谷。濟濟多士，焉可罄言！姚襄、張平一時之傑，[41]各擁衆數萬，狼顧偏方，皆委忠獻款，請爲臣妾。小不事大，《春秋》所誅，[42]惟君公圖之。"瓘笑曰："此事决之主上，非身所了。"負、殊曰："凉王雖天縱英睿，然尚幼冲，君公居伊霍之任，[43]安危所繫，見機之義，實在君公。"瓘新輔政，河西所在兵起，[44]懼秦師之至，乃言於玄靚，遣使稱藩，生因其所稱而授之。

[1]張祚：字太伯，本書卷八六有傳。

[2]玄靚：張玄靚，字元安，本書卷八六有傳。　幼冲：年齡幼小。

[3]征東：官名，即征東將軍。東漢末置，與征西、征南、征北將軍合稱四征將軍。魏晋時多爲持節都督，出鎮方面。晋三品，加持節都督者二品。　參軍：官名，亦作參軍事，謂參謀軍事。兩晋公府、軍府皆置。

[4]擁阻山河：擁，殿本作"雍"。

[5]羊、陸二公：羊祜和陸抗。羊祜，字叔子，本書卷三四有傳。陸抗，三國時吴郡吴縣（今江蘇省蘇州市）人，字幼節。陸遜子。以鎮軍大將軍都督信陵、西陵、夷道、樂鄉、公安諸軍事。與西晋荆州都督羊祜互通使節，各保分界。

[6]八表宅心：八方歸心。

[7]金蘭之契：同心同德的約定。《易・繫辞上》："二人同心，

其利斷金；同心之言，其臭如蘭。”

［8］苻征東：苻，宋本作“荷”。

［9］微子：即微子啓，商王帝乙之長子，紂王同母庶兄。因見商紂荒淫，危及國家，屢次諫言不被采納，乃出走。武王滅商後復其位。後封於宋，爲宋國第一代國君。

［10］項伯：秦末下相（今江蘇省宿遷市西南）人，名纏，字伯，項羽之叔父。曾殺人犯罪，爲張良所救。楚漢戰争中，因張良關係，多次對劉邦加以保護，使其脱離危難。西漢建立後，被賜姓劉氏，封射陽侯。

［11］淪絶已久：殿本無此四字。

［12］北面二趙：臣服前趙和後趙。

［13］竇融：東漢初扶風平陵（今陝西省咸陽市西北）人，字周公。世代仕宦河西。新莽末任波水將軍。後歸降更始，任張掖屬國都尉。更始敗，又聯合酒泉、金城、張掖、敦煌、武威五郡，割據河西。稱行河西五郡大將軍事。東漢建武五年（29）歸附光武帝，歷任涼州牧、冀州牧、大司空、行衛尉事，并兼領將作大匠。

［14］信符陰陽：符，原本作“苻”，宋本、殿本作“符”，據宋本、殿本改。

［15］相況：相比方。

［16］崤函：崤山和函谷。自古爲險要的關隘。函谷東起崤山，故以並稱。張衡《西京賦》：“左有崤函重險，桃林之塞。”

［17］肅慎：古族名，亦作息慎、稷慎，分布在今長白山北，東濱日本海，西近嫩江，北達黑龍江以北的廣大地區。　楛（kǔ）矢：以楛木做杆的箭。

［18］道洿先叛：道衰時最先叛亂。

［19］蠢爾蠻荆，大邦爲仇：語出《詩經・小雅・采芑》。

［20］大司馬：官名，八公之一，位在上公之下、大將軍及三公之上，高級將帥，多爲大臣加官。晋一品。

［21］衛大將軍：官名，高級統帥，地位在衛將軍上。十六國北

朝一些政權均置。

［22］後將軍：官名，漢代爲重號將軍，與前、左、右將軍並爲上卿。魏晋以後權位漸低，僅爲將軍名號，略高於一般雜號將軍。晋三品。

［23］德侔尚父：與尚父一樣的品德。尚父，又稱太公望、吕望、吕尚。西周開國大臣，姜姓，吕氏，字子牙。助文王興國，佐武王滅商。

［24］太師：官名，八公之一、上公之首，位在太傅、太保之上，居百官之首，名位極尊。晋一品。　録尚書事：官名，初爲職銜名，重臣加此名義始得總知國事，綜理政務，成爲真宰相。魏晋多以公卿權重者居之，總領尚書省政務，凡重號將軍、刺史皆得命曹授用，位在三公之上。

［25］左光禄大夫：官名，齊王曹芳正始元年（240）在光禄大夫上增置左、右，位在光禄大夫上。在朝顯職的加官，或授予年老有病致仕者，或授予死者。西晋時禄賜與特進同。晋二品，開府位從公者一品。

［26］金紫光禄：官名，即金紫光禄大夫，對光禄大夫加金章紫綬。禄賜、班位、車服、佩玉等皆與特進同。晋二品。

［27］探賾索幽：探索幽深隱微的事理。《易·繫辭上》："探賾索隱，鈎深致遠，以定天下之吉凶，成天下之亹亹者，莫大乎蓍龜。"孔穎達疏："探謂窺探求取，賾謂幽深難見。卜筮則能闚探幽昧之理，故雲探賾也。索謂求索，隱謂隱藏。"

［28］黄門侍郎：官名，魏晋時爲侍中省或門下省次官。侍從皇帝，顧問應對，多以重臣或外戚子弟擔任，位頗重要。晋五品。

［29］左衛將軍：官名，三國魏咸熙二年（265），司馬炎即晋王位，分中衛將軍爲左、右衛將軍。掌佽飛虎賁及前驅、由基、强弩三部司馬，屬下還有虎賁、羽林、上騎、異力、命中共五部督，負責宫禁侍衛。西晋屬中軍將軍，後屬領軍將軍。爲禁衛軍主要統帥之一，權任很重。晋四品。

[30]右衛將軍：官名，職掌品級同左衛將軍。

[31]特進：官名，三國兩晋時表示有特殊地位，或用作安置閑退大臣。晋二品。　御史中丞：官名，御史大夫副手，掌監察、執法，爲京師顯官，職權甚重。晋四品。

[32]秘書監：官名，秘書省長官，掌管藝文圖籍、課試署吏，統著作局，掌國史修撰並管理中外三閣圖書。晋三品。

[33]著作郎：官名，三國時爲著作局長官，隸屬中書省。西晋時著作局别自置省，長官仍爲著作郎，改隸屬秘書省。西晋後亦稱大著作郎、大著作、著作，掌國史及起居注的修撰。兩晋南北朝時爲清要之官，多由有名望的文學之士擔任，也用司空、侍中、尚書等官典領。職閑位重，南朝時多爲貴族起家官。晋六品。

[34]前將軍：官名，漢代重號將軍之一，與左、右、後將軍並爲上卿。魏晋時常設，權位較兩漢時漸低，僅爲武官名號，略高於一般雜號將軍，不典禁兵，不與朝政。晋三品。　新興：郡名，治所在九原縣（今山西省忻州市）。

[35]建節將軍：官名，東漢末建安年間曹操置，三國魏、十六國一些政權及北魏皆置。

[36]立忠將軍：官名，屬將軍名號，十六國前秦置。

[37]安遠將軍：官名，東漢末始置，多用以封降將或邊遠地區地方長官。晋三品。　范俱難：中華本校勘記："《苻堅載記》屢見'俱難'，無'范'字。《通鑑》一〇四胡注以爲俱姓難名。《孝武紀》《謝玄傳》並作'句難'，'句''俱'音近，當是傳聞以'俱'爲'句'，然亦可證其人本不姓范。此'范'字疑衍。"

[38]建武將軍：官名，東漢末曹操置，統兵征伐。晋四品。

[39]常伯：皇帝近臣泛稱。《尚書·立政》："王左右常伯、常任。"孔穎達疏："王之親近左右，常所長事，謂三公也。"　納言：官名，侍中的别稱。職掌傳宣上命、受納奏言。晋三品。

[40]王猛：字景略，本書卷一一四有載記。

[41]張平：西晋人，晋末大亂，乃築塢自保，自稱豫州刺史，

聚衆千人。後被祖逖攻殺。

[42]小不事大，《春秋》所誅：《左傳·哀公七年》："季康子欲伐邾，乃饗大夫以謀之。子服景伯曰：'小所以事大，信也。大所以保小，仁也。背大國，不信。伐小國，不仁。民保於城，城保於德，失二德者，危，將焉保？'孟孫曰：'二三子以爲何如？惡賢而逆之？'對曰：'禹合諸侯于塗山，執玉帛者萬國。今其存者，無數十焉。唯大不字小，小不事大也。知必危，何故不言？魯德如邾，而以衆加之，可乎？'不樂而出。"

[43]伊：伊尹，輔佐商湯及其後代外丙、仲壬、太甲的賢臣。霍：霍光，西漢人，字子孟，爲武帝所親信。武帝死後輔佐少主昭帝。期間輕徭薄賦，與民休息，社會較安定。

[44]河西：地區名，今甘肅、青海二省之間黄河南段以西地區，即河西走廊、湟水流域一帶。

慕容儁遣將慕輿長卿等率衆七千入自軹關，攻幽州刺史張哲于裴氏堡。[1]晋將軍劉度等率衆四千，攻青州刺史袁朗于盧氏。[2]生遣其前將軍苻飛距晋，建節鄧羌距燕。飛未至而度退。羌及長卿戰于堡南，大敗之，獲長卿及甲首二千七百餘級。

[1]張哲：中華本校勘記："《通鑑》一〇〇'張'作'强'。"裴氏堡：確址待考，疑位於今山西省垣曲縣或绛縣一帶。

[2]袁朗：中華本校勘記："《通鑑》一〇〇'袁'作'王'。"

姚襄率衆萬餘，攻其平陽太守苻産于匈奴堡，[1]苻柳救之，爲襄所敗，引還蒲坂。襄遂攻堡，克之，殺苻産，盡坑其衆，遣使從生假道，將還隴西。[2]生將許之，苻堅諫曰："姚襄，人傑也，今還隴西，必爲深害，不如誘以厚利，伺隙而擊之。"生乃止。遣使拜襄官爵，襄不受，斬其使者，焚所送章策，寇掠河東。生怒，命其大將軍張平討之。襄乃卑辭厚幣與平結爲兄弟，平更與襄通和。

[1]平陽：郡名，治所在平陽縣（今山西省臨汾市西南）。匈奴堡：疑位於今山西省臨汾市或襄汾縣一帶。

[2]隴西：郡名，治所原在狄道縣（今甘肅省臨洮縣），曹魏時徙治襄武縣（今甘肅省隴西縣東南）。

生發三輔人營渭橋，金紫光禄大夫程肱以妨農害時，上疏極諫。生怒，殺之。

長安大風，發屋拔樹，行人顛頓，宮中奔擾，或稱賊至，宮門晝閉，五日乃止。生推告賊者，殺之，刳而出其心。左光禄大夫强平諫曰："元正盛旦，日有蝕之，正陽神朔，昏風大起，兼水旱不時，獸灾未息，此皆由陛下不勉强於政事，乖和氣所致也。願陛下務養元元，[1]平章百姓，[2]棄纖介之嫌，含山岳之過，致敬宗社，[3]愛禮公卿，去秋霜之威，垂三春之澤，則奸回寢止，妖祲自消，乾靈祇祐皇家，永保無窮之美矣。"生怒，以爲妖言，鑿其頂而殺之。

[1]元元：黎民百姓。

[2]平章百姓：語出《尚書·堯典》："平章百姓，百姓昭明。"意爲使百姓明白君臣、父子、兄弟之别。

[3]致敬宗社：社，殿本作“廟”。

平之囚也，僞衛將軍苻黄眉、前將軍苻飛、建節鄧羌侍讌禁中，叩頭固諫，以太后爲言。平即生母强氏之弟也。生既弗許，强氏憂恨而死。

生下書曰：“朕受皇天之命，承祖考之業，[1]君臨萬邦，子愛百姓，[2]嗣統已來，[3]有何不善，而謗讟之音扇滿天下！殺不過千，而謂刑虐。行者比肩，未足爲稀。方當峻刑極罰，復如朕何！”時猛獸及狼大暴，晝則斷道，夜則發屋，惟害人而不食六畜。自生立一年，獸殺七百餘人，百姓苦之，皆聚而邑居。爲害滋甚，遂廢農桑，内外凶懼。群臣奏請禳灾，生曰：“野獸飢則食人，飽當自止，終不能累年爲患也。天豈不子愛群生，而年年降罰，正以百姓犯罪不已，將助朕專殺而施刑教故耳。但勿犯罪，何爲怨天而尤人哉！”

[1]祖考：考，殿本作“宗”。

[2]子愛百姓：愛，殿本作“育”。

[3]已來：已，殿本作“以”。

生如阿房，遇兄與妹俱行者，逼令爲非禮，不從，生怒殺之。又讌群臣于咸陽故城，有後至者，皆斬之。嘗使太醫令程延合安胎藥，[1]問人參好惡并藥分多少，延曰：“雖小小不具，[2]自可堪用。”生以爲譏其目，鑿延目出，[3]然後斬之。

[1]嘗使太醫令程延合安胎藥：李之亮先生認爲，此云“太醫令程延”恐誤。程延因食棗之事早已被誅。此處所記，當爲另一太醫之事。《資治通鑑》卷一〇〇《晋紀》穆帝永和十二年：“秦主生夜食棗多，旦而有疾，召太醫令程延，使診之。延曰：‘陛下無它疾，食棗多耳。’生怒曰：‘汝非聖人，安知吾食棗！’遂斬之。”不言合安胎藥事。《十六國春秋》卷三五《前秦録·苻生傳》：“生夜食棗多，至旦而有疾。召太醫令程延，使診之。延曰：‘陛下無他疾，食棗多耳。’生怒曰：‘嘻，汝非聖人，安知吾食棗？’乃殺之。又使太醫某合安胎藥，問人參好惡，并藥分多少。曰：‘雖小小不具，自可堪用。’生以爲譏其目，鑿其目出，然後斬之。”（參見李之亮、許華偉《〈晋書〉、〈十六國春秋〉對堪劄記》，《鄭州大學學報》1998年第3期）

[2]小小不具：宋本衹一“小”字。

[3]鑿延目出：按照上面注釋，被鑿眼睛的也不是程延。目出，殿本乙作“出目”。

有司奏：“太白犯東井。[1]東井，秦之分也；太白罰星，必有暴兵起於京師。”生曰：“星入井者，必將渴耳，何所怪乎！”

[1]太白：金星。

姚襄遣姚蘭、王欽盧等招動鄜城、定陽、北地、芹川諸羌胡，[1]皆應之，有衆二萬七千，進據黄落。[2]生遣苻黄眉、苻堅、鄧羌率步騎萬五千討之。襄深溝高壘，固守不戰。鄧羌説黄眉曰：“傷弓之鳥，落於虚發。襄頻爲桓温、張平所敗，鋭氣喪矣。今謀固壘不戰，是窮寇也。襄性剛很，易以剛動，若長驅鼓行，直壓其壘，襄必忿而出師，可一戰擒也。”黄眉從之，遣羌率騎三千軍於壘門。襄怒，盡鋭出戰。羌僞不勝，引騎而退，襄追之于三原，[3]羌回騎距襄。俄而黄眉與堅至，大戰，斬之，盡俘其衆，黄眉等振旅而歸。黄眉雖有大功，生不加旌賞，每於衆中辱之。黄眉怒，謀殺生自立，事發，伏誅，其王公親戚多有死者。

[1]鄜（fū）城：鄜縣城，在今陝西省洛川縣東南鄜城。　定陽：縣名，治所在今陝西省延安市固縣鎮。　北地：郡名，三國魏治所在祋栩城（今陝西省銅川市耀州區東），西晋治所在泥陽縣（今甘肅省寧縣東南）。　芹川：地名，在今陝西省長武縣北。

[2]黄落：落，殿本作“洛”。

[3]三原：《元和郡縣圖志》卷一《關内道·三原縣》：“巀嶭在今縣西北六十里，苻秦於此山北置三原護軍，以其地西有孟侯原，南曰豐原，北曰白鹿原。”三原縣，治所在今陝西省淳化縣東嵯峨山之北。

初，生夢大魚食蒲，又長安謡曰：“東海大魚化爲龍，男便爲王女爲公。問在何所洛門東。”東海，苻堅封也，時爲龍驤將軍，第在洛門之東。生不知是堅，以謡夢之故，誅其侍中、太師、録尚書事魚遵及其七子、十孫。時又謡曰：“百里望空城，鬱鬱何青青。瞎兒不知法，仰不見天星。”於是悉壞諸空城以禳之。金紫光禄大夫牛夷懼不免禍，請出鎮上洛。生曰：“卿忠肅篤敬，宜左右朕躬，豈有外鎮之理。”改授中軍。夷懼，歸而自殺。

初，生少凶暴嗜酒，健臨死，恐其不能保全家業，誡之曰："酋帥、大臣若不從汝命，可漸除之。"及即僞位，殘虐滋甚，耽湎於酒，無復晝夜。群臣朔望朝謁，罕有見者，或至暮方出，臨朝輒怒，惟行殺戮。動連月昏醉，文奏因之遂寢。納奸佞之言，賞罰失中。左右或言陛下聖明宰世，[1]天下惟歌太平。生曰："媚於我也。"引而斬之。或言陛下刑罰微過。曰："汝謗我也。"亦斬之。所幸妻妾小有忤旨，便殺之，流其尸于渭水。又遣宫人與男子裸交於殿前。生剥牛羊驢馬，活爓鷄豚鵝，三五十爲群，放之殿中。或剥死囚面皮，令其歌舞，引群臣觀之，以爲嬉樂。宗室、勛舊、親戚、忠良殺害略盡，王公在位者悉以疾告歸，人情危駭，道路以目。既自有目疾，其所諱者不足、不具、少、無、缺、傷、殘、毁、偏、隻之言皆不得道，左右忤旨而死者不可勝紀，至於截脛、刳胎、拉脅、鋸頸者動有千數。

[1]宰世：世，宋本作"出"。

太史令康權言於生曰：[1]"昨夜三月並出，孛星入於太微，[2]遂入于東井。兼自去月上旬沉陰不雨，迄至于今，將有下人謀上之禍，深願陛下修德以消之。"生怒，以爲妖言，撲而殺之。

[1]太史令：官名，屬太常。掌天時、星曆、歲終奏新年曆。記録瑞應、灾異等。晋七品。

［2］孛星：彗星。　太微：古代星宫名。三垣之一。位於北斗之南，轸、翼之北，大角之西，轩辕之東。

生夜對侍婢曰："阿法兄弟亦不可信，明當除之。"是夜清河王苻法夢神告之曰："旦將禍集汝門，惟先覺者可以免之。"寤而心悸。會侍婢來告，乃與特進梁平老、强汪等率壯士數百人潛入雲龍門，苻堅與吕婆樓率麾下三百餘人鼓噪繼進，宿衛將士皆舍杖歸堅。生猶昏寐未寤。堅衆既至，[1]引生置於别室，廢之爲越王，俄而殺之。生臨死猶飲酒數斗，昏醉無所知矣。時年二十三，在位二年，[2]僞謚厲王。

［1］既至：既，殿本作"繼"。

［2］在位二年：中華本校勘記："《校文》：生嗣位在永和十一年，被殺在升平元年，凡在位三年。此云'二年'，蓋誤以生即位在永和十二年故也。"

苻雄，字元才，洪之季子也。少善兵書，而多謀略，好施下士，便弓馬，有政術。健僭位，爲佐命元勛，權侔人主，而謙恭奉法。健常曰："元才，吾姬旦也。"及卒，健哭之歐血，曰："天不欲吾定四海邪？何奪元才之速也！"子堅，别有載記。

王墮，字安生，京兆霸城人也。博學有雄才，明天文圖緯。苻洪征梁犢，以墮爲司馬，謂洪曰："讖言苻氏應王，公其人也。"洪深然之。及爲宰相，著匪躬之稱。健常嘆曰："天下群官皆如王令君者，陰陽曷不和乎！"甚敬重之。

性剛峻疾惡，雅好直言。疾董榮、强國如仇讎，每於朝見之際，略不與言。人謂之曰："董尚書貴幸一時，公宜降意。"墮曰："董龍是何鷄狗，而令國士與之言乎！"榮聞而慚恨，遂勸生誅之。及刑，榮謂墮曰："君今復敢數董龍作鷄狗乎？"墮瞋目而叱之。龍，榮之小字也。

晋書　卷一一三

載記第十三

苻堅上

苻堅上

苻堅，字永固，一名文玉，[1]雄之子也。祖洪，從石季龍徙鄴，[2]家于永貴里。其母苟氏嘗游漳水，[3]祈子於西門豹祠，[4]其夜夢與神交，因而有孕，十二月而生堅焉。有神光自天燭其庭。背有赤文，隱起成字，曰“草付臣又土王咸陽”。[5]臂垂過膝，目有紫光。洪奇而愛之，名曰堅頭。

[1]文玉：玉，宋本作“王”。

[2]石季龍：即石虎，字季龍，本書卷一〇六有載記。　鄴：縣名，曹魏五都之一。治所在今河北省臨漳縣西南。

[3]漳水：源出今山西省長子縣西，東流穿過太行山至河北省臨漳縣北。下游歷代屢有變遷，今已非故道。

[4]西門豹：戰國時魏國大臣。西門氏，名豹。魏文侯任之爲鄴縣令，在任廢除爲河伯娶婦之陋習，懲辦貪官，移風易俗，發展

生産，興修水利，爲官清廉。在任期間，消除了來自趙、燕的威脅。　祠：殿本作“嗣”。

[5]咸陽：縣名，治所在今陝西省咸陽市東北聶家溝一帶。

年七歲，聰敏好施，舉止不逾規矩。每侍洪側，輒量洪舉措，取與不失機候。洪每曰：“此兒姿貌瑰偉，質性過人，非常相也。”高平徐統有知人之鑒，遇堅於路，異之，執其手曰：“苻郎，此官之御街，小兒敢戲於此，不畏司隸縛邪？”堅曰：“司隸縛罪人，不縛小兒戲也。”統謂左右曰：“此兒有霸王之相。”左右怪之，統曰：“非爾所及也。”後又遇之，統下車屏人，密謂之曰：“苻郎骨相不恒，後當大貴，但僕不見，如何！”堅曰：“誠如公言，不敢忘德。”八歲，請師就家學。洪曰：“汝戎狄異類，世知飲酒，今乃求學邪！”欣而許之。健之入關也，夢天神遣使者朱衣赤冠，命拜堅爲龍驤將軍，[1]健翌日爲壇於曲沃以授之。[2]健泣謂堅曰：“汝祖昔受此號，今汝復爲神明所命，可不勉之！”堅揮劍捶馬，志氣感厲，士卒莫不憚服焉。性至孝，博學多才藝，有經濟大志，要結英豪，以圖緯世之宜。王猛、吕婆樓、强汪、梁平老等並有王佐之才，爲其羽翼。太原薛讚、略陽權翼見而驚曰：[3]“非常人也！”

[1]龍驤將軍：官名，高級軍事將領。晋三品。

[2]曲沃：古地名，在今山西省聞喜縣東北。

[3]太原：郡名，治所在晋陽縣（今山西省太原市西南）。略陽：郡名，西晋泰始中以廣魏郡改名，治所在臨渭縣（今甘肅省

天水市東北渭河北岸)。

及苻生嗣僞位，讚、翼説堅曰：“今主上昏虐，天下離心。有德者昌，無德受殃，天之道也。神器業重，不可令他人取之，願君王行湯武之事，以順天人之心。”堅深然之，納爲謀主。生既殘虐無度，梁平老等亟以爲言，堅遂弑生，以僞位讓其兄法。法自以庶孽，[1]不敢當。堅及母苟氏並慮衆心未服，[2]難居大位，群僚固請，乃從之。以升平元年僭稱大秦天王，誅生佞倖臣董龍、趙韶等二十餘人，[3]赦其境内，改元曰永興。追謚父雄爲文桓皇帝，尊母苟氏爲皇太后，妻苟氏爲皇后，子宏爲皇太子。兄法爲使持節、侍中、都督中外諸軍事、丞相、録尚書，[4]從祖侯爲太尉，[5]從兄柳爲車騎大將軍、尚書令，[6]封弟融爲陽平公，雙河南公，子丕長樂公，暉平原公，熙廣平公，叡鉅鹿公。李威爲衛將軍、尚書左僕射；[7]梁平老爲右僕射；[8]强汪爲領軍將軍；[9]仇騰爲尚書，[10]領選；席寶爲丞相長史、行太子詹事；[11]吕婆樓爲司隸校尉；[12]王猛、薛讚爲中書侍郎；[13]權翼爲給事黄門侍郎，[14]與猛、讚並掌機密。追復魚遵、雷弱兒、毛貴、王墮、梁楞、梁安、段純、辛牢等本官，以禮改葬之，其子孫皆隨才擢授。初，堅母以法長而賢，又得衆心，懼終爲變，至此，遣殺之。堅性仁友，與法訣於東堂，[15]慟哭嘔血，贈以本官，謚曰哀，封其子陽爲東海公，敷爲清河公。於是修廢職，繼絶世，禮神祇，課農桑，立學校，鰥寡孤獨高年不自存者，賜穀帛有差，其殊才異行、孝友忠義、德業可稱者，令在所以聞。

［1］庶孽：庶出之子。《公羊傳·襄公二十七年》："執鈇鑕，從君東西南北，則是臣僕庶孽之事也。"何休注："庶孽，衆賤子，猶樹之有孽生。"

［2］堅及母：宋本無"母"。

［3］佞倖：倖，殿本作"幸"。

［4］使持節：漢朝官吏奉使外出時，或由皇帝授予節杖，以提高其權力。魏晋以後，凡重要軍事長官出征或出鎮，加使持節，可誅殺二千石以下官員。　侍中：官名，東漢建安中與給事黄門侍郎出入禁中，省尚書事。曹魏時爲門下之侍中省長官。常侍衛皇帝左右，掌顧問應對、諫諍糾察、平議奏事、駁奏異議等，權力甚重。晋三品。　都督中外諸軍事：官名，亦稱都督中外諸軍。全國最高軍事統帥，總統中央地方的内外諸軍，權力極大。　丞相：官名，原爲最高國務長官，魏晋時省置無常，或分置左、右，或稱大丞相，多用來安置權臣。　録尚書：官名，即録尚書事。初爲職銜名，重臣加此名義始得總知國事，綜理政務，成爲真宰相。魏晋多以公卿權重者居之，總領尚書省政務，凡重號將軍、刺史皆得命曹授用，位在三公之上。

［5］太尉：官名，曹操爲丞相後，太尉府屬官歸相府，晋時太尉雖爲八公之一、三公之首，實爲名譽宰相，多爲大臣加官。晋一品。

［6］車騎大將軍：官名，西晋置，位在車騎將軍之上，多授予元老重臣，以示尊崇。開府置僚屬，一般不領兵。晋二品，開府位從公者一品。　尚書令：官名，秦漢時爲尚書署長官。秩位雖低，權力甚重。魏晋時沿置，爲尚書省長官，綜理全國政務，參議大政，爲高級政務長官。晋三品。

［7］衛將軍：官名，魏晋時位在名號將軍之上，多爲軍府名號，

加給大臣、重要州郡長官。晉二品，開府位從公者一品。　尚書左僕射：官名，尚書省次官，輔助尚書令執行政務，參議大政，諫諍得失，監察糾彈百官。有時尚書省不置令，祇設左右僕射，此時左僕射居右僕射之上。晉三品。

[8]右僕射：官名，即尚書右僕射。品級職掌同尚書左僕射。

[9]領軍將軍：官名，三國曹丕置，職掌同於中領軍，但任職者資位重於中領軍，簡稱領軍。爲禁衛軍最高統帥，常由皇帝親信或宗室擔任。兩晉沿置。晉三品。

[10]尚書：官名，東漢尚書臺六曹各置尚書，魏晉出爲朝官，分掌尚書省諸曹，品秩提高。晉三品。

[11]丞相長史：官名，丞相府幕僚之長，協助丞相署理相府諸曹。晉六品。　行：兼攝官職。　太子詹事：官名，東宮屬官，掌管東宮内外事務。兩晉南北朝東宮地位極重，官署齊備，擬於朝廷。太子詹事任總宫官，堪比朝廷之尚書令、領軍將軍，位權甚重。晉三品。

[12]司隸校尉：官名，三國魏時先治弘農，後治河南，轄司州所屬河南、河東、河内、弘農、平陽五郡。掌監察京師，糾察京都百官。西晉沿置。晉三品。

[13]王猛：字景略，本書卷一一四有載記。　中書侍郎：官名，三國魏文帝黄初初年設中書省，在長官中書監、中書令以下有通事郎，後增設中書郎，亦稱中書侍郎。掌草擬詔書，外出執行重要使命等。晉五品。

[14]給事黄門侍郎：官名，魏晉時爲侍中省或門下省次官。與侍中俱掌門下衆事，職掌略同，地位隨皇帝旨意或侍中地位而定。晉五品。

[15]東堂：太極殿的東堂。

其將張平以并州叛，[1]堅率衆討之，以其建節將軍鄧羌爲前鋒，[2]率騎五千據汾上。堅至銅壁，[3]平盡衆拒戰，爲羌所敗，獲其養子蚝，送之，平懼，乃降于堅。堅赦其罪，署爲右將軍，[4]蚝武賁中郎將，[5]加廣武將軍，[6]徙其所部三千餘户于長安。[7]

[1]并州：前秦并州治所在蒲坂縣（治所在今山西省永濟市西南蒲州鎮）。

[2]建節將軍：東漢末建安年間曹操置，三國魏、十六國一些政權及北魏皆置。

[3]銅壁：銅壁戍，位於今山西省太原市西南汾水上。

[4]右將軍：官名，漢代重號將軍之一，與前、左、後將軍並爲上卿。魏晋時常設，權位漸低，僅爲武官名號，略高於一般雜號將軍。晋三品。

[5]武賁中郎將：官名，光禄勛屬官，統率宿衛兵。“武”爲唐人爲避“虎”之字。

[6]廣武將軍：官名，曹魏、西晋皆置。名號將軍中地位較高。晋四品。

[7]長安：縣名，治所在今陝西省西安市西北。

堅自臨晋登龍門，[1]顧謂其群臣曰：“美哉山河之固！婁敬有言，[2]‘關中四塞之國’，真不虚也。”權翼、薛讚對曰：“臣聞夏殷之都非不險也，周秦之衆非不多也，終於身竄南巢，[3]首懸白旗，[4]軀殘於犬戎，[5]國分於項籍者何也？德之不修故耳。吴起有言：[6]‘在德不在險。’深願陛下追踪唐虞，懷遠以德，山河之固不足恃也。”堅大悦，乃還長安。賜爲父後者爵一級，鰥寡高年穀帛有差，丐所過田租之半。是秋，大旱，堅减膳徹懸，金玉綺綉皆散之戎士，後宫悉去羅紈，衣不曳地。開山澤之利，公私共之，偃甲息兵，與境内休息。

［1］臨晋：縣名，治所在今陜西省大荔縣朝邑鎮西南。　龍門：位於今山西省河津市西北、陜西省韓城市東北黄河上。又稱禹門口。

［2］婁敬：即劉敬。西漢齊人。漢高帝五年（前202）聞劉邦欲建都洛陽，乃以戍卒求見，勸劉邦建都長安。他説關中“被山帶河，四塞以爲固，卒然有急，百萬之衆可具也。因秦之故，資甚美膏腴之地，此所謂天府者也”。

［3］身竄南巢：《尚書·仲虺之誥》：“成湯放桀於南巢，惟有慙德。”南巢，地名，在今安徽省巢湖市西南。

［4］首懸白旗：《史記》卷三《殷本紀》載，殷紂王兵敗，登鹿臺，衣其寶玉衣，赴火而死。周武王遂斬紂頭，縣之大白旗。

［5］犬戎：古族名。戎人的一支，即畎戎。又稱畎夷、犬夷、昆夷、绲夷等。周幽王爲犬戎所殺，導致西周滅亡。

［6］吴起：戰國時衛國左氏（今山東省菏澤市定陶區西）人，初事魯，後入魏，終入楚，幫助楚悼王改革，使楚國强盛。

王猛親寵愈密，朝政莫不由之。特進樊世，[1]氐豪也，有大勛于苻氏，負氣倨傲，衆辱猛曰：“吾輩與先帝共興事業，而不預時權；君無汗馬之勞，何敢專管大任？是爲我耕稼而君食之乎！”猛曰：“方當使君爲宰夫，[2]安直耕稼而已。”世大怒曰：“要當懸汝頭於長安城門，不爾者，終不處於世也。”猛言之於堅，堅怒曰：“必須殺此老氐，然後百寮可整。”俄而世入言事，堅謂猛曰：“吾欲以楊璧尚主，璧何如人也?”世勃然曰：“楊璧，臣之婿也，婚已久定，陛下安得令之尚主乎!”猛讓世曰：“陛下帝有海内，而君敢競婚，是爲二天子，安有上下!”世怒起，將擊猛，左右止之。世遂醜言大駡，堅由此發怒，命斬之於西厩。諸氐紛紜，競陳猛短，[3]堅恚甚，慢駡，或有鞭撻於殿庭者。[4]權翼進曰：“陛下宏達大度，善馭英豪，神武卓犖，録功捨過，有漢祖之風。然慢易之言，所宜除之。”堅笑曰：“朕之過也。”自是公卿以下無不憚猛焉。

[1]特進：官名，三國兩晋時表示有特殊地位，或用作安置閑退大臣。晋二品。

[2]宰夫：掌管膳食的小吏。原本無“夫”字，宋本、殿本有，據宋本、殿本補。

[3]陳猛短：短，宋本作“知”。

[4]殿庭：庭，殿本作“廷”。

堅起明堂，[1]繕南北郊，[2]郊祀其祖洪以配天，宗祀其伯健於明堂以配上帝。親耕籍田，[3]其妻苟氏親蠶于近郊。

[1]明堂：本爲皇帝舉行朝會、祭祀、養老、教學等大典的建築，魏晋南北朝時期主要爲祭祀場所。

[2]南北郊：皇帝祭祀天地的場所。

[3]籍田：皇帝親耕之田，每逢春耕前，皇帝躬耕籍田，以示對農業的重視。籍，宋本、殿本作“耤”。

堅南游霸陵,[1]顧謂群臣曰:“漢祖起自布衣,廓平四海,佐命功臣孰爲首乎?”權翼進曰:“《漢書》以蕭曹爲功臣之冠。”[2]堅曰:“漢祖與項羽争天下,困於京索之間,[3]身被七十餘創,通中六七,[4]父母妻子爲楚所囚。平城之下,[5]七日不火食,賴陳平之謀,[6]太上、妻子克全,免匈奴之禍。二相何得獨高也!雖有人狗之喻,豈黄中之言乎!”[7]於是酣飲極歡,命群臣賦詩。大赦,復改元曰甘露。以王猛爲侍中、中書令、京兆尹。[8]

[1]霸陵:西漢文帝陵墓,位於今陝西省西安市東北。

[2]蕭:蕭何,秦末泗水沛縣豐邑(今江蘇省豐縣)人。隨劉邦起兵反秦。楚漢戰争中,留守關中,爲前綫籌集糧草。劉邦稱帝後,因功高封酇侯。助吕后誅除韓信,封相國。劉邦死後復事惠帝,死前推薦曹參繼任。　曹:曹參,秦末泗水沛(今江蘇省沛縣)人,早年爲獄掾。秦末隨劉邦起兵,屢建戰功。先後任假左丞相、左丞相。西漢建立後任齊相國。蕭何死後繼之爲漢相。

[3]京:京水,源出今河南滎陽市南,東北流入古濟水。　索:索水,源出今河南省滎陽市南。

[4]通中:重傷。宋本無“中”字。

[5]平城:縣名,治所在今山西省大同市東北古城。

[6]陳平:秦末陽武(今河南省原陽縣東南)人,少治黄老之術。秦末天下大亂,先後事魏王咎、項羽,後歸劉邦。歷任都尉、亞將、護軍中尉,爲劉邦重要謀士,屢出奇計。漢朝建立後封户牖侯和曲逆侯。惠帝時歷任郎中令、左右丞相。吕后死,又與周勃等人誅除諸吕,迎立文帝。

[7]黄中之言:至德至美之言。《易·坤》:“君子黄中通理,正

位居體，美在其中，而暢於四支，發於事業，美之至也。”

[8]中書令：官名，掌收納尚書奏事，傳達皇帝詔旨。三國魏文帝初年分秘書置中書省，設中書監和中書令，職權甚重。晋三品。　京兆尹：官名，京畿地方行政長官，職掌如郡守，但地位高於郡守。晋三品。

其特進强德，健妻之弟也，昏酒豪横，爲百姓之患。猛捕而殺之，陳尸於市。其中丞鄧羌，[1]性鯁直不撓，與猛協規齊志，數旬之間，貴戚强豪誅死者二十有餘人。於是百寮震肅，豪右屏氣，路不拾遺，風化大行。堅嘆曰："吾今始知天下之有法也，天子之爲尊也！"於是遣使巡察四方及戎夷種落，州郡有高年孤寡，不能自存，長吏刑罰失中、爲百姓所苦，清修疾惡、勸課農桑、有便於俗，篤學至孝、義烈力田者，皆令具條以聞。

[1]中丞：官名，即御史中丞。御史大夫副手，掌監察、執法，爲京師顯官，職權甚重。晋四品。

時匈奴左賢王衛辰遣使降於堅，[1]遂請田内地，堅許之。雲中護軍賈雍遣其司馬徐斌率騎襲之，[2]因縱兵掠奪。堅怒曰："朕方修魏絳和戎之術，[3]不可以小利忘大信。昔荆吴之戰，事興蠶婦；[4]澆瓜之惠，梁宋息兵。[5]夫怨不在大，事不在小，擾邊動衆，非國之利也。所獲資産，其悉以歸之。"免雍官，以白衣領護軍，遣使修和，示之信義。辰於是入居塞内，貢獻相尋，烏丸獨孤、鮮卑没奕于率衆數萬又降于堅。[6]堅初欲處之塞内，苻融以“匈奴爲患，[7]其興自古。比虜馬不敢南首者，[8]畏威故也。今處之於内地，見其弱矣，[9]方當闚兵郡縣，爲北邊之害。不如徙之塞外，以存荒服之義”。堅從之。

[1]左賢王：匈奴官名，即左屠耆王。屠耆爲匈奴語“賢”，漢人因稱之爲左賢王。單于手下最高官職，常由太子擔任。　衛辰：十六國大夏主赫連勃勃之父，赫連勃勃稱帝後，追尊爲桓皇帝，廟號太祖。

[2]雲中：縣名，治所在今内蒙古自治區托克托縣東北。　護軍：官名，軍事要鎮長官，管理轄區軍事民政，職掌與郡守相類。此爲鎮守雲中的護軍。晋四品。　司馬：官名，府署高級幕僚。掌參讃軍務、管理府内武職，位僅次於長史。魏晋南北朝時王府、公府、軍府、邊郡均置。晋八至六品。

[3]魏絳：即魏莊子，春秋時晋國人，魏犨之子，任中軍司馬。晋悼公四年（前569），説悼公以和戎有五利，遂與諸戎結盟。事見《左傳·襄公四年》。

[4]荆吴之戰，事興蠶婦：事見《史記》卷六六《伍子胥列傳》：“楚平王以其邊邑鍾離與吴邊邑卑梁氏俱蠶，兩女子争桑相攻，乃大怒，至於兩國舉兵相伐。吴使公子光伐楚，拔其鍾離、居巢而歸。”

[5]澆瓜之惠，梁宋息兵：事見《新序·雜事四》：戰國時梁大夫宋就爲邊縣令，其地與楚相鄰。梁楚兩亭皆種瓜，梁人勤灌，瓜美；楚人懶灌，瓜惡。楚人妒忌，夜偷搔之，致使瓜有死焦者。梁亭覺之，因請其尉，亦欲竊往報搔楚亭之瓜，尉以請宋就。宋就説：“惡，是何可，構怨禍之道也。人惡亦惡，何偏之甚也。若我教子必每暮令人往竊爲楚亭夜善灌其瓜，勿令知也。”於是梁亭乃

每暮夜竊灌楚亭之瓜，楚亭旦而行瓜，則又皆以灌矣，瓜日以美，楚亭怪而察之，則乃梁亭之爲也。

[6]烏丸：一作烏桓，古族名，東胡的一支。　鮮卑：我國古代北方少數民族，有拓拔、宇文、慕容、禿髮、乞伏、段諸部。

[7]苻融：字博休，本書卷一一四有載記。

[8]比：近來。

[9]見：現，暴露。

堅僭位五年，鳳皇集于東闕，大赦其境内，百寮進位一級。初，堅之將爲赦也，與王猛、苻融密議於露堂，[1]悉屏左右。堅親爲赦文，猛、融供進紙墨。有一大蒼蠅入自牖間，鳴聲甚大，集于筆端，驅而復來。俄而長安街巷市里人相告曰："官今大赦。"有司以聞。堅驚謂融、猛曰："禁中無耳屬之理，[2]事何從泄也？"於是敕外窮推之，[3]咸言有一小人衣黑衣，大呼於市曰："官今大赦。"須臾不見。堅嘆曰："其向蒼蠅乎？[4]聲狀非常，吾固惡之。諺曰：'欲人勿知，莫若勿爲。'聲無細而弗聞，事未形而必彰者，其此之謂也。"

[1]露堂：中華本校勘記："《斠注》：《御覽》九四四引《前秦書》、《太平廣記》四七三引《廣古今五行記》'露'上有'甘'字。"

[2]禁中無耳屬之理：中華本校勘記："《斠注》：《御覽》九四四引《前秦書》作'禁中無屬耳之垣'。《載記》'之理'當作'之垣'。"

[3]窮推之：深入追究。

[4]向：剛才。

堅廣修學官，召郡國學生通一經以上充之，公卿已下子孫並遣受業。其有學爲通儒、才堪幹事、清修廉直、孝悌力田者，[1]皆旌表之。於是人思勸勵，號稱多士，盜賊止息，請託路絶，田疇修闢，帑藏充盈，典章法物靡不悉備。堅親臨太學，[2]考學生經義優劣，品而第之。問難《五經》，博士多不能對。堅謂博士王寔曰：[3]"朕一月三臨太學，黜陟幽明，[4]躬親獎厲，罔敢倦違，庶幾周孔微言不由朕而墜，漢之二武其可追乎！"寔對曰："自劉石擾覆華畿，[5]二都鞠爲茂草，儒生罕有或存，墳籍滅而莫紀，經淪學廢，奄若秦皇。陛下神武撥亂，道隆虞夏，開庠序之美，[6]弘儒教之風，化盛隆周，垂馨千祀，漢之二武焉足論哉！"堅自是每月一臨太學，諸生競勸焉。

[1]孝悌力田：悌，殿本作"弟"。

[2]太學：古代設於京城的最高學府，主要從事儒學教育。

[3]博士：學官，此爲太學博士，掌經學傳授，參議禮儀制度。晋六品。

[4]黜陟幽明：罷黜愚昧的人，提拔賢明的人。語出《尚書·舜典》："三載考績，三考黜陟幽明。"

[5]劉石：劉淵、石勒。

[6]庠序：學校。

屠各張罔聚衆數千，[1]自稱大單于，寇掠郡縣。堅以其尚書鄧羌爲建節將軍，率衆七千討平之。

[1]屠各：又稱休屠各、休著屠各等。匈奴部落名。後漢至西晋雜居西北沿邊諸郡。《後漢書》卷七三《公孫瓚傳》："續爲屠各所殺。"李賢注："屠各，胡號。"唐長孺先生對此有考論。（參見唐長孺《魏晋南北朝史論叢·魏晋雜胡考》，河北教育出版社 2000 年版）

時商人趙掇、丁妃、鄒瓮等皆家累千金，車服之盛，擬則王侯，堅之諸公競引之爲國二卿。黄門侍郎程憲言於堅曰：[1]"趙掇等皆商販醜豎，市郭小人，車馬衣服僭同王者，官齊君子，爲藩國列卿，傷風敗俗，有塵聖化，[2]宜肅明典法，使清濁顯分。"堅於是推檢引掇等爲國卿者，降其爵。乃下制："非命士已上，不得乘車馬於都城百里之内。金銀錦綉，工商、皂隸、婦女不得服之，犯者棄市。"

[1]黄門侍郎：官名，魏晋時爲侍中省或門下省次官。侍從皇帝，顧問應對，多以重臣或外戚子弟擔任，位頗重要。晋五品。

[2]聖化：聖，原本、宋本作"盛"，殿本作"聖"，據殿本改。

興寧三年，堅又改元爲建元。慕容暐遣其太宰慕容恪攻拔洛陽，[1]略地至于崤澠。[2]堅懼其入關，親屯陜城以備之。[3]

[1]慕容暐：字景茂，本書卷一一一有載記。　太宰：官名，即太師，因避司馬師名諱而改名太宰。八公之一，居上公之首，爲宰相之任。晋一品。　慕容恪：字玄恭，本書卷一一一有載記。

洛陽：古都名，位於今河南省洛陽市東北。

［2］崤澠：崤山和澠池縣。

［3］陜城：陜縣城，位於今河南省三門峽市陜州區。

匈奴右賢王曹轂、左賢王衛辰舉兵叛，[1]率衆二萬攻其杏城已南郡縣，[2]屯于馬蘭山。[3]索虜烏延等亦叛堅而通于辰、轂。堅率中外精鋭以討之，以其前將軍楊安、鎮軍毛盛等爲前鋒都督。[4]轂遣弟活距戰于同官川，[5]安大敗之，斬活并四千餘級，轂懼而降。堅徙其酋豪六千餘户於長安。進擊烏延，斬之。鄧羌討衛辰，擒之於木根山。堅自驄馬城如朔方，[6]巡撫夷狄，以衛辰爲夏陽公以統其衆。轂尋死，分其部落，貳城已西二萬餘落封其長子璽爲駱川侯，[7]貳城已東二萬餘落封其小子寅爲力川侯，故號東、西曹。

［1］右賢王：匈奴官名，地位僅次於左賢王。

［2］杏城：杏城鎮，在今陜西省黄陵縣西南。

［3］馬蘭山：位於今陜西省銅川市北。

［4］前將軍：官名，漢代重號將軍之一，與左、右、後將軍並爲上卿。魏晋時常設，權位較兩漢時漸低，僅爲武官名號，略高於一般雜號將軍，不典禁兵，不與朝政。晋三品。　鎮軍：官名，即鎮軍將軍。三國時始置，西晋罷又復置。位在鎮軍大將軍下，與中軍將軍、撫軍將軍並爲三名號將軍，位比四鎮將軍。晋三品。　前鋒都督：前鋒部隊的統帥。

［5］同官川：即銅官城。《讀史方輿紀要》："銅官城，在（同官）縣東北一里。苻秦置同官護軍，在今縣西南一里。晋太元九年姚萇攻新平，使其將姚穆守同官川是也。"同官縣，治所在今陜西

省銅川市北城關鎮。同官川，殿本無“官”字。

[6]驄馬城：位於今陝西省榆林市横山區東黨岔。　朔方：郡名，治所在朔方縣（今内蒙古自治區杭錦旗北），轄境相當於今内蒙古自治區前套西北部及後套地區。

[7]貳城：《讀史方輿紀要》卷五七《陝西六》：“貳城，在（中部）縣西北。苻秦時貳縣城也。”中部縣，治所在今陝西省宜君縣東北。　已西：西，殿本作“東”。

秦、雍二州地震裂，[1]水泉涌出，金象生毛，長安大風震電，壞屋殺人，堅懼而愈修德政焉。

[1]秦：秦州，治所在上邽縣（今甘肅省天水市）。　雍：雍州，治所在今甘肅省涇川縣北。

使王猛、楊安等率衆二萬寇荆州北鄙諸郡，掠漢陽萬餘户而還。羌斂岐叛堅，自稱益州刺史，率部落四千餘家西依張天錫叛將李儼。[1]堅遣王猛與隴西太守姜衡、南安太守邵羌討斂岐于略陽。[2]張天錫率步騎三萬擊李儼，攻其大夏、武始二郡，[3]克之。天錫將掌據又敗儼諸軍于葵谷，[4]儼懼，遣兄子純謝罪於堅，仍請救。尋而猛攻破略陽，斂岐奔白馬。[5]堅遣楊安與建威王撫率衆會猛以救儼。[6]猛遣邵羌追斂岐，使王撫守侯和，[7]姜衡守白石。[8]猛與楊安救枹罕，[9]及天錫將楊遹戰于枹罕東，猛不利。[10]邵羌擒斂岐於白馬，送之長安。天錫遂引師而歸。儼猶憑城未出，猛乃服白乘輿，從數十人，請與相見。儼開門延之，未及設備，而將士續入，遂虜儼而還。堅以其將軍彭越爲平西將軍、凉州刺史，[11]鎮枹罕。以儼爲光禄勳、歸安侯。[12]

[1]張天錫：字純嘏，本書卷八六有傳。

[2]隴西：郡名，治所原在狄道縣（今甘肅省臨洮縣），曹魏時徙治襄武縣（今甘肅省隴西縣東南）。　南安：郡名，治所在獂道縣（今甘肅省隴西縣東南）。

[3]大夏：郡名，治所在大夏縣（今甘肅省廣河縣西北）。　武始：郡名，治所在狄道縣（今甘肅省臨洮縣）。

[4]葵谷：位於今甘肅省永靖縣境。

[5]白馬：即白馬津，位於今甘肅省慶陽市東北。

[6]建威：官名，即建威將軍。領兵征戰，曹魏、孫吴、西晋皆置。晋四品。

[7]侯和：地名，在今甘肅省臨潭縣一帶。

[8]白石：縣名，治所在今甘肅省成縣。

[9]枹罕：縣名，治所在今甘肅省臨夏縣西南。

[10]猛不利：中華本校勘記："張天錫傳謂'天錫敗績'，通鑑一〇一稱'猛大破之'。疑此誤。"

[11]平西將軍：官名，與平北、平南、平東將軍合稱四平將軍，權任很重，多持節都督或監某一地區的軍事，有時亦作爲刺史等地方官員兼理軍務的加官。晋三品，加持節都督者二品。　涼州：東漢治所在隴縣（今甘肅省張家川回族自治縣），三國魏移治姑臧縣（今甘肅省武威市）。

[12]光禄勳：官名，侍從皇帝左右，掌宫廷宿衛。西晋時兼掌原屬少府的一部分宫廷供御事務。晋三品。

是歲，苻雙據上邽、苻柳據蒲坂叛于堅，[1]苻庾據陝城、苻武據安定並應之，[2]將共伐長安。堅遣使諭之，各齧梨以爲信，皆不受堅命，阻兵自守。堅遣後禁將軍楊成世、左將軍毛嵩等討雙、武，[3]王猛、鄧羌攻蒲坂，楊安、張蚝攻陝城。[4]成世、毛嵩爲雙、武所敗，堅又遣其武衛王鑒、寧朔吕光等率中外精鋭以討之，[5]左衛苻雅、左禁竇衝率羽林騎七千繼發。[6]雙、武乘勝至于榆眉，[7]鑒等擊敗之，斬獲萬五千人。武棄安定，隨雙奔上邽，鑒等攻之。苻柳出挑戰，猛閉壘不應。柳以猛爲憚己，留其世子良守蒲坂，率衆二萬，將攻長安。長安去蒲坂百餘里，[8]鄧羌率勁騎七千夜襲敗之，柳引軍還，猛又盡衆邀擊，悉俘其卒，柳與數百騎入於蒲坂。鑒等攻上邽，克之，斬雙、武。猛又尋破蒲坂，斬柳及其妻子，傳首長安。猛屯蒲坂，遣鄧羌與王鑒等攻陷陝城，克之，送庾於長安，殺之。

[1]上邽：縣名，治所在今甘肅省天水市。　蒲坂：縣名，治所在今山西省永濟市西南蒲州鎮。

[2]苻庾：中華本校勘記："《慕容暐載記》作'苻廋'。"　安定：郡名，西漢置，治所在高平縣（今寧夏回族自治區固原市），東漢治所在臨涇縣（今甘肅省鎮原縣東南），東晋治所在安定縣（今甘肅省涇川縣北）。

[3]後禁將軍：官名，十六國前秦置，四禁將軍之一。統兵駐於京師，亦經常率軍出征。　左將軍：官名，漢代爲重號將軍，與前、後、右將軍並爲上卿。魏晋時爲常設官職，權位較兩漢漸低，僅爲武官名號，略高於一般雜號將軍，不典禁兵。晋三品。

[4]楊安：宋本作"王安"。

[5]武衛：官名，即武衛將軍。三國魏置，權任很重。晋四品。　寧朔：官名，即寧朔將軍，西晋時多駐幽州，爲幽州地區軍政長官，兼管烏丸事務。十六國前秦、西凉亦置。晋四品。　吕光：字

世明，本書卷一二二有載記。

[6]苻雅：殿本作“苻雄”。

[7]楡眉：楡眉城，位於今陝西省千陽縣東。

[8]長安去蒲坂百餘里：中華本校勘記：“長安去蒲坂不止百餘里，此當是苻柳自蒲坂行百餘里，‘長安’二字涉上‘將攻長安’語而衍，《通鑑》一〇一無此二字可證。”

太和四年，晋大司馬桓温伐慕容暐，[1]次于枋頭。[2]暐衆屢敗，遣使乞師于堅，請割武牢以西之地。[3]堅亦欲與暐連横，乃遣其將苟池等率步騎二萬救暐。王師尋敗，引歸，池乃還。

[1]大司馬：官名，八公之一，位在上公之下、大將軍及三公之上，高級將帥，多爲大臣加官。晋一品。　桓温：字元子，本書卷九八有傳。

[2]枋頭：地名，在今河南省浚縣西南淇門渡。

[3]武牢：即虎牢關，位於今河南省滎陽市汜水鎮。

是時慕容垂避害奔于堅，[1]王猛言於堅曰：“慕容垂，燕之戚屬，世雄東夏，寬仁惠下，恩結士庶，燕趙之間咸有奉戴之意。[2]觀其才略，權智無方，兼其諸子明毅有幹藝，人之傑也。蛟龍猛獸，非可馴之物，不如除之。”堅曰：“吾方以義致英豪，建不世之功。且其初至，吾告之至誠，今而害之，人將謂我何！”

[1]慕容垂：字道明，本書卷一二三有載記。

[2]燕趙：指戰國時燕趙兩國舊地，大致相當今河北省及山西

省、遼寧省一部分。

王師既旋，慕容暐悔割武牢之地，[1]遣使謂堅曰："頃者割地，行人失辭。有國有家，分灾救患，理之常也。"堅大怒，遣王猛與建威梁成、鄧羌率步騎三萬，署慕容垂爲冠軍將軍，[2]以爲鄉導，攻暐洛州刺史慕容筑于洛陽。[3]暐遣其將慕容臧率精卒十萬，將解筑圍。猛使梁成等以精鋭萬人卷甲赴之，大破臧於滎陽。[4]筑懼而請降，猛陳師以受之，留鄧羌鎮金墉，[5]猛振旅而歸。

[1]悔割武牢之地：宋本無"割"字。

[2]冠軍將軍：官名，曹魏、孫吴、西晋皆置。西晋時領營兵。晋三品。

[3]洛州刺史慕容筑：《十六國春秋》《資治通鑑》所記慕容筑的官職皆爲荆州刺史，《晋書》所記慕容筑的官職皆爲洛州刺史。前趙以洛陽爲荆州，前燕以洛陽爲洛州，在當時爲一地兩名。

[4]滎陽：郡名，治所在滎陽縣（今河南省滎陽市東北）。

[5]鄧羌：原本、宋本、殿本作"邵羌"，據上文及中華本改。金墉：金墉城，三國魏明帝時築。位於今河南省洛陽市東北漢魏洛陽故址西北角。三面開門，南曰乾光門，東曰含春門，北曰遲門。城内又置西宫，西晋改爲永昌宫。魏晋時被廢的皇帝及后妃都安置於此。城小而固，爲攻占戍守要地。

太和五年，又遣猛率楊安、張蚝、鄧羌等十將率步騎六萬伐暐。堅親送猛于霸東，謂曰："授卿精兵，[1]委以重任，便可從壺關、上黨出潞川，[2]此捷濟之機，所謂疾雷不及掩耳。吾當躬自率衆以繼卿後，於鄴相見。已敕運漕相繼，但憂賊，不煩後慮也。”猛曰：“臣庸劣孤生，操無豪介，蒙陛下恩榮，内侍帷幄，出總戎旅，藉宗廟之靈，稟陛下神算，殘胡不足平也。願不煩鑾輅，冒犯霜露。臣雖不武，望克不淹時。但願速敕有司，部置鮮卑之所。”堅大悦。於是進師。楊安攻晋陽。[3]猛攻壺關，執暐上黨太守慕容越，所經郡縣皆降于猛，猛留屯騎校尉苟萇戍壺關。[4]會楊安攻晋陽，爲地道，遣張蚝率壯士數百人入其城中，大呼斬關，猛、安遂入晋陽，執暐并州刺史慕容莊。[5]暐遣其太傅慕容評率衆四十餘萬以救二城，[6]評憚猛不敢進，屯於潞川。猛留將軍毛當戍晋陽，進師與評相持。遣游擊郭慶以鋭卒五千，[7]夜從間道出評營後，傍山起火，燒其輜重，火見鄴中。暐懼，遣使讓評，[8]催之速戰。猛知評賣水鬻薪，有可乘之會，評又求戰，乃陣於渭原而誓衆曰：[9]“王景略受國厚恩，任兼内外，今與諸君深入賊地，宜各勉進，不可退也。願戮力行間，以報恩顧，受爵明君之朝，慶觴父母之室，不亦美乎！”衆皆勇奮，破釜棄糧，大呼競進。猛望評師之衆也，惡之，謂鄧羌曰：“今日之事，非將軍莫可以捷。成敗之機，在斯一舉。將軍其勉之！”羌曰：“若以司隸見與者，公無以爲憂。”猛曰：“此非吾之所及也。必以安定太守、萬户侯相處。”羌不悦而退。俄而兵交，猛召之，羌寢而弗應。猛馳就許之，羌於是大飲帳中，與張蚝、徐成等跨馬運矛，馳入評軍，出入數四，旁若無人，[10]搴旗斬將，殺傷甚衆。戰及日中，評衆大敗，俘斬五萬有餘，乘勝追擊，又降斬十萬，於是進師圍鄴。堅聞之，留李威輔其太子宏守長安，以苻融鎮洛陽，躬率精鋭十萬向鄴。七日而至於安陽，[11]過舊閭，引諸耆老語及祖父之事，[12]泫然流涕，乃停信宿。[13]猛潛至安陽迎堅，堅謂之曰："昔亞夫不出軍迎漢文，[14]將軍何以臨敵而棄衆也？"猛曰："臣每覽亞夫之事，嘗謂前却人主，[15]以此而爲名將，竊未多之。[16]臣奉陛下神算，擊垂亡之虜，若摧枯拉朽，何足慮也！監國冲幼，鑾駕遠臨，脱有不虞，其如宗廟何！"堅遂攻鄴，陷之。慕容暐出奔高陽，[17]堅將郭慶執而送之。堅入鄴宫，閲其名籍，凡郡百五十七，縣一千五百七十九，户二百四十五萬八千九百六十九，口九百九十八萬七千九百三十五。諸州郡牧守及六夷渠帥盡降於堅。郭慶窮追餘燼，慕容評奔于高句麗，[18]慶追至遼海，句麗縛評送之。堅散暐宫人珍寶以賜將士，論功封賞各有差。以王猛爲使持節、都督關東六州諸軍事、車騎大將軍、開府儀同三司、冀州牧，[19]鎮鄴，以郭慶爲持節、都督幽州諸軍事、揚武將軍、幽州刺史，[20]鎮薊。

[1]授卿精兵：殿本"授"上有"今"字。

[2]壺關：縣名，治所在今山西省長治市北。　上黨：郡名，治所在潞縣（今山西省黎城縣南）。　潞川：亦稱潞水，即今山西省濁漳河。

[3]晋陽：縣名，治所在今山西省太原市西南。

[4]屯騎校尉：官名，北軍五校尉之一，隸屬中領軍，掌本營

騎士，戍衛京師。晋四品。

［5］慕容莊：莊，原本作“壯”，宋本、殿本作“莊”，據宋本、殿本改。

［6］太傅：官名，晋爲八公之一。位上公，太宰之下、太保之上。晋一品。　慕容評：十六國時昌黎棘城（今遼寧省義縣西）人，慕容廆之子。歷任前燕軍師將軍、輔弼將軍、司州刺史、驃騎將軍。後被前秦王猛所俘。

［7］游擊：官名，即游擊將軍。禁軍將領，與驍騎將軍分領命中虎賁，掌宿衛之任。隸屬中領軍（領軍將軍）。晋四品。

［8］讓：責備。

［9］乃陣於渭原：中華本校勘記：“《斠注》：《御覽》三一二引《十六國春秋》‘渭原’作‘潞原’。按上文云‘評不敢進，屯於潞川’，無西至渭原之理，當以作‘潞原’爲是。今按：《通典》一五九亦作‘潞原’。‘潞原’當即漳水經潞城處，與潞川非別地。”

［10］旁若無人：旁，原本、宋本作“傍”，殿本作“旁”，據殿本改。

［11］安陽：縣名，治所在今河南省安陽市西南。

［12］耆老：鄉中年老又有影響的人。

［13］信宿：兩三日。《後漢書》卷六〇《蔡邕傳論》：“董卓一旦入朝，辟書先下，分明枉結，信宿三遷。”李賢注：“謂三日之間，位歷三臺也。”

［14］亞夫不出軍迎漢文：周亞夫，西漢沛郡豐（今江蘇省豐縣）人，周勃次子。文帝時任河内守，後任將軍屯細柳。文帝到其軍營視察，亞夫持兵揖曰：“介胄之士不拜，請以軍禮見。”文帝改容式車，使人稱謝：“皇帝敬勞將軍。”成禮而去。既出軍門，群臣皆驚。文帝曰：“嗟乎，此真將軍矣！曩者霸上、棘門軍，若兒戲耳，其將固可襲而虜也。至於亞夫，可得而犯邪！”

［15］嘗謂前却人主：嘗，原本、宋本、殿本作“常”，通“嘗”，此據中華本改。

[16]竊未多之：我私下以爲不能稱讚他。

[17]高陽：縣名，治所在今河北省高陽縣東舊城。

[18]高句麗：古國名，亦作句麗、高麗。都城丸都（今吉林省集安市），後遷都今朝鮮民主主義人民共和國平壤市。

[19]都督關東六州諸軍事：關東六州最高軍事行政長官。　開府儀同三司：官名，三國魏始置。爲大臣加號，意謂與太尉、司徒、司空三司待遇相同，許開設府署，任命僚屬。　冀州：三國魏治所在信都縣（今河北省衡水市冀州區），西晋移治房子縣（今河北省高邑縣西南）。

[20]持節：官員外出持有皇帝授予的節杖，代表高等權威，常用於軍事長官出征。　都督幽州諸軍事：幽州最高軍事行政長官。　揚武將軍：官名，統兵出征。晋四品。　幽州：治所在薊縣（今北京市西南）。

堅自鄴如枋頭，讌諸父老，改枋頭爲永昌縣，復之終世。堅至自永昌，行飲至之禮，[1]歌《勞止》之詩，[2]以饗其群臣。赦慕容暐及其王公已下，皆徙于長安，封授有差。堅於是行禮于璧雍，[3]祀先師孔子，其太子及公侯卿大夫士之元子，皆束脩釋奠焉。[4]徙關東豪桀及諸雜夷十萬户于關中，[5]處烏丸雜類于馮翊、北地，[6]丁零翟斌于新安，[7]徙陳留、東阿萬户以實青州。[8]諸因亂流移，避仇遠徙，欲還舊業者，悉聽之。

[1]飲至：征伐凱旋所舉行的慶功禮典。

[2]勞止之詩：即《詩·大雅·民勞》。

[3]璧雍：又作辟雍，西周天子所設大學。東漢以後，爲行鄉飲酒、大射或祭祀之禮的地方。漢班固《白虎通·辟雍》："天子立

辟雍何？辟雍，所以行禮、樂宣德化也。辟者，璧也，象璧圓，以法天也。雍者，壅之以水，象教化流行也。辟之言積也，積天下之道德；雍之爲言壅也，天下之儀則。故謂之辟雍也。”璧，宋本、殿本作“辟”。

［4］束脩：古代入學敬師的禮物。　釋奠：古代在學校設置酒食以奠祭先聖先師的典禮。

［5］關東：地區名，指函谷關或潼關以東地區。　關中：地區名，函谷關以西秦國故地，包括今河南省靈寶市以西及陝西省、甘肅省東部和四川省部分地區。

［6］馮翊：郡名，三國魏以左馮翊改置，治所在臨晋縣（今陝西省渭南市大荔縣）。　北地：郡名，三國魏治所在祋祤城（今陝西省銅川市耀州區東），西晋治所在泥陽縣（今甘肅省寧縣東南）。

［7］丁零：古民族名。又稱“丁令”“丁靈”。漢時爲匈奴屬國，游牧於我國北部和西北部廣大地區。魏晋南北朝時有部分進入中原。　新安：縣名，治所在今河南省澠池縣東。

［8］陳留：郡國名，治所在小黄縣（今河南省開封市東）。　東阿：縣名，治所在今山東省陽穀縣東北阿城鎮。　青州：治所在臨淄縣（今山東省淄博市東北）。

晋叛臣袁瑾固守壽春，[1]爲大司馬桓温所圍，遣使請救于堅。堅遣王鑒、張蚝率步騎二萬救之，鑒據洛澗，[2]蚝屯八公山。桓温遣諸將夜襲鑒、蚝，敗之，鑒、蚝屯慎城。[3]

［1］壽春：縣名，治所在今安徽省壽縣東南。

［2］洛澗：又名洛水、青洛河。源出今安徽省定遠縣東南，西北流至淮南市東入淮河。

［3］慎城：慎縣城，位於今安徽省潁上縣西北江口集。

初，仇池氏楊世以地降於堅，[1]堅署爲平南將軍、秦州刺史、仇池公。[2]既而歸順於晋。世死，子纂代立，遂受天子爵命而絶於堅。世弟統驍武得衆，起兵武都，[3]與纂分争。堅遣其將苻雅、楊安與益州刺史王統率步騎七萬，[4]先取仇池，進圖寧益。[5]雅等次于鷲陜，[6]纂率衆五萬距雅。晋梁州刺史楊亮遣督護郭寶率騎千餘救之，[7]戰于陜中，[8]爲雅等所敗，纂收衆奔還。雅進攻仇池，楊統率武都之衆降于雅。纂將楊他遣子碩密降于雅，[9]請爲内應。纂懼，面縛出降。雅釋其縛，送之長安。以楊統爲平遠將軍、南秦州刺史，[10]加楊安都督，鎮仇池。

[1]仇池：位於今甘肅西和縣西仇池山上，又名百頃池。

[2]平南將軍：官名，與平東、平西、平北將軍合稱四平將軍。多持節都督或監某一地區的軍事，有時作爲刺史等地方官員監理軍務的加官。晋三品，加持節都督者二品。

[3]武都：郡名，治所在下辯縣（今甘肅省成縣西）。

[4]益州：治所在成都縣（今四川省成都市）。

[5]進圖寧益：圖，原本、宋本、殿本作“圍”，據中華本校勘記改。

[6]鷲陜：地名，在今甘肅省西和縣東南。

[7]梁州：治所在今陜西省漢中市東。　督護：官名，州郡及出鎮方面將軍府皆設，掌兵事。兩晋時常統軍征伐，祇督一軍。

[8]陜中：地名，在今甘肅省秦安縣東北隴城鎮南。

[9]纂將楊他遣子碩：殿本無“楊他遣子”四字。

[10]平遠將軍：官名，十六國前秦、西秦皆置。　南秦州：十六國前秦置，治所在仇池（今甘肅省成縣西南）。

先是，王猛獲張天錫將敦煌陰據及甲士五千，[1]堅既東平六州，西擒楊纂，欲以德懷遠，且跨威河右，至是悉送所獲還涼州。天錫懼而遣使謝罪稱藩，堅大悦，即署天錫爲使持節、散騎常侍、都督河右諸軍事、驃騎大將軍、開府儀同三司、涼州刺史、西域都護、西平公。[2]

[1]敦煌：郡名，西漢武帝置，治所在敦煌縣（今甘肅省敦煌市西）。

[2]散騎常侍：官名，三國魏文帝黄初年間置，侍從皇帝左右，諫諍得失，顧問應對，與侍中等共平尚書奏事。也用作宰相、諸公等加官，入宫議政。晋三品。　都督河右諸軍事：河右地區最高軍事行政長官。　驃騎大將軍：官名，魏晋制度，驃騎將軍爲重號將軍，僅次於大將軍，高於諸名號將軍，本不需加“大”字。然兩晋時將軍名號越授越濫，遂又增置此號，居諸名號將軍之首。多加於權臣元老，以示尊崇。開府置僚屬，不領兵。晋二品，開府位從公者一品。　西域都護：官名，十六國前涼置，與兩漢職權不同，領營兵，爲沙州刺史所轄三郡三營之一。

吐谷渾碎奚以楊纂既降，[1]懼而遣使送馬五千匹、金銀五百斤。堅拜奚安遠將軍、漒川侯。[2]

[1]吐谷渾：西北地區少數民族政權，本書卷九七有傳。

[2]堅拜奚：奚，原本、宋本、殿本作“纂”，據中華本校勘記改。　安遠將軍：官名，東漢末始置，多用以封降將或邊遠地區地方長官。晋三品。

堅嘗如鄴，狩于西山，旬餘，樂而忘返。伶人王洛叩馬諫曰："臣聞千金之子坐不垂堂，萬乘之主行不履危。故文帝馳車，袁公止轡；[1]孝武好田，相如獻規。[2]陛下爲百姓父母，蒼生所繫，何可盤于游田，以玷聖德。若禍起須臾，變在不測者，其如宗廟何！其如太后何！"堅曰："善。昔文公悟愆於虞人，[3]朕聞罪於王洛，吾過也。"自是遂不復獵。

[1]文帝馳車，袁公止轡：事出《漢書》卷四九《袁盎傳》。孝文帝想駕車從陡坡上冲下來，袁盎勸諫説："臣聞千金之子不垂堂，百金之子不騎衡，聖主不乘危，不徼幸。今陛下騁六飛，馳不測山，有如馬驚車敗，陛下縱自輕，奈高廟、太后何？"

[2]孝武好田，相如獻規：《史記》卷一一七《司馬相如列傳》載：司馬相如曾隨從漢武帝至長楊獵，當時漢武帝喜好自擊熊彘，馳逐野獸，相如上疏諫之。

[3]文公悟愆於虞人：《新序·雜事二》：晋文公出獵，前驅報告有大蛇當道。晋文公還車返，宿齋三日，請於廟曰："孤少犧不肥，幣不厚，罪一也。孤好弋獵，無度數，罪二也。孤多賦斂，重刑罰，罪三也。請自今以來者，關市無征，澤梁無賦斂，赦罪人，舊田半税，新田不税。"行此令未半旬，大蛇已死並臭腐。

堅聞桓温廢海西公也，謂群臣曰："温前敗灞上，[1]後敗枋頭，十五年間，再傾國師。六十歲公舉動如此，不能思愆免退，以謝百姓，方廢君以自悦，將如四海何！諺云'怒其室而作色於父'者，[2]其桓温之謂乎！"

[1]灞上：即霸上，又名霸頭，地名，在今陝西省西安市東白

鹿原北首。

[2]怒其室而作色於父：和妻子生氣却遷怒於父親。室，妻子。

堅以境内旱，課百姓區種。[1]懼歲不登，省節穀帛之費，太官、後宫减常度二等，[2]百寮之秩以次降之。復魏晋士籍，使役有常聞，諸非正道典學，一皆禁之。[3]堅臨太學，考學生經義，上第擢叙者八十三人。自永嘉之亂，庠序無聞，及堅之僭，頗留心儒學，王猛整齊風俗，政理稱舉，學校漸興。關隴清晏，百姓豐樂，自長安至于諸州，皆夾路樹槐柳，二十里一亭，四十里一驛，旅行者取給於途，工商貿販於道。百姓歌之曰："長安大街，夾樹楊槐。下走朱輪，上有鸞栖。英彦雲集，誨我萌黎。"[4]

[1]區種：按一定距離挖坑播種。

[2]太官：官名，即太官令，亦作"大官令"。漢魏屬少府，兩晋隸屬光禄勛，掌宫廷飲食。晋七品。

[3]使役有常聞，諸非正道典學，一皆禁之：禁，宋本作"焚"。中華本校勘記："'聞'字屬上、屬下皆贅，疑是衍文或字訛。"

[4]萌黎：黎民百姓。

是歲，有大風從西南來，俄而晦冥，恒星皆見，[1]又有赤星見于西南。太史令魏延言於堅曰：[2]"於占西南國亡，明年必當平蜀漢。"堅大悦，命秦梁密嚴戎備。乃以王猛爲丞相，以苻融爲鎮東大將軍，[3]代猛爲冀州牧。融將發，堅祖於霸東，奏樂賦詩。堅母苟氏以融少子，甚愛之，比發，三至灞上，其夕又竊如融所，内外莫知。是夜，堅寢于前殿，魏延上言："天市南門屏内后妃星失明，[4]左右閽寺不見，后妃移動之象。"堅推問知之，驚曰："天道與人何其不遠！"遂重星官。王猛至長安，加都督中外諸軍事，猛辭讓再三，堅不許。

[1]恒星：指二十八宿。

[2]太史令：官名，屬太常。掌天時、星曆、歲終奏新年曆。記録瑞應、灾異等。晋七品。

[3]鎮東大將軍：官名，三國魏置，職掌與鎮東將軍同，唯資歷深者得任此職。晋二品，開府位從公者一品。

[4]天市：星區名。《史記》卷二七《天官書》："東北曲十二星曰旗。旗中四星曰天市。"

其後天鼓鳴，[1]有彗星出于尾箕，[2]長十餘丈，名蚩尤旗，[3]經太微，[4]掃東井，[5]自夏及秋冬不滅。太史令張孟言於堅曰：[6]"彗起尾箕，而掃東井，此燕滅秦之象。"因勸堅誅慕容暐及其子弟。堅不納，更以暐爲尚書，垂爲京兆尹，冲爲平陽太守。[7]苻融聞之，上疏於堅曰："臣聞東胡在燕，曆數彌久，逮于石亂，遂據華夏，跨有六州，南面稱帝。陛下爰命六師，大舉征討，勞卒頻年，勤而後獲，本非慕義懷德歸化。而今父子兄弟列官滿朝，執權履職，勢傾勞舊，陛下親而幸之。臣愚以爲猛獸不可養，狼子野心。往年星異，灾起於燕，願少留意，以思天戒。臣據可言之地，不容默已。[8]

《詩》曰：‘兄弟急難’，‘朋友好合’。[9]昔劉向以肺腑之親，[10]尚能極言，况於臣乎！”堅報之曰：“汝爲德未充而懷是非，立善未稱而名過其實。《詩》云：‘德輶如毛，人鮮克舉。’[11]君子處高，戒懼傾敗，可不務乎！今四海事曠，兆庶未寧，黎元應撫，夷狄應和，方將混六合以一家，同有形於赤子，汝其息之，勿懷耿介。夫天道助順，修德則禳灾。[12]苟求諸己，何懼外患焉。”

[1]天鼓鳴：隱隱約約的雷聲。《史記》卷二七《天官書》：“天鼓，有音如雷非雷，音在地而下及地。”

[2]尾箕：尾宿和箕宿。尾宿，二十八宿之一，東方蒼龍七宿之第六宿，有星九顆。箕宿，二十八宿之一，共四星，二星爲踵，二星爲舌。踵窄舌寬。夏秋之間見於南方，故又稱南箕。

[3]蚩尤旗：彗星名。古代以爲此星出，主有征伐之事。《吕氏春秋·明理》：“有其狀若衆植華以長，黄上白下，其名蚩尤之旗。”本書卷一二《天文志中》：妖星“六曰蚩尤旗，類彗而後曲，象旗”。

[4]太微：古代星宫名。三垣之一。位於北斗之南，軫、翼之北，大角之西，轩辕之東。

[5]掃：原本、宋本作“埽”，殿本作“掃”，據殿本改。　東井：星宿名。即井宿，二十八宿之一。因在玉井之東，故稱。

[6]言於堅曰：殿本無“曰”字。

[7]冲：慕容冲，小字鳳凰，昌黎棘城（今遼寧省義縣西）人，慕容儁之子。西燕國主。　平陽：郡名，治所在平陽縣（今山西省臨汾市西南）。

[8]不容默已：默，原本、宋本、殿本作“嘿”，據中華本改。

[9]兄弟急難：語見《詩·小雅·常棣》。　朋友好合：《詩·小雅·常棣》爲“妻子好合”，“朋友好合”不知何出。

［10］劉向：字子政，西漢沛郡豐（今江蘇省豐縣）人，楚元王四世孫。曾任諫大夫、散騎宗正給事、光禄大夫等職。撰有《五經通義》《洪範五行傳》等，均已佚。另撰有《列女傳》《説苑》《新序》等存世。

［11］德輶（yóu）如毛，人鮮克舉：語出《詩·大雅·烝民》。

［12］禳灾：禳，原本、宋本作“攘”，殿本作“禳”，據殿本改。

晉梁州刺史楊亮遣子廣襲仇池，與堅將楊安戰，廣敗績，晉沮水諸戍皆委城奔潰，[1]亮懼而退守磬險，[2]安遂進寇漢川。[3]堅遣王統、朱彤率卒二萬爲前鋒寇蜀，前禁將軍毛當、鷹揚將軍徐成率步騎三萬入自劍閣。[4]楊亮率巴獠萬餘距之，[5]戰于青谷，[6]王師不利，亮奔固西城。[7]彤乘勝陷漢中，[8]徐成又攻二劍，克之，楊安進據梓潼。[9]晉奮威將軍、西蠻校尉周虓降于彤。[10]揚武將軍、益州刺史周仲孫勒兵距彤等于綿竹，[11]聞堅將毛當將至成都，[12]仲孫率騎五千奔于南中。[13]安、當進兵，遂陷益州。於是西南夷邛莋、夜郎等皆歸之。[14]堅以安爲右大將軍、益州牧，[15]鎮成都；毛當爲鎮西將軍、梁州刺史，[16]鎮漢中；姚萇爲寧州刺史、領西蠻校尉；[17]王統爲南秦州刺史，鎮仇池。

［1］沮水：即今陝西省西南部漢江北源黑河，又名上沮水。

［2］磬險：磬，原本作“聲”，宋本作“據”，殿本作“磬”，據殿本改。

［3］漢川：地區名，泛指今陝西省漢中平原。

［4］前禁將軍：官名，十六國前秦置，四禁將軍之一。統兵駐

於京師，亦經常率軍出征。　鷹揚將軍：官名，雜號將軍中地位較高者，曾作爲荆州、兖州等州刺史的加官。晋五品。　劍閣：即劍門關，位於今四川省劍閣縣東北。

［5］巴獠（lǎo）：巴人和獠人。巴，古族名，其族主要分布在今川東、鄂西一帶。獠，古族名，分布於今四川、陝西、貴州、雲南、廣西等地。　距之：距，殿本作“拒”。

［6］青谷：位於今陝西省洋縣東北。

［7］西城：縣名，治所在今陝西省安康市西北。

［8］漢中：郡名，治所在南鄭縣（今陝西省漢中市）。

［9］梓潼：郡名，治所在梓潼縣（今四川省梓潼縣）。

［10］奮威將軍：官名，爲雜號將軍。晋四品。　西蠻校尉：官名，掌益州、寧州、梁州等州中少數民族事務。領兵，有時兼任刺史。

［11］綿竹：縣名，治所在今四川省德陽市北。

［12］成都：縣名，治所在今四川省成都市。

［13］南中：地區名，相當今四川南部及雲貴地區。

［14］邛筰：邛崍山。《後漢書》卷八六《南蠻西南夷列傳》：“路經邛來大山零高坂”，李賢注：“《華陽國志》曰：‘邛來山本名邛筰，故邛人、筰人界也。’”邛崍山，位於今四川省滎經縣西南。　夜郎：縣名，治所在今貴州省關嶺布依族苗族自治縣南。

［15］右大將軍：官名，十六國前秦於大將軍外分置左、右大將軍，皆爲統兵武職。

［16］鎮西將軍：官名，與鎮東、鎮南、鎮北將軍合稱四鎮將軍。多爲持節都督，出鎮方面。曹魏二品。晋改三品，加持節都督者二品。

［17］姚萇爲寧州刺史、領西蠻校尉：中華本校勘記：“《通鑑》一〇三下有‘鎮墊江’句。按：上下文記以某人爲某州刺史，並有鎮某地一語，疑此脱去。”姚萇，字景茂，本書卷一一六有傳。寧州，治所在今四川中江縣。領，以地位較高的官員兼理較低的

職務。

蜀人張育、楊光等起兵，與巴獠相應，以叛於堅。晋益州刺史竺瑶、威遠將軍桓石虔率衆三萬據墊江。[1]育乃自號蜀王，遣使歸順，與巴獠酋帥張重、尹萬等五萬餘人進圍成都。尋而育與萬争權，舉兵相持，堅遣鄧羌與楊安等擊敗之，育、光退屯綿竹。安又敗張重、尹萬于成都南，重死之，及首級二萬三千。[2]鄧羌復擊張育、楊光于綿竹，皆害之。桓石虔敗姚萇于墊江，萇退據五城，[3]石虔與竺瑶移屯巴東。[4]

[1]威遠將軍：官名，三國吴時權任很重，三國魏、兩晋時地位稍低。晋五品。　桓石虔：小字鎮惡，本書卷七四有傳。　墊江：縣名，治所在今重慶市合川區。

[2]及首級二萬三千：中華本校勘記："《通鑑》一〇三'及'作'斬'，疑是。"

[3]五城：地名，在今四川省中江縣。

[4]巴東：郡名，東漢建安六（201）年以固陵郡改名，治所在魚復縣（今重慶市奉節縣東）。

時有人於堅明光殿大呼謂堅曰："甲申乙酉，魚羊食人，悲哉無復遺。"堅命執之，俄而不見。秘書監朱彤等因請誅鮮卑，[1]堅不從。遣使巡行四方，觀風俗，問政道，明黜陟，[2]恤孤獨不能自存者。以安車蒲輪徵隱士樂陵王歡爲國子祭酒。[3]及王猛卒，堅置聽訟觀於未央之南。[4]禁老、莊、圖讖之學。中外四禁、二衛、四軍長上將士，[5]皆令修學。課後宫，置典學，立内司，以授于掖庭，選閹人及女隸有聰識者署博士以授經。

[1]秘書監：官名，秘書省長官，掌管藝文圖籍、課試署吏，統著作局，掌國史修撰並管理中外三閣圖書。晋三品。

[2]黜陟：人才的進退，官吏的升降。黜，貶降、罷退。陟，提拔、升遷。

[3]安車：可以坐乘的車，供老年或貴婦用。　蒲輪：蒲草裹輪的車子，以減輕車輪的震動。古時常用於迎接賢士，以示禮敬。　樂陵：郡國名，治所在厭次縣（今山東省惠民縣東），西晋末改爲郡。　王歡：歡，原本、宋本、殿本作"勸"，據中華本校勘記改。　國子祭酒：官名，國子學的長官，主管國子學，掌教授儒學、參議禮制。晋五品。

[4]聽訟觀：皇帝觀聽斷大獄的場所。曹魏明帝常言："獄，天下之命也。"每斷大獄，恒幸觀聽之。　未央：未央宫，西漢主要宫殿建築群，高帝七年（前200）丞相蕭何主持修建，武帝時擴建。遺址在今陝西省西安市西北郊漢長安故城内西南隅。

[5]中外：指朝中和朝外。　四禁：前禁、後禁、左禁、右禁四將軍。　二衛：指左衛將軍和右衛將軍。　四軍：指前、後、左、右將軍。十六國前秦亦以稱中軍、鎮軍、撫軍、冠軍將軍。　長上：皇帝及諸王的侍衛。十六國一些少數民族政權均置。

遣其武衛苟萇、左將軍毛盛、中書令梁熙、步兵校尉姚萇等率騎十三萬伐張天錫于姑臧。[1]遣尚書郎閻負、梁殊銜命軍前，[2]下書徵天錫。堅嚴飾鹵簿，[3]親餞萇等於城西，賞行將各有差。又遣其秦州刺史苟池、河州刺史李辯、凉州刺史王統，[4]率三州之衆以繼之。閻負等到凉州，天錫自以晋之列藩，志在保境，命斬之，遣將軍馬建出距萇等。俄而梁熙、王統等自清石津攻其將梁粲于河會城，[5]陷之。苟萇濟自石城津，[6]與梁熙等會攻纏縮城，[7]又陷之。馬建懼，自楊川退還清塞。[8]天錫又遣將軍掌據率衆三萬，與馬建陣于洪池。[9]苟萇遣姚萇以甲卒三千挑戰，諸將勸據擊之，以挫其鋒，據不從。天錫乃率中軍三萬次金昌。[10]萇、熙聞天錫來逼，急攻據、建，建降於萇，遂攻據，害之，及其軍司席仂。[11]萇進軍入清塞，乘高列陣。天錫又遣司兵趙充哲爲前鋒，率勁勇五萬，與萇等戰于赤岸，[12]哲大敗。天錫懼而奔還，致箋請降。萇至姑臧，天錫乘素車白馬，面縛輿櫬，降于軍門。萇釋縛焚櫬，送之于長安，諸郡縣悉降。堅以梁熙爲持節、西中郎將、涼州刺史，[13]領護西羌校尉，[14]鎮姑臧。徙豪右七千餘户于關中，五品税百姓金銀一萬三千斤以賞軍士，餘皆安堵如故。堅封天錫重光縣之東寧鄉二百户，號歸義侯。初，萇等將征天錫，堅爲其立第於長安，至是而居之。

［1］毛盛：中華本校勘記："《張天錫傳》'毛盛'作'毛當'，下文見'右將軍毛當、後禁毛盛'，疑作'毛當'是，但'左''右'微異。"　步兵校尉：官名，東漢時隸屬北軍中候，爲北軍五校尉之一，魏晋時隸屬中領軍，領宿衛營兵。晋四品。　姑臧：縣名，治所在今甘肅省武威市。

［2］尚書郎：官名。東漢之制，取孝廉中之有才能者入尚書臺，在皇帝左右處理政務，初入臺稱守尚書郎中，滿一年稱尚書郎，滿三年稱侍郎。魏晋以後尚書各曹有侍郎、郎中等官，綜理職務，通稱爲尚書郎。晋六品。

[3]鹵簿：帝王扈從的儀仗隊。

[4]河州：治所在枹罕縣（今甘肅省臨夏市西南）。

[5]清石津：確址待考。疑位於今甘肅省永靖縣北黄河上。梁粲：中華本校勘記："《通鑑》一〇四作'梁濟'。" 河會城：位於今甘肅省永登縣南湟水入黄河處。

[6]石城津：位於今甘肅省蘭州市西北黄河上。

[7]纏縮城：位於今甘肅省永登縣南。

[8]清塞：確址待考。疑位於今甘肅省古浪縣境。

[9]洪池：即洪池嶺，位於今甘肅省武威市東南。

[10]金昌：金昌城，位於今甘肅省武威市東南。（一説位於今甘肅省永靖縣西北湟水北岸）。

[11]軍司：官名，即軍師，因避司馬師諱，故改。爲軍府主要屬僚，佐主帥統軍隊，負有匡正監察主帥之責，地位很高，常繼任主帥。

[12]赤岸：疑位於今甘肅省武威市東南，一説位於今甘肅省永靖縣西北黄河岸。

[13]西中郎將：官名，東漢末所置四中郎將之一。帥師征伐或鎮守。曹魏、西晋多兼凉州刺史，東晋多兼豫州刺史。晋四品。

[14]護西羌校尉：官名，掌西北羌人事務，鎮姑臧。

堅既平凉州，又遣其安北將軍、幽州刺史苻洛爲北討大都督，[1]率幽州兵十萬討代王涉翼犍。[2]又遣後將軍俱難與鄧羌等率步騎二十萬東出和龍，[3]西出上郡，[4]與洛會于涉翼犍庭。翼犍戰敗，遁于弱水。[5]苻洛逐之，勢窘迫，退還陰山。[6]其子翼圭縛父請降，洛等振旅而還，封賞有差。堅以翼犍荒俗，未參仁義，令入太學習禮。以翼圭執父不孝，遷之於蜀。散其部落於漢鄣邊故地，立尉、監行事，官寮領押，課之治業營生，三五取丁，優復三年無税租。其渠帥歲終令朝獻，出入行來爲之制限。堅嘗之太學，召涉翼犍問曰："中國以學養性，而人壽考，漠北噉牛羊而人不壽，何也?" 翼犍不能答。又問："卿種人有堪將者，可召爲國家用。" 對曰："漠北人能捕六畜，善馳走，逐水草而已，何堪爲將!" 又問："好學否?" 對曰："若不好學，陛下用教臣何爲?" 堅善其答。

[1]安北將軍：官名，東漢建安年間置，與安東、安南、安西將軍合稱四安將軍，爲出鎮某一地區的軍事長官，或作爲刺史等兼理軍務的加官，權任頗重。晋三品，加持節都督者二品。　北討大都督：官名，北伐部隊的統帥，臨事設置。

[2]涉翼犍：亦作什翼健，十六國代國國君，拓跋鮮卑，鬱律次子。出質於後趙石虎，後被迎回。晋咸康四年（338）即代王位於繁畤（今山西省渾源縣西南）北，改元建國。後移都於雲中之盛樂（在今内蒙古自治區奈曼旗土城子鄉古城）。前秦苻堅滅代後，被俘至長安。北魏建立後，被尊爲高祖昭成皇帝。

[3]後將軍：官名，漢代爲重號將軍，與前、左、右將軍並爲上卿。魏晋以後權位漸低，僅爲將軍名號，略高於一般雜號將軍。晋三品。　和龍：和龍城，又名黄龍城、龍都。即今遼寧省朝陽市。

[4]上郡：治所在膚施縣（今陝西省榆林市東南）。

[5]弱水：據《後漢書》卷八五《東夷傳》夫余國"北有弱水"、本書卷九七《四夷傳》肅慎氏"北極弱水"，所指當在今黑龍江省境内。

[6]陰山：即内蒙古自治區境内的陰山山脉。

堅以關中水旱不時，議依鄭白故事，[1]發其王侯已下及豪望富室僮隸三萬人，[2]開涇水上源，[3]鑿山起堤，通渠引瀆，以溉岡鹵之田。及春而成，百姓賴其利。以凉州新附，復租賦一年。爲父後者賜爵一級，孝悌力田爵二級，孤寡高年穀帛有差，女子百户牛酒，大酺三日。[4]

[1]鄭白：鄭國和白公。鄭國，韓國水工，秦王嬴政元年（前246）采納其建議開鑿水渠，名鄭國渠。自中山西瓠口（今陝西省涇縣西北）引涇水東流，至今三原縣北會濁水，復東經今富平、蒲城之南，注入洛水。白公，西漢趙中大夫，建議開鑿水渠，在鄭國渠南，稱白渠。民得其饒，歌之曰："鄭國在前，白渠起後。舉臿爲雲，决渠爲雨。涇水一石，其泥數斗。且溉且糞，長我禾黍。衣食京師，億萬之口。"

[2]三萬人：萬，宋本作"百"。

[3]涇水：渭河支流，位於今陝西省中部。

[4]大酺：大宴飲。大，宋本作"太"。

遣其尚書令苻丕率司馬慕容暐、苟萇等步騎七萬寇襄陽。[1]使楊安將樊鄧之衆爲前鋒，屯騎校尉石越率精騎一萬出魯陽關，[2]慕容垂與姚萇出自南鄉，[3]苟池等與强弩王顯將勁卒四萬從武當繼進，[4]大會漢陽。師次沔北，晋南中郎將朱序以丕軍無舟檝，[5]不以爲虞，石越遂游馬以渡。序大懼，固守中城。越攻陷外郛，獲船百餘艘以濟軍。丕率諸將進攻中城，遣苟池、石越、毛當以衆五萬屯于江陵。[6]晋車騎將軍桓冲擁衆七萬爲序聲援，[7]憚池等不進，保據上明。[8]兖州刺史彭超遣使上言於堅曰："晋沛郡太守戴逯以卒數千戍彭城，[9]臣請率精鋭五萬攻之，願更遣重將討淮南諸城。"堅於是又遣其後將軍俱難率右將軍毛當、後禁毛盛、陵江邵保等步騎七萬寇淮陰、盱眙。[10]揚武彭超寇彭城。梁州刺史韋鍾寇魏興，[11]攻太守吉挹于西城。晋將軍毛武生率衆五萬距之，與俱難等相持于淮南。[12]

[1]苻丕：字永叔，本書卷一一五有載記。　襄陽：縣名，治所在今湖北省襄陽市。

[2]石越：十六國前秦人，任屯騎校尉、平州刺史，驍騎將軍、太子左衛率、領護鮮卑中郎將等職。　魯陽關：一作魯關。位於今河南省南召縣東北、魯山縣西南。當豫、荆間交通要道。

[3]南鄉：縣名，治所在今河南省淅川縣舊淅川縣城南原丹江南岸。

[4]强弩：官名，即强弩將軍，兩漢爲雜號將軍，省置無常。三國魏末司馬昭置以掌宿衛。西晋武帝太康十年（289）立弩營，以爲長官，充任皇帝侍衛。晋四品。　武當：縣名，治所在今湖北省丹江口市西北。

[5]南中郎將：官名，與東、西、北中郎將並稱四中郎將，統兵征戰，權職甚重。晋四品。　朱序：字次倫，本書卷八一有傳。

[6]江陵：縣名，治所在今湖北省江陵縣。

[7]車騎將軍：官名，魏晋南北朝時位次於驃騎將軍，在諸名號將軍之上，多作爲軍府名號，以加授大臣及重要州郡長官。晋二品，開府位從公者一品。　桓冲：字幼子，本書卷七四有傳。

[8]上明：即上明城，東晋太元二年（377）以後爲荆州州治。位於今湖北省松滋市西北長江南岸。

[9]沛郡：治所在沛縣（今江蘇省沛縣）。　彭城：縣名，治所在今江蘇省徐州市。

[10]陵江：官名，即陵江將軍，亦稱淩江將軍。屬名號將軍。晋五品。　淮陰：縣名，治所在今江蘇省淮安市淮陰區西南。　盱眙：縣名，治所在今江蘇省盱眙縣東北。

[11]魏興：郡名，東漢建安二十年（215）分漢中郡置西城郡，曹魏黄初二年（221）改名魏興，治所在西城縣（今陝西省安康市西北）。

[12]梁州刺史韋鍾寇魏興，攻太守吉挹於西城。晋將軍毛武生率衆五萬距之，與俱難等相持於淮南：中華本校勘記："《毛穆之（即武生）傳》云：'苻堅别將寇彭城，復以將軍假節監江北軍事，鎮廣陵。'此處上文方稱'彭超寇彭城'，即應逕接'晋將軍毛武生率衆五萬拒之'，情事始明。而中間忽插入韋鍾攻魏興事，遂似武生拒韋鍾軍於魏興。疑'韋鍾寇魏興'云云本在'相持於淮南'句下，錯簡在上，《通鑑》一〇四叙次正如此，可證。又'武生'，《通鑑》作'虎生'，當是《晋書》避唐諱改'武'。"

先是，梁熙遣使西域，[1]稱揚堅之威德，并以繒彩賜諸國王，於是朝獻者十有餘國。大宛獻天馬千里駒，[2]皆汗血、朱鬣、五色、鳳膺、麟身，及諸珍異五百餘種。堅曰："吾思漢文之返千里馬，咨嗟美咏。今所獻馬，其悉返之，庶克念前王，仿佛古人矣。"乃命群臣作止馬詩而遣之，示無欲也。其下以爲盛德之事，遠同漢文，於是獻詩者四百餘人。

[1]西域：古代對玉門關以西地區的總稱。狹義西域指葱嶺以東，廣義則指通過狹義西域所到達的地區。

[2]大宛：西域國名。在今烏兹别克斯坦共和國費爾干納盆地。都貴山城（今烏兹别克斯坦共和國卡散賽）。

是時苻丕久圍襄陽，御史中丞李柔劾丕以師老無功，請徵下廷尉。[1]堅曰："丕等費廣無成，實宜貶戮。但師已淹時，不可虛然中返，其特原之，令以功成贖罪。"因遣其黄門郎韋華持節切讓丕等，[2]仍賜以劍，曰："來春不捷者，汝可自裁，不足復持面見吾也。"初，丕之寇襄陽也，將急攻之，苟萇諫曰："今以十倍之衆，積粟如山，但掠徙荆楚之人内於許洛，[3]絶其糧運，使外援不接，糧盡無人，不攻自潰，何爲促攻以傷將士之命？"丕從之。及堅讓至，衆咸疑懼，莫知所爲。征南主簿河東王施進曰：[4]"以大將軍英秀，諸將勇鋭，以攻小城，何異洪鑪燎羽毛。所以緩攻，欲以計制之。若決一旦之機，可指日而定。今破襄陽，上明自遁，復何所疑！願請一旬之期，以展三軍之勢。如其不捷，施請爲戮首。"丕於是促圍攻之。堅將親率衆助丕等，使苻融將關東甲卒會于壽春，梁熙統河西之衆以繼中軍。融、熙並上言，以爲未可興師，乃止。

[1]廷尉：官名，中央最高司法審判機構長官。負責會審朝中有罪文武大臣，覆核審決郡國疑獄等。晋三品。

[2]黄門郎：官名，黄門侍郎或給事黄門侍郎的省稱。晋五品。　切讓：深加責備。

[3]掠徙：殿本無"掠"字。

[4]征南：官名，即征南將軍。與征東、征西、征北將軍合稱四征將軍。三國魏蜀吴、兩晋皆置，出鎮方面，地位顯要。晋三品，加持節都督者二品。　主簿：官名，此爲征南將軍主簿。將軍府屬官，典領文書籍簿，省録衆事，職權甚重。　河東：郡名，治

所在安邑縣（今山西省夏縣西北禹王城）。

太元四年，晉兗州刺史謝玄率衆數萬次于泗汭，[1]將救彭城。苻丕陷襄陽，執南中郎將朱序，送于長安，堅署爲度支尚書。[2]以其中壘梁成爲南中郎將、都督荆揚州諸軍事、荆州刺史，[3]領護南蠻校尉，[4]配兵一萬鎮襄陽，以征南府器杖給之。彭超圍彭城也，置輜重于留城。[5]至是，晉將謝玄遣將軍何謙之、高衡率衆萬餘，聲趣留城，超引軍赴之。戴逯率彭城之衆奔于謝玄，超留其治中徐褒守彭城而復寇盱眙。[6]俱難既陷淮陰，留邵保戍之，與超會師而南。晉將毛武生救魏興，遣前鋒督護趙福、將軍袁虞等將水軍一萬，[7]泝江而上。堅南巴校尉姜宇遣將張紹、仇生等水陸五千距之，戰于南縣，王師敗績。尋而韋鍾攻陷魏興，執太守吉挹。毛當與王顯自襄陽而東，會攻淮南。彭超陷盱眙，獲晉建威將軍、高密内史毛璪之，[8]遂攻晉幽州刺史田洛于三阿，[9]去廣陵百里，[10]京都大震，臨江列戍。孝武帝遣征虜將軍謝石率水軍次于涂中，[11]右衛將軍毛安之、游擊將軍河間王曇之次于堂邑，[12]謝玄自廣陵救三阿。毛當、毛盛馳襲安之，王師敗績。玄率衆三萬次于白馬塘，[13]俱難遣其將都顏率騎逆玄，戰于塘西，玄大敗之，斬顏。玄進兵至三阿，與難、超戰，超等又敗，退保盱眙。玄進次石梁，[14]與田洛攻盱眙，難、超出戰，復敗，退屯淮陰。玄遣將軍何謙之、督護諸葛侃率舟師乘潮而上，焚淮橋，又與難等合戰，謙之斬其將邵保，難、超退師淮北。難歸罪彭超，斬其司馬柳渾。堅聞之，大怒，檻車徵超下獄，超自殺，難免爲庶人。

［1］兖州：此爲東晋僑置兖州，又稱南兖州。最初治嶧山，後多次移治。（詳見胡阿祥《東晋南朝僑州郡縣與僑流人口研究》，江蘇教育出版社 2008 年版，第 161 頁）　謝玄：字幼度，本書卷七九有傳。　泗汭：位於彭城（今江蘇省徐州市）附近泗水之北。

［2］度支尚書：官名，尚書省度支曹長官，掌全國財富的收支會計及事役、漕運、物價、屯田之政令。晋三品。

［3］以其：宋本無“其”字。　都督荆揚州諸軍事：荆州、揚州最高軍事行政長官。　荆州：治所在江陵縣（今湖北省江陵縣）。

［4］護南蠻校尉：官名，亦稱南蠻校尉，府鎮襄陽，東晋改鎮江陵。掌荆州及江州少數民族事務，統兵。晋四品。

［5］留城：《元和郡縣圖志》卷九《河南道·沛縣》：“故留城，在縣東南五十五里。”沛縣，即今江蘇省沛縣。

［6］治中：官名，治中從事史、治中從事的省稱。州之佐吏，掌選署及文書案卷。魏晋之世，身份雖低，職權極重。

［7］前鋒督護：官名，統率前鋒的主將，地位高於諸州所置的一般都護。

［8］高密：郡國名，治所在高密縣（今山東省高密市西南）。　内史：官名，西晋武帝太康十年（289）改諸王國相爲内史，掌管民政。晋五品。周家禄《晋書校勘記》認爲：“晋制，以郡爲國，内史治民事，若郡太守。國除爲郡，復稱太守。然二名往往混淆，史家亦互稱之。”

［9］三阿：地名，在今江蘇省盱眙縣東南。

［10］廣陵：郡名，治所在廣陵縣（今江蘇省揚州市西北蜀岡上）。

［11］征虜將軍：既是武官名，也作爲高級文職官員的加官。晋三品。　謝石：字石奴，本書卷七九有傳。　涂中：地區名，即今

安徽、江蘇兩省境内的滁河流域。

[12]右衛將軍：官名，三國魏咸熙二年（265），司馬炎即晋王位，分中衛將軍爲左、右衛將軍。掌佽飛虎賁及前驅、由基、强弩三部司馬，屬下還有虎賁、羽林、上騎、異力、命中共五部督，負責宫禁侍衛。西晋屬中軍將軍，後屬領軍將軍。爲禁衛軍主要統帥之一，權任很重。晋四品。　毛安之：字仲祖，本書卷八一有傳。　河間：郡國名，治所在樂成縣（今河北省獻縣東南）。　堂邑：縣名，治所在今江蘇省南京市六合區東。

[13]白馬塘：地名，在今江蘇省高郵市西南。

[14]石梁：石梁城，位於今江蘇省南京市六合區西。

堅以毛當爲平南將軍、徐州刺史，[1]鎮彭城；毛盛爲平東將軍、兖州刺史，[2]鎮胡陸；[3]王顯爲平吴校尉、揚州刺史，[4]戍下邳；[5]賞堂邑之功也。又以苻洛爲散騎常侍、持節、都督益寧西南夷諸軍事、征南大將軍、益州牧，[6]領護西夷校尉，[7]鎮成都，命從伊闕自襄陽溯漢而上。洛，健之兄子也。雄勇多力，而猛氣絶人，堅深忌之，故常爲邊牧。洛有征伐之功而未賞，及是遷也，恚怒，謀於衆曰："孤於帝室，至親也，主上不能以將相任孤，常擯孤於外，既投之西裔，復不聽過京師，[8]此必有伏計，令梁成沉孤於漢水矣。爲宜束手就命，爲追晋陽之事以匡社稷邪？諸君意如何？"其治中平顔妄陳祥瑞，[9]勸洛舉兵。洛因攘袂大言曰："孤計决矣，沮謀者斬！"於是自稱大將軍、大都督、秦王，署置官司，以平顔爲輔國將軍、幽州刺史，[10]爲其謀主。分遣使者徵兵於鮮卑、烏丸、高句麗、百濟及薛羅、休忍等諸國，[11]並不從。洛懼而欲止，平顔曰："且宜聲言受詔，盡幽并之兵出自中山、常山，[12]陽平公必郊迎於路，[13]因而執之，進據冀州，總關東之衆以圖秦雍，可使百姓不覺易主而大業定矣。”洛從之，乃率衆七萬發和龍，將圖長安。於是關中騷動，盜賊並起。堅遣使數之曰：“天下未一家，兄弟匪他，何爲而反？[14]可還和龍，當以幽州永爲世封。”洛謂使者曰：“汝還白東海王，幽州褊阨，不足容萬乘，須還王咸陽，以承高祖之業。若能候駕潼關者，位爲上公，爵歸本國。”堅大怒，遣其左將軍竇衝及吕光率步騎四萬討之，[15]右將軍都貴馳傳詣鄴，率冀州兵三萬爲前鋒，以苻融爲大都督，授之節度。[16]使石越率騎一萬，自東萊出石徑，[17]襲和龍，海行四百餘里。苻重亦盡薊城之衆會洛，次于中山，[18]有衆十萬。衝等與洛戰于中山，大敗之，執洛及其將蘭殊，送于長安。吕光追斬苻重於幽州，石越克和龍，斬平顔及其黨與百餘人。堅赦蘭殊，署爲將軍，徙洛于涼州，徵苻融爲車騎大將軍、領宗正、録尚書事。[19]

[1]徐州：治所在彭城縣（今江蘇省徐州市）。

[2]平東將軍：官名，與平北、平南、平西將軍合稱四平將軍，權任很重，多持節都督或監某一地區的軍事，有時亦作爲刺史等地方官員兼理軍務的加官。晋三品，加持節都督者二品。

[3]胡陸：即湖陸，縣名，治所在今山東省魚臺縣東南。

[4]平吴校尉：十六國前秦爲伐江南而置，統兵。　揚州：十六國前秦揚州治所在下邳（今江蘇省睢寧縣古邳鎮東）。

[5]下邳：縣名，治所在今江蘇省睢寧縣古邳鎮東。

[6]都督益寧西南夷諸軍事：益、寧二州及西南夷之最高軍事

行政長官。　征南大將軍：官名，將軍名號，多授予統兵出鎮在外，都督數州諸軍事者。位在征南將軍之上。晉二品，開府位從公者一品。

［7］護西夷校尉：官名，亦稱西夷校尉。晉武帝太康三年（282）置，治寧州，寧州併入益州後以益州刺史兼領。東晉平蜀後復置，持節統兵，掌益州少數民族事務。立府，置長史、司馬，可與刺史一樣舉秀才、廉吏、良吏。晉四品。十六國前秦亦置，掌益州及西部地區少數民族事務。北涼段業亦置，掌凉興以西少數民族事務。

［8］京師：國都。《春秋公羊傳·桓公九年》："京師者何？天子之居也。"

［9］平顔：中華本校勘記："《通鑑》一〇四'顔'作'規'。"　安陳：安，宋本作"安"。

［10］輔國將軍：官名，屬將軍名號，三國兩晉皆置。晉三品。

［11］百濟：古國名，故地在今朝鮮半島西南部，本馬韓故地。　薛羅：國名，具體不詳。　休忍：國名，具體不詳。

［12］中山：郡名，治所在盧奴縣（今河北省定州市）。　常山：郡名，治所在真定縣（今河北省石家莊市）。

［13］陽平公：即苻融。　郊迎：出城迎接。

［14］何爲而反：反，原本作"返"，宋本、殿本作"反"，據宋本、殿本改。

［15］竇衝：十六國前秦人，任苻堅左將軍、車騎大將軍、南秦州牧、大司馬、驃騎將軍、前鋒大都督、都督隴東諸軍事等職。苻堅死後，苻登任之爲右丞相。後叛變，自稱秦王，建年號。

［16］授之節度：給與調度指揮的權力。

［17］東萊：郡國名，治所在掖縣（今山東省萊州市）。　石徑：徑，殿本作"逕"。

［18］次于中山：殿本無"次"字。

［19］宗正：官名，又稱宗正卿、大宗正。掌皇族事務。曹魏時

多以皇族擔任，兩晋有時兼以外姓。晋三品。　録尚書事：官名，初爲職銜名，重臣加此名義始得總知國事，綜理政務，成爲真宰相。魏晋多以公卿權重者居之，總領尚書省政務，凡重號將軍、刺史皆得命曹授用，位在三公之上。

洛既平，以關東地廣人殷，[1]思所以鎮静之，引其群臣于東堂議曰："凡我族類，支胤彌繁，今欲分三原、九嵕、武都、汧、雍十五萬户於諸方要鎮，[2]不忘舊德，爲磐石之宗，於諸君之意如何？"皆曰："此有周所以祚隆八百，社稷之利也。"於是分四帥子弟三千户，以配苻丕鎮鄴，如世封諸侯，爲新券主。堅送丕於灞上，流涕而别。諸戎子弟離其父兄者，皆悲號哀慟，酸感行人，識者以爲喪亂流離之象。於是分幽州置平州，[3]以石越爲平州刺史，領護鮮卑中郎將，[4]鎮龍城；[5]大鴻臚韓胤領護赤沙中郎將，[6]移烏丸府于代郡之平城；[7]中書令梁讜爲安遠將軍、幽州刺史，[8]鎮薊城；[9]毛興爲鎮西將軍、河州刺史，鎮枹罕；王騰爲鷹揚將軍、并州刺史，[10]領護匈奴中郎將，鎮晋陽；[11]二州各配支户三千；[12]苻暉爲鎮東大將軍、豫州牧，[13]鎮洛陽；苻叡爲安東將軍、雍州刺史，[14]鎮蒲坂。

[1]以關東地廣人殷：殿本"以"上有"堅"字。人殷，人衆多。

[2]三原：《元和郡縣圖志》卷一《關内道·三原縣》："嵯峨在今縣西北六十里，苻秦於此山北置三原護軍，以其地西有孟侯原，南曰豐原，北曰白鹿原。"三原縣，治所在今陝西省淳化縣東嵯峨山之北。　九嵕（zōng）：縣名，治所在今陝西省禮泉縣東北。

汧：縣名，治所在今陝西省隴縣東南。　雍：縣名，治所在今陝西省鳳翔縣西南豆腐村。

[3]平州：治所在襄平縣（今遼寧省遼陽市）。

[4]護鮮卑中郎將：官名，十六國前秦置，掌管居於東北地區的鮮卑事務。

[5]龍城：又稱和龍城、黄龍城、龍都。位於今遼寧省朝陽市十二臺營子。

[6]大鴻臚：官名，九卿之一，掌賓客迎送接待，贊襄引導朝會百官等。晋三品。　護赤沙中郎將：官名，十六國前秦置，掌管東北地區烏丸事務。

[7]代郡：治所在代縣（今河北省蔚縣東北）。

[8]中書令：殿本無“令”字。

[9]薊城：薊縣城，位於今北京市西南。

[10]并州：治所在晋陽縣（今山西省太原市西南）。

[11]護匈奴中郎將：官名，亦作使匈奴中郎將、匈奴中郎將。東漢置，監護南匈奴單于，參與司法事務，幫助南匈奴防禦北匈奴侵擾。三國魏、西晋、十六國前秦、後秦皆置。晋四品。

[12]二州各配支户三千：中華本校勘記：“《通鑑》一〇四‘支’作‘氐’，疑是。”

[13]苻暉：十六國前秦人，苻堅子，歷任鎮東大將軍、豫州牧、持節、散騎常侍、都督中外諸軍事、車騎大將軍、司隸校尉、録尚書等職。後因兵敗被苻堅指責，自殺。　豫州：治所在河南郡（今河南省洛陽市東北）。

[14]安東將軍：官名，東漢建安年間置，與安西、安南、安北將軍合稱四安將軍，爲出鎮某一地區的軍事長官，或作爲刺史等兼理軍務的加官，權任頗重。晋三品，加持節都督者二品。　雍州：治所在蒲坂縣（今山西省永濟市西南蒲州鎮）。

先是，高陸人穿井得龜，大三尺，背有八卦文，堅命太卜池養之，食以粟，及此而死，藏其骨於太廟。其夜廟丞高虜夢龜謂之曰：[1]“我本出將歸江南，遭時不遇，隕命秦庭。”又有人夢中謂虜曰：“龜三千六百歲而終，終必妖興，亡國之徵也。”

[1]廟丞：官名，廟令佐官，掌開合、灑掃等事務。

堅自平諸國之後，國内殷實，遂示人以侈，懸珠簾于正殿，以朝群臣，宮宇車乘，器物服御，悉以珠璣、琅玕、奇寶、珍怪飾之。尚書郎裴元略諫曰：“臣聞堯舜茅茨，周卑宮室，故致和平，慶隆八百。始皇窮極奢麗，嗣不及孫。願陛下則采椽之不琢，鄙瓊室而不居，敷純風於天下，流休範於無窮，賤金玉，珍穀帛，勤恤人隱，勸課農桑，捐無用之器，棄難得之貨，敦至道以厲薄俗，修文德以懷遠人。然後一軌九州，同風天下，刑措既登，告成東岳，踪軒皇以齊美，哂二漢之徒封，臣之願也。”堅大悦，命去珠簾，以元略爲諫議大夫。[1]

[1]諫議大夫：官名，掌議論顧問、參謀應對。晋七品。

鄯善王、車師前部王來朝，[1]大宛獻汗血馬，[2]肅慎貢楛矢，[3]天竺獻火浣布，[4]康居、于闐及海東諸國，[5]凡六十有二王，皆遣使貢其方物。

[1]鄯善：西域國名，國都在伊循城（今新疆維吾爾自治區若

羌縣東)。　車師：亦作姑師，古西域族名。漢宣帝時分爲車師前國、車師後國。屬西域都護。漢魏之際東且彌國、西且彌國、單桓國、畢陸國、薄陸國、烏貪訾離國皆並屬車師後部。三國時，魏西域戊己校尉居前部高昌，賜後部王侍中，號大都尉。晋屬西域戊己校尉。此後車師僅見前部。前秦時苻堅封車師前部王爲使持節、平西將軍、西域都護。

[2]汗血馬：西域良馬。《漢書》卷六《武帝紀》："四年春，貳師將軍廣利斬大宛王首，獲汗血馬來。"顔師古注引應劭曰："大宛舊有天馬種，蹋石汗血，汗從前肩髆出，如血。號一日千里。"

[3]肅慎：古族名，亦作息慎、稷慎，分布在今長白山北，東濱日本海，西近嫩江，北達黑龍江以北的廣大地區。　楛矢：以楛木做杆的箭。

[4]天竺：古印度。　火浣布：即石棉布。《列子·湯問》："火浣之布，浣之必投於火。"

[5]康居：西域國名，本書卷九七有傳。　于闐：于闐國，本西域城國，國都在西城（今新疆維吾爾自治區和田縣境）。西漢時屬西域都護府。

初，堅母少寡，將軍李威有辟陽之寵，[1]史官載之。至是，堅收起居注及著作所録而觀之，見其事，慚怒，乃焚其書而大檢史官，將加其罪。著作郎趙泉、[2]車敬等已死，乃止。

[1]辟陽之寵：辟陽，即西漢審食其。初以舍人侍吕后，夤緣迎合，奉命維謹，漸爲吕后所寵幸。劉邦稱帝，封爲辟陽侯。吕后時，任左丞相。公卿皆因而决事，權勢極大。後因以辟陽之寵指被后妃寵幸的大臣。

[2]著作郎：官名，三國時爲著作局長官，隸屬中書省。西晋

時著作局别自置省，長官仍爲著作郎，改隸屬秘書省。西晋後亦稱大著作郎、大著作、著作，掌國史及起居注的修撰。兩晋南北朝時爲清要之官，多由有名望的文學之士擔任，也用司空、侍中、尚書等官典領。職閑位重，南朝時多爲貴族起家官。晋六品。　趙泉：中華本校勘記："《斠注》：《史通·正史篇》曰：前秦史官，初有趙淵、車敬。趙淵以唐人避諱改'泉'。"

荆州刺史都貴遣其司馬閻振、中兵參軍吴仲等率衆二萬寇竟陵，[1]留輜重于管城，[2]水陸輕進。桓冲遣南平太守桓石虔、竟陵太守郭銓等水陸二萬距之，[3]相持月餘，戰于滶水。[4]振等大敗，退保管城。石虔乘勝攻破之，斬振及仲，俘斬萬七千。[5]

[1]荆州刺史都貴遣其司馬閻振：中華本校勘記："'都貴'，《斠注》：《孝武紀》作'都貴'，《桓冲傳》作'郝貴'，《桓石虔傳》作'梁成'，人名各異，蓋不可定其孰是孰非。又云：司馬閻振，《孝武紀》及桓冲、桓石虔《傳》俱作'襄陽太守閻震'。"　中兵參軍：官名，兩晋南北朝諸公、軍府僚屬之一，亦作中兵參軍事。掌本府中兵曹事務，兼備參謀咨詢。東晋末改置中置兵參軍，兼領中兵、直兵二曹。　竟陵：郡名，治所在石城縣（今湖北省鍾祥市）。

[2]管城：位於今湖北省鍾祥市北。

[3]南平：郡名，治所在江安縣（在今湖北省公安縣西北）。　郭銓：東晋人，歷任梁州刺史、南平太守、竟陵太守、益州刺史。桓玄叛亂，任之爲前將軍，後歸降劉裕。

[4]滶水：古水名。即今石河。源出今河南省魯山縣西北榖積山，東流至寶豐縣西北入汝水。

[5]俘斬萬七千：宋本無"斬"字。

晋書　卷一一四

載記第十四

苻堅下 王猛 苻融 苻朗

苻堅下

太元七年，堅饗群臣于前殿，樂奏賦詩。秦州别駕天水姜平子詩有“丁”字，[1]直而不曲。堅問其故，平子曰：“臣丁至剛，不可以屈，且曲下者不正之物，未足獻也。”堅笑曰：“名不虚行。”因擢爲上第。

[1]别駕：官名，别駕從事、别駕從事史省稱。州部佐官，因從刺史行部，别乘傳車，故稱。位居州吏之右。　天水：郡名，東漢、三國魏治所在冀縣（今甘肅省甘谷縣東南），西晋治所在上邽縣（今甘肅省天水市）。

堅兄法子東海公陽與王猛子散騎侍郎皮謀反，[1]事洩，堅問反狀，陽曰：“禮云，父母之仇，不同天地。臣父哀公，死不以罪，齊襄復九世之仇，[2]而况臣也！”

皮曰："臣父丞相有佐命之勛，而臣不免貧餒，所以圖富也。"堅流涕謂陽曰："哀公之薨，事不在朕，卿寧不知之！"讓皮曰："丞相臨終，託卿以十具牛爲田，不聞爲卿求位。知子莫若父，何斯言之徵也！"皆赦不誅，徙陽于高昌，[3]皮于朔方之北。苻融以位忝宗正，不能肅遏奸萌，上疏請待罪私藩。堅不許。將以融爲司徒，[4]融固辭。堅鋭意荆揚，將謀入寇，乃改授融征南大將軍、開府儀同三司。

[1]堅兄法子東海公陽：中華本校勘記："《周虓傳》'陽'作'苞'。卷一一三亦作'陽'。"　散騎侍郎：官名，三國魏置。隸屬散騎省，侍從皇帝左右，顧問應對，諫諍拾遺，與散騎常侍、侍中等共平尚書奏事。晋五品。

[2]齊襄復九世之仇：《春秋公羊傳·莊公四年》："紀侯大去其國。"公羊壽傳："大去者何？滅也。孰滅之？齊滅之。曷爲不言齊滅之？爲襄公諱也。《春秋》爲賢諱。何賢乎襄公？復讎也。何讎爾？遠祖也。哀公亨乎周，紀侯譖之。以襄公之爲於此焉者，事祖禰之心盡矣。盡者何？襄公將復讎乎紀，卜之曰：'師喪分焉。寡人死之，不爲不吉也。'遠祖者，幾世乎？九世矣。九世猶可以復讎乎？雖百世可也。"

[3]高昌：郡名，治所在高昌城（今新疆維吾爾自治區吐魯番市東南高昌廢址）。

[4]司徒：官名，西漢哀帝元壽二年（前1）改丞相爲大司徒，東漢光武帝時改名爲司徒，東漢末又改爲丞相。三國魏恢復三公制，改丞相爲司徒，管理民政。兩晋沿制，爲八公之一，在太尉之下、司空之上。與丞相通職，一般不並置，爲名譽宰相。晋一品。

新平郡獻玉器。[1]初，堅即僞位，新平王彫陳説圖讖，堅大悦，以彫爲太史令。[2]嘗言於堅曰：“謹案讖云：‘古月之末亂中州，洪水大起健西流，惟有雄子定八州。’此即三祖、陛下之聖諱也。又曰：‘當有草付臣又土，滅東燕，破白虜，氐在中，華在表。’案圖讖之文，陛下當滅燕，平六州。願徙汧隴諸氐于京師，[3]三秦大户置之于邊地，[4]以應圖讖之言。”堅訪之王猛，猛以彫爲左道惑衆，勸堅誅之。彫臨刑上疏曰：“臣以趙建武四年，從京兆劉湛學，[5]明於圖記，謂臣曰：‘新平地古顓頊之墟，[6]里名曰雞閭。[7]記云，此里應出帝王寶器，其名曰延壽寶鼎。顓頊有云，河上先生爲吾隱之于咸陽西北，吾之孫有草付臣又土應之。’湛又云：‘吾嘗齋於室中，夜有流星大如半月，落於此地，斯蓋是乎！’願陛下誌之，平七州之後，出于壬午之年。”至是而新平人得之以獻，器銘篆書文題之法，一爲天王，二爲王后，三爲三公，四爲諸侯，五爲伯子男，六爲卿大夫，七爲元士。自此已下，考載文記，列帝王名臣，自天子王后，内外次序，上應天文，象紫宫布列，依玉牒版辭，不違帝王之數。從上元人皇起，[8]至中元，[9]窮于下元，[10]天地一變，盡三元而止。堅以彫言有徵，追贈光禄大夫。[11]

[1]新平郡：治所在漆縣（今陝西省彬州市）。

[2]太史令：官名，屬太常。掌天時、星曆、歲終奏新年曆。記録瑞應、灾異等。晋七品。太，殿本作“大”。

[3]汧隴：地區名，泛指今陝西省千河流域隴縣、千縣一帶。

［4］三秦：項羽三分關中，封章邯爲雍王、司馬欣爲塞王、董翳爲翟王，合稱三秦。其地相當於陝西省關中及甘肅省東部。

［5］京兆：郡名，治所在長安縣（今陝西省西安市西北）。

［6］顓頊：上古帝王，姬姓，號高陽氏，黄帝後裔。

［7］里名曰鷄間：中華本校勘記："《御覽》七五六引《秦書》'曰'作'白'。'白雞間'爲一詞。"

［8］上元人皇：《史記》卷六《秦始皇本紀》載李斯上書："'古有天皇，有地皇，有泰皇，泰皇最貴。'臣等昧死上尊號，王爲'泰皇'。"《太平御覽》卷八六《皇王部·始皇帝》爲"有天皇，有地皇，有人皇，人皇最貴"。亦見"泰皇"即"人皇"。又數術家認爲，人皇、天皇、地皇各統世一萬八千年。

［9］中元：人皇最貴，天皇次之，故天皇稱中元。

［10］下元：地皇又次之，故稱下元。

［11］光禄大夫：官名，三公等大臣告老回家即拜此職，或作爲在朝顯職的加官。晉三品，開府位從公者一品。

幽州蝗，廣袤千里，堅遣其散騎常侍劉蘭持節爲使者，發青、冀、幽、并百姓討之。

以苻朗爲使持節、都督青徐兖三州諸軍事、鎮東將軍、青州刺史，[1]以諫議大夫裴元略爲陵江將軍、西夷校尉、巴西梓潼二郡太守，[2]密授規模，令與王撫備舟師于蜀，將以入寇。

［1］都督青徐兖三州諸軍事：上述三州最高軍事行政長官。鎮東將軍：官名，東漢建安年間置，與鎮西、鎮南、鎮北將軍合稱四鎮將軍，多爲持節都督，出鎮方面。曹魏二品。晉三品，加持節都督者二品。

［2］巴西：郡名，治所在閬中縣（今四川省閬中市）。

車師前部王彌窴、鄯善王休密馱朝于堅，堅賜以朝服，引見西堂。[1]窴等觀其宫宇壯麗，儀衛嚴肅，甚懼，因請年年貢獻。堅以西域路遥，不許，令三年一貢，九年一朝，以爲永制。窴等請曰："大宛諸國雖通貢獻，然誠節未純，請乞依漢置都護故事。[2]若王師出關，請爲鄉導。"堅於是以驍騎吕光爲持節、都督西討諸軍事，[3]與陵江將軍姜飛、輕騎將軍彭晃等配兵七萬，[4]以討定西域。苻融以虚耗中國，投兵萬里之外，得其人不可役，得其地不可耕，固諫以爲不可。堅曰："二漢力不能制匈奴，猶出師西域。今匈奴既平，易若摧朽，雖勞師遠役，可傳檄而定，化被崑山，垂芳千載，不亦美哉！"朝臣又屢諫，皆不納。

[1]西堂：太極殿西堂。

[2]都護：官名，即西域都護，亦稱都護西域、使西域都護。主管西域地區軍政事務。

[3]驍騎：官名，三國魏爲内軍將領，統營兵。兩晋與領軍、護軍、左右衛、游擊諸將軍合稱六軍，擔當宿衛之任，是護衛宫廷的主要將領。晋四品。　都督西討諸軍事：西討事務最高軍事行政長官。

[4]輕騎將軍：官名，十六國前秦置，統兵征討。

晋將軍朱綽焚踐沔北屯田，掠六百餘户而還。堅引群臣會議，曰："吾統承大業垂二十載，[1]芟夷逋穢，四方略定，惟東南一隅未賓王化。吾每思天下不一，未嘗不臨食輟餔，今欲起天下兵以討之。略計兵杖精卒，可有九十七萬，吾將躬先啓行，薄伐南裔，於諸卿意何如?”秘書監朱肜曰：“下應天順時，恭行天罰，嘯咤則五岳摧覆，呼吸則江海絶流，若一舉百萬，必有征無戰。晉主自當銜璧輿櫬，啓顙軍門，[2]若迷而弗悟，必逃死江海，猛將追之，即可賜命南巢。中州之人，還之桑梓。[3]然後回駕岱宗，[4]告成封禪，起白雲於中壇，受萬歲於中岳，爾則終古一時，書契未有。”堅大悦曰：“吾之志也。”左僕射權翼進曰：“臣以爲晉未可伐。夫以紂之無道，天下離心，八百諸侯不謀而至，武王猶曰彼有人焉，回師止旆。三仁誅放，[5]然後奮戈牧野。[6]今晉道雖微，未聞喪德，君臣和睦，上下同心。謝安、桓冲，[7]江表偉才，[8]可謂晉有人焉。臣聞師克在和，今晉和矣，未可圖也。”堅默然久之，曰：“諸君各言其志。”太子左衛率石越對曰：“吴人恃險偏隅，不賓王命，陛下親御六師，問罪衡越，誠合人神四海之望。但今歲鎮星守斗牛，[9]福德在吴。懸象無差，弗可犯也。[10]且晉中宗，[11]藩王耳，夷夏之情，咸共推之，遺愛猶在於人。昌明，[12]其孫也，國有長江之險，朝無昏貳之釁。臣愚以爲利用修德，未宜動師。孔子曰：‘遠人不服，修文德以來之。’願保境養兵，伺其虚隙。”堅曰：“吾聞武王伐紂，逆歲犯星。天道幽遠，未可知也。昔夫差威陵上國，[13]而爲勾踐所滅。[14]仲謀澤洽全吴，[15]孫皓因三代之業，龍驤一呼，[16]君臣面縛，雖有長江，其能固乎！以吾之衆旅，投鞭於江，足斷其流。”越曰：“臣聞紂爲無道，天下患之。夫差淫虐，孫皓昏暴，衆叛親離，所以敗也。今晉雖無德，未有斯罪，深願厲兵積粟以待天時。”群臣各有異同，庭議者久之。堅曰：“所謂築室于道，[17]沮計萬端，吾當内斷於心矣。”群臣出後，獨留苻融議之。堅曰：“自古大事，定策者一兩人而已，群議紛紜，徒亂人意，吾當與汝決之。”融曰：“歲鎮在斗牛，吴越之福，不可以伐一也。晋主休明，朝臣用命，不可以伐二也。我數戰，兵疲將倦，有憚敵之意，不可以伐三也。諸言不可者，策之上也，願陛下納之。”堅作色曰：“汝復如此，天下之事吾當誰與言之！今有衆百萬，資仗如山，吾雖未稱令主，亦不爲暗劣。以累捷之威，擊垂亡之寇，何不克之有乎！吾終不以賊遺子孫，[18]爲宗廟社稷之憂也。”融泣曰：“吴之不可伐昭然，虛勞大舉，必無功而反。臣之所憂，非此而已。陛下寵育鮮卑、羌、羯，[19]布諸畿甸，舊人族類，斥徙遐方。今傾國而去，如有風塵之變者，其如宗廟何！監國以弱卒數萬留守京師，鮮卑、羌、羯攢聚如林，此皆國之賊也，我之仇也。臣恐非但徒返而已，亦未必萬全。臣智識愚淺，誠不足采；王景略一時奇士，陛下每擬之孔明，其臨終之言不可忘也。”堅不納。游于東苑，命沙門道安同輦。[20]權翼諫曰：“臣聞天子法駕，[21]侍中陪乘，清道而行，進止有度。三代末主，或虧大倫，適一時之情，書惡來世。故班姬辭輦，[22]垂美無窮。道安毁形賤士，不宜參穢神輿。”堅作色曰：“安公道冥至境，德爲時尊，朕舉天下之重，未足以易之。非公與輦之榮，此乃朕之顯也。”命翼扶安升輦，顧謂安曰：“朕將與公南游吳越，整六師而巡狩，謁虞陵于疑嶺，[23]瞻禹穴于會稽，[24]泛長江，臨滄海，不亦樂乎！”安曰：“陛下應天御世，居中土而制四維，[25]逍遥順時，以適聖躬，動則鳴鑾清道，止則神栖無爲，端拱而化，與堯舜比隆，[26]何爲勞身于馳騎，口倦于經略，櫛風沐雨，蒙塵野次乎？且東南區區，地下氣癘，虞舜游而不返，大禹適而弗歸，何足以上勞神駕，下困蒼生。《詩》云：‘惠此中國，以綏四方。’[27]苟文德足以懷遠，可不煩寸兵而坐賓百越。”堅曰：“非爲地不廣、人不足也，但思混一六合，以濟蒼生。天生蒸庶，樹之君者，所以除煩去亂，安得憚勞！朕既大運所鍾，將簡天心以行天罰。[28]高辛有熊泉之役，[29]唐堯有丹水之師，[30]此皆著之前典，昭之後王。誠如公言，帝王無省方之文乎？[31]且朕此行也，以義舉耳，使流度衣冠之胄，還其墟墳，復其桑梓，止爲濟難銓才，[32]不欲窮兵極武。”安曰：“若鑾駕必欲親動，猶不願遠涉江淮，可暫幸洛陽，明授勝略，馳紙檄于丹楊，[33]開其改迷之路。如其不庭，[34]伐之可也。”堅不納。先是，群臣以堅信重道安，謂安曰：“主上欲有事於東南，公何不爲蒼生致一言也！”故安因此而諫。苻融及尚書原紹、石越等上書面諫，[35]前後數十，堅終不從。堅少子中山公詵有寵于堅，又諫曰：“臣聞季梁在隨，[36]楚人憚之；宫奇在虞，[37]晋不闚兵。國有人焉故也。及謀之不用，而亡不淹歲。[38]前車之覆軌，後車之明鑒。陽平公，國之謀主，而陛下違之；晋有謝安、桓冲，而陛下伐之。是行也，臣竊惑焉。”堅曰：“國有元龜，可以决大謀；朝有公卿，可以定進否。孺子言焉，將爲戮也。”

［1］吾統承大業垂二十載：中華本校勘記：“《通鑑》一〇四‘二’作‘三’，胡注云：‘自升平元年自立，至此凡二十六年。’按：《慕容垂載記》苻堅報垂書有云‘君臨萬邦，三十年矣’，此‘二十’當作‘三十’。”

［2］啓顙軍門：到軍門前磕頭乞降。“啓顙”即“稽顙”。

［3］桑梓：即故鄉。

［4］岱宗：泰山。

［5］三仁：殷商的三位仁人：箕子、微子、比干。

［6］牧野：地名，在今河南省淇縣以西、衛輝市以北。

［7］謝安：字安石，本書卷七九有傳。

［8］江表：江外，指長江以南地區。殿本無“表”字。

［9］鎮星守斗牛：土星進入斗宿和牛宿。鎮星，土星。斗宿，二十八宿之一，北方玄武七宿的第一宿，又稱南斗，有星六顆。牛宿，二十八宿之一，玄武七宿的第二宿。有星六顆。又稱牽牛。

［10］弗可犯也：弗，殿本作“不”。

［11］中宗：東晋元帝，廟號中宗。本書卷六有紀。

［12］昌明：司馬昌明，東晋孝武帝，本書卷九有紀。

［13］夫差：春秋末吴國國君，闔閭之子。公元前 495 至前 473 年在位。在位期間與越國争霸，曾打敗越國，使越王勾踐稱臣。後又率軍北上攻齊，在黄池會盟諸侯，從晋國處争得霸主。然後方被越王占領，終自殺。

［14］勾踐：春秋末越國國君，越王允常之子。勾踐三年（前 494）與吴軍戰於夫椒，敗後求和，入吴國爲人質三年。回國後與文種、范蠡等大臣共謀强國，卧薪嘗膽，奮發圖强，十年生聚，十年教訓，終於轉弱爲强。十五年，乘吴王夫差北上黄池與晋魯兩國

相會，率軍攻入吴國國都，逼迫吴國與之媾和。以後又多次攻吴，滅掉吴國。

［15］仲謀：即三國吴主孫權。

［16］龍驤：指王濬，字士治，本書卷四二有傳。

［17］築室于道：語出《詩·小雅·小旻》："築室于道谋，是用不溃于成。"

［18］賊遺子孫：遺，宋本作"爲"。

［19］羌：古代生活在西北地區的少數民族。　羯：魏晋時少數民族，活動於今山西、河北兩省地區間的内遷胡人，與西域胡人關係密切，爲舊屬匈奴的雜胡。唐長孺先生對此有考證。（參見唐長孺《魏晋南北朝史論叢》，河北教育出版社 2000 年版，第 398 頁）。

［20］沙門：僧人。　道安：釋道安：東晋常山扶柳（今河北省冀州市）人，俗姓衛，家世儒宗，遭亂世衰微。十二歲出家，後至鄴縣，師事佛圖澄。興寧三年（365）赴襄陽，在那裏十五年，整理校閱東漢光和以來禪學與般若學新舊譯經典，制定佛教戒規，主張僧侣以釋爲姓。太元四年（379）至長安，翻譯並講授般若學經典。

［21］天子法駕：天子車駕的一種。天子的鹵簿分大駕、法駕、小駕三種，其儀衛之繁簡各有不同。《史記》卷九《吕太后本紀》："迺奉天子法駕，迎代王於邸。"裴駰集解引蔡邕曰："天子有大駕、小駕、法駕。法駕上所乘，曰金根車，駕六馬，有五時副車，皆駕四馬，侍中參乘，屬車三十六乘。"

［22］班姬辭輦：典出《漢書》卷九七《外戚傳下》：成帝游於後庭，嘗欲與婕妤同輦載，婕妤辭曰："觀古圖畫，賢聖之君皆有名臣在側，三代末主乃有嬖女，今欲同輦，得無近似之乎？"上善其言而止。太后聞之，喜曰："古有樊姬，今有班婕妤。"

［23］虞陵：虞舜之陵。　疑嶺：即九嶷山，又名蒼梧山，位於今湖南省寧遠縣南，傳説中埋葬虞舜的地方。

［24］禹穴：位於今浙江省紹興市東南，相傳禹死後埋葬於此。

會稽：郡名，治所在山陰縣（今浙江省紹興市）。

［25］四維：四方。

［26］與堯舜比隆：與唐堯和虞舜等高。

［27］惠此中國，以綏四方：語出《詩·大雅·民勞》。

［28］簡天心：存留天心，懷有天心。

［29］高辛：即帝嚳，因初受封於辛，後即帝位，故號高辛氏。熊泉：確址不詳。

［30］丹水：源出今山西省高平市西北，東南流至河南省沁陽市界入沁水。

［31］省方：巡視四方。

［32］濟難：濟，殿本作“靖”。

［33］丹楊：郡名，治所在建鄴縣（今江蘇省南京市）。此指東晋朝廷。楊，殿本作“陽”。

［34］不庭：不朝於王庭。

［35］石越：十六國前秦人，任屯騎校尉、平州刺史、驍騎將軍、太子左衛率、領護鮮卑中郎將等職。越，宋本作“勒”。

［36］季梁：春秋時隨國人，爲國家賢臣。曾勸隨侯勿信神之保佑，當修政和民。楚武王三十五年（前706），楚欲伐隨，因有季梁在隨而作罷。梁，殿本作“良”。

［37］宫奇：宫之奇，春秋時虞國人。晋國想借道於虞國以伐虢國，宫之奇力諫虞國君主不要借道給晋國。虞君不聽，宫之奇便離開虞國。結果晋國滅虢國之後，回來就把虞國滅掉了。

［38］亡不淹歲：不滿一年就滅亡了。

所司奏劉蘭討蝗幽州，經秋冬不滅，請徵下廷尉詔獄。堅曰：“灾降在天，[1]殆非人力所能除也。此自朕之政違所致，蘭何罪焉！”

[1]灾降在天：在，宋本作“自”。

明年，吕光發長安，堅送于建章宫，謂光曰：“西戎荒俗，非禮義之邦。羈縻之道，服而赦之，示以中國之威，導以王化之法，勿極武窮兵，過深殘掠。”加鄯善王休密馱使持節、散騎常侍、都督西域諸軍事、寧西將軍，[1]車師前部王彌寘使持節、平西將軍、西域都護，率其國兵爲光鄉導。

[1]都督西域諸軍事：西域地區最高軍事行政長官。　寧西將軍：官名，屬將軍名號，十六國一些少數民族政權及北魏皆置。

是年，益州西南夷、海東諸國皆遣使貢其方物。

堅南游灞上，從容謂群臣曰：“軒轅，[1]大聖也，其仁若天，其智若神，猶隨不順者從而征之，居無常所，以兵爲衛，故能日月所照，風雨所至，莫不率從。今天下垂平，惟東南未殄。朕忝荷大業，巨責攸歸，豈敢優游卒歲，不建大同之業！每思桓温之寇也，江東不可不滅。今有勁卒百萬，文武如林，鼓行而摧遺晋，若商風之隕秋籜。[2]朝廷内外，皆言不可，吾實未解所由。晋武若信朝士之言而不征吴者，天下何由一軌！吾計决矣，不復與諸卿議也。”太子宏進曰：“吴今得歲，不可伐也。且晋主無罪，人爲之用；謝安、桓冲兄弟皆一方之俊才，君臣戮力，阻險長江，未可圖也。但可厲兵積粟，以待暴主，一舉而滅之。今若動而無功，則威名損於外，資財竭於内。是故聖王之行師也，内斷必誠，然後用之。彼若憑長江以固守，徙江北百姓於江南，增城清野，杜門不戰，我已疲矣。彼未引弓，土下氣癘，不可久留，陛下將若之何？”堅曰：“往年車騎滅燕，亦犯歲而捷之。天道幽遠，非汝所知也。昔始皇之滅六國，其王豈皆暴乎？且吾内斷於心久矣，舉必克之，何爲無功！吾方命蠻夷以攻其内，精甲勁兵以攻其外，内外如此，安有不克！”道安曰：“太子之言是也，願陛下納之。”堅弗從。冠軍慕容垂言於堅曰：“陛下德侔軒唐，功高湯武，威澤被于八表，[3]遠夷重譯而歸。[4]司馬昌明因餘燼之資，敢距王命，是而不誅，法將安措！孫氏跨僭江東，終并於晋，其勢然也。臣聞小不敵大，弱不禦强，况大秦之應符，陛下之聖武，强兵百萬，韓白盈朝，[5]而令其偷魂假號，以賊虜遺子孫哉！《詩》云：‘築室于道謀，是用不潰于成。’陛下内斷神謀足矣，不煩廣訪朝臣以亂聖慮。昔晋武之平吴也，言可者張杜數賢而已，[6]若采群臣之言，豈能建不世之功！諺云憑天俟時，時已至矣，其可已乎！”堅大悦，曰：“與吾定天下者，其惟卿耳。”賜帛五百匹。

[1]軒轅：傳説中的古代帝王黄帝的名字。傳説姓公孫，居於軒轅之丘，故名曰軒轅。曾戰勝炎帝於阪泉，戰勝蚩尤於涿鹿，諸侯尊爲天子。後人以之爲中華民族的始祖。

[2]商風：秋風。古人把五音與四季相配，商音配秋，因以商指秋季。　秋籜：秋日的竹殻。喻脆弱易掉落之物。

[3]八表：八方。

[4]重譯：輾轉翻譯。

[5]韓：韓信，秦末淮陰（今江蘇省淮安市淮陰區南）人，早年家貧，常從人寄食。後隨項羽起兵，因不受重用，轉投劉邦。受蕭何舉薦，拜大將軍。功勛卓著，爲漢初三傑之一。漢立封楚王，後貶爲淮陰侯。終爲吕后設計所殺。　白：白起，戰國郿（今陝西省眉縣東渭河北岸）人，一稱公孫起。戰國名將，歷任秦國左庶長、左更、國尉、大良造。先後攻韓國新城，破韓魏聯軍於伊闕，攻破楚都郢城，大破趙軍於長平，坑殺降卒四十餘萬。後因與范雎有隙，被免爲士伍，自殺。

[6]張：張華，字茂先，本書卷三六有傳。　杜：杜預，字元凱，本書卷三四有傳。

彗星掃東井。[1]自堅之建元十七年四月，長安有水影，遠觀若水，視地則見人，至是則止。堅惡之。上林竹死，洛陽地陷。

[1]掃東井：掃，原本、宋本、殿本作“埽”，據中華本改。

晋車騎將軍桓冲率衆十萬伐堅，遂攻襄陽。遣前將軍劉波、冠軍桓石虔、振威桓石民攻沔北諸城；[1]輔國楊亮伐蜀，攻拔伍城，[2]進攻涪城，[3]龍驤胡彬攻下蔡；[4]鷹揚郭銓攻武當；冲别將攻萬歲城，[5]拔之。堅大怒，遣其子征南叡及冠軍慕容垂、左衛毛當率步騎五萬救襄陽，[6]揚武張崇救武當，後將軍張蚝、步兵校尉姚萇救涪城。叡次新野，[7]垂次鄧城。[8]王師敗張崇于武當，掠二千餘户而歸。叡遣垂及驍騎石越爲前鋒，次于沔水。垂、越夜命三軍人持十炬火，繫炬於樹枝，光照十數里中。冲懼，退還上明。張蚝出斜谷，[9]楊亮亦引兵退歸。

[1]振威：官名，即振威將軍，雜號將軍，統兵出征。晉四品。　桓石民：桓彝孫，本書卷七四有傳。

[2]伍城：縣名，治所在今四川省中江縣東南。

[3]涪城：縣名，治所在今四川省綿陽市東涪江東岸。

[4]下蔡：縣名，治所在今安徽省鳳臺縣。

[5]萬歲城：確址待考，疑在今湖北省穀城縣一帶。

[6]左衛：官名，即左衛將軍。三國魏咸熙二年（265），司馬炎即晉王位，分中衛將軍爲左、右衛將軍。掌佽飛虎賁及前驅、由基、强弩三部司馬，屬下還有虎賁、羽林、上騎、異力、命中共五部督，負責宫禁侍衛。西晉屬中軍將軍，後屬領軍將軍。爲禁衛軍主要統帥之一，權任很重。晉四品。　毛當：十六國前秦人，任鎮軍將軍、前禁將軍、鎮西將軍、梁州刺史等職。

[7]新野：縣名，治所在今河南省新野縣。

[8]鄧城：縣名，治所在今湖北省襄陽市西北。

[9]斜谷：位於今陝西省眉縣西南。

堅下書悉發諸州公私馬，人十丁遣一兵。門在灼然者，爲崇文義從。良家子年二十已下，武藝驍勇，富室材雄者，皆拜羽林郎。[1]下書期克捷之日，以帝爲尚書左僕射，謝安爲吏部尚書，[2]桓冲爲侍中，並立第以待之。良家子至者三萬餘騎。其秦州主簿金城趙盛之爲建威將軍、少年都統。[3]遣征南苻融、驃騎張蚝、撫軍苻方、衛軍梁成、平南慕容暐、冠軍慕容垂率步騎二十五萬爲前鋒。[4]堅發長安，戎卒六十餘萬，騎二十七萬，前後千里，旗鼓相望。[5]堅至項城，[6]凉州之兵始達咸陽，[7]蜀漢之軍順流而下，幽冀之衆至于彭城，東西萬里，水陸齊進。運漕萬艘，自河入石門，[8]達于汝潁。[9]

[1]羽林郎：皇帝隨從侍衛。

[2]吏部尚書：官名，三國魏時爲尚書省吏部曹長官，位居列曹尚書之上。晋三品。

[3]秦州主簿：官名，秦州府屬官。典領文書籍簿，省録衆事，職權甚重。秦州，治所在天水郡（治所在今甘肅省天水市）。　金城：郡名，治所原來在允吾縣（今甘肅省永靖縣西北），曹魏時移治榆中縣（今甘肅省榆中縣西北黄河南岸）。　少年都統：官名，十六國前秦置，統率二十歲以下少年軍隊。

[4]驃騎：官名，即驃騎將軍。西漢時爲重號將軍，東漢以後，居諸名號將軍之首，僅作爲軍府名號加授大臣或重要州郡長官。晋二品，開府位從公者一品。　撫軍：官名，即撫軍將軍。三國蜀漢、孫吴皆置，爲加官，以示權重。晋沿置，與中軍將軍、鎮軍將軍並爲三名號將軍。晋三品。　衛軍：官名，即衛將軍。魏晋時位在名號將軍之上，多爲軍府名號，加給大臣、重要州郡長官。晋二品，開府位從公者一品。

[5]旗鼓：旗，殿本作“旌”。

[6]項城：縣名，治所在今河南省項城市。

[7]凉州：治所在姑臧縣（今甘肅省武威市）。

[8]石門：地名，在今河南省滎陽市東北。

[9]汝潁：汝南、潁川地區。

融等攻陷壽春，執晋平虜將軍徐元喜、安豐太守王先。[1]垂攻陷鄖城，[2]害晋將軍王太丘。梁成與其揚州刺史王顯、弋陽太守王咏等率衆五萬，[3]屯于洛澗，栅淮以遏東軍。成頻敗王師。晋遣都督謝石、徐州刺史謝玄、豫州刺史桓伊、輔國謝琰等水陸七萬,[4]相繼距融,去洛澗二十五里,憚成不進。龍驤將軍胡彬先保硤石,[5]爲融所逼,糧盡,詐揚沙以示融軍,潛遣使告石等曰:“今賊盛糧盡,恐不見大軍。”[6]融軍人獲而送之。融乃馳使白堅曰:“賊少易俘,但懼其越逸,宜速進衆軍,掎擒賊帥。”堅大悦,恐石等遁也,捨大軍于項城,以輕騎八千兼道赴之,令軍人曰:“敢言吾至壽春者拔舌。”故石等弗知。晋龍驤將軍劉牢之率勁卒五千,[7]夜襲梁成壘,克之,斬成及王顯、王咏等十將,士卒死者萬五千。謝石等以既敗梁成,水陸繼進。堅與苻融登城而望王師,見部陣齊整,將士精鋭,又北望八公山上草木,[8]皆類人形,顧謂融曰:“此亦勍敵也,何謂少乎!”憮然有懼色。初,朝廷聞堅入寇,會稽王道子以威儀鼓吹求助於鍾山之神,[9]奉以相國之號。及堅之見草木狀人,若有力焉。

[1]平虜將軍:官名,領軍武職,根據軍事行動而置。　安豐:郡名,治所在安風縣(今安徽省霍邱縣西南)。豐,原本、宋本作“豊”,殿本作“豐”,據殿本改。

[2]鄖城:即今湖北省安陸市。鄖,原本、殿本作“項”,宋本作“隕”,據中華本校勘記改。

[3]揚州:前秦揚州治所在下邳郡(治今江蘇省徐州市東)。　弋陽:郡名,治所在弋陽縣(今河南省潢川縣西)。

[4]都督:官名,此爲征討大都督,掌統率外出征伐之軍,名位在征討都督之上。　豫州:東晋豫州在西陽郡(治所在今湖北省鄂城市東北)。　桓伊:字叔夏,本書卷八一有傳。　謝琰:字瑗度,本書卷七九有傳。

[5]硤石：地名，在今安徽省淮南市西。

[6]恐不見大軍：宋本"大"下有"將"字。

[7]劉牢之：字道堅，本書卷八四有傳。

[8]八公山：位於今安徽省壽縣西北。

[9]威儀：儀仗。　鼓吹：帝王及高級官員儀仗中的樂隊，由管樂和打擊樂器組成，常用來賜予有軍功的高級武官。　鍾山之神：指蔣子文，東漢末人，任秣陵尉，後戰死，葬於鐘山。死後被尊爲神，封侯封王，六朝時期影響很大。

堅遣其尚書朱序説石等以衆盛，欲脅而降之。序詭謂石曰："若秦百萬之衆皆至，則莫可敵也。及其衆軍未集，宜在速戰。若挫其前鋒，可以得志。"石聞堅在壽春也，懼，謀不戰以疲之。謝琰勸從序言，遣使請戰，許之。時張蚝敗謝石于肥南，謝玄、謝琰勒卒數萬，陣以待之。蚝乃退，列陣逼肥水。王師不得渡，遣使謂融曰："君懸軍深入，置陣逼水，此持久之計，豈欲戰者乎？若小退師，令將士周旋，僕與君公緩轡而觀之，不亦美乎！"融於是麾軍却陣，却因其濟水，覆而取之。軍遂奔退，制之不可止。融馳騎略陣，馬倒被殺，軍遂大敗。王師乘勝追擊，至于青岡，[1]死者相枕。堅爲流矢所中，單騎遁還於淮北，飢甚，人有進壺飧豚髀者，[2]堅食之，大悦，曰："昔公孫豆粥何以加也！"[3]命賜帛十匹，綿十斤。辭曰："臣聞白龍厭天池之樂而見困豫且，[4]陛下目所睹也，耳所聞也。今蒙塵之難，豈自天乎！且妄施不爲惠，妄受不爲忠。陛下，臣之父母也，安有子養而求報哉！"弗顧而退。堅大慚，顧謂其夫人張氏曰：“朕若用朝臣之言，豈見今日之事邪！當何面目復臨天下乎？”潸然流涕而去。聞風聲鶴唳，皆謂晋師之至。其僕射張天錫、尚書朱序及徐元喜等皆歸順。初，諺言“堅不出項”，群臣勸堅停項，爲六軍聲鎮，堅不從，故敗。

[1]青岡：位於今安徽省鳳臺縣西北。

[2]壺飧豚髀：壶盛的汤饭熟食和猪腿肉。

[3]昔公孫豆粥：公孫，東漢人馮異字。典出《後漢書》卷《馮異傳》：“及王郎起，光武自薊東南馳，晨夜草舍，至饒陽無蔞亭。時天寒烈，衆皆飢疲，異上豆粥。明旦，光武謂諸將曰：‘昨得公孫豆粥，飢寒俱解。’”

[4]白龍厭天池之樂而見困豫且：《説苑·正諫》：吴王欲從民飲酒，伍子胥諫曰：“不可。昔白龍下清冷之淵，化爲魚，漁者豫且射中其目。白龍上訴天帝，天帝曰：‘當是之時，若安置而形？’白龍對曰：‘我下清冷之淵，化爲魚。’天帝曰：‘魚固人之所射也，若是豫且何罪？’夫白龍，天帝貴畜也，豫且，宋國賤臣也，白龍不化，豫且不射。今君棄萬乘之位，而從布衣之士飲酒，臣恐其有豫且之患矣。”

諸軍悉潰，惟慕容垂一軍獨全，堅以千餘騎赴之。垂子寶勸垂殺堅，垂不從，乃以兵屬堅。初，慕容暐屯鄖城，姜成等守漳口，[1]晋隨郡太守夏侯澄攻姜成，[2]斬之，暐棄其衆奔還。堅收離集散，比至洛陽，衆十餘萬，百官威儀軍容粗備。未及關而垂有貳志，説堅請巡撫燕岱，并求拜墓，堅許之。權翼固諫以爲不可，堅不從。尋懼垂爲變，悔之，遣驍騎石越率卒三千戍鄴，驃騎張蚝率羽林五千戍并州，留兵四千配鎮軍毛當戍洛陽。堅至自淮南，次于長安東之行宫，哭苻融而後入，告罪于其太廟，赦殊死已下，文武增位一級，厲兵課農，存恤孤老，諸士卒不返者皆復其家終世。贈融大司馬，謚曰哀公。

[1]漳口：位於今湖北省雲夢縣西南。

[2]隨郡：西晋太康九年（288），析義陽郡之隨、平林二縣置，治所在隨縣（今湖北省隨縣）。

衛軍從事中郎丁零翟斌反于河南，[1]長樂公苻丕遣慕容垂及苻飛龍討之。垂南結丁零，殺飛龍，盡坑其衆。豫州牧、平原公苻暉遣毛當擊翟斌，爲斌所敗，當死之。垂子農亡奔列人，[2]招集群盜，衆至萬數千。丕遣石越擊之，爲農所敗，越死之。垂引丁零、烏丸之衆二十餘萬，爲飛梯地道以攻鄴城。

[1]從事中郎：官名，東漢時爲大將軍屬官，地位較高。魏晋時爲將軍府或公府屬官。晋六品。　河南：郡名，治所在洛陽縣（今河南省洛陽市東北）。

[2]列人：縣名，治所在今河北省邯鄲市肥鄉區東北。

慕容暐弟燕故濟北王泓先爲北地長史，[1]聞垂攻鄴，亡命奔關東，收諸馬牧鮮卑，衆至數千，還屯華陰。[2]慕容暐乃潛使諸弟及宗人起兵于外。堅遣將軍强永率騎擊之，爲泓所敗，泓衆遂盛，自稱使持節、大都督陝西諸軍事、大將軍、雍州牧、濟北王,[3]推叔父垂爲丞相、都督陝東諸軍事、領大司馬、冀州牧、吴王。[4]

[1]泓：慕容泓，昌黎棘城（今遼寧省義縣西）人，慕容儁之子，十六國時西燕創建者。　長史：官名，掌顧問參謀，爲所在官署掾屬之長。魏晋南北朝時王府、公府、軍府、邊郡均置。晋八至六品。

[2]華陰：縣名，治所在今陝西省華陰市東南。

[3]大都督陝西諸軍事：陝西地區最高軍事行政長官。　大將軍：官名，高級軍事統帥。曹魏時多以之屯駐長安，對付蜀漢，蜀漢以其爲最高軍事長官，孫吴則别置上大將軍居其上。西晋時爲八公之一，位居上公、大司馬下，三公之上。東晋時常專擅軍政事務。晋一品。

[4]都督陝東諸軍事：陝東地區最高軍事行政長官。

堅謂權翼曰："吾不從卿言，鮮卑至是。關東之地，吾不復與之争，將若泓何?"翼曰："寇不可長。慕容垂正可據山東爲亂，不暇近逼。今暐及宗族種類盡在京師，鮮卑之衆布於畿甸，實社稷之元憂，宜遣重將討之。"堅乃以廣平公苻熙爲使持節、都督雍州雜戎諸軍事、鎮東大將軍、雍州刺史,[1]鎮蒲坂。徵苻叡爲都督中外諸軍事、衛大將軍、司隸校尉、録尚書事,[2]配兵五萬，以左將軍竇衝爲長史，龍驤姚萇爲司馬。討泓于華澤。[3]平陽太守慕容冲起兵河東，有衆二萬，進攻蒲坂，堅命竇衝討之。苻叡勇果輕敵，不恤士衆。泓聞其至也，懼，率衆將奔關東，叡馳兵要之。姚萇諫曰："鮮卑有思歸之心，宜驅令出關,[4]不可遏也。"叡弗從，戰于華澤，叡敗績，被殺。堅大怒。萇懼誅，遂叛。竇衝擊慕容冲于河東，大破之，冲率騎八千奔于泓軍。泓衆至十餘萬，遣使謂堅曰："秦爲無道，滅我社稷。今天誘其衷，使秦師傾敗，將欲興復大燕。吴王已定關東，可速資備大駕，奉送家兄皇帝並宗室功臣之家。泓當率關中燕人，翼衛皇帝，還返鄴都，與秦以武牢爲界，分王天下，永爲鄰好，不復爲秦之患也。鉅鹿公輕戇鋭進，爲亂兵所害，非泓之意。"堅大怒，召慕容暐責之曰："卿父子干紀僭亂，乖逆人神，朕應天行罰，盡兵勢而得卿。卿非改迷歸善，而合宗蒙宥，兄弟布列上將、納言，雖曰破滅，其實若歸。奈何因王師小敗，便猖悖若此！垂爲長蛇於關東，[5]泓、冲稱兵内侮。泓書如此，卿欲去者，朕當相資。卿之宗族，可謂人面獸心，殆不可以國士期也。"暐叩頭流血，泣涕陳謝。堅久之曰："《書》云：父子兄弟無相及也。[6]卿之忠誠，實簡朕心，此自三豎之罪，非卿之過。"復其位而待之如初。命暐以書招喻垂及泓、冲，[7]使息兵還長安，恕其反叛之咎。而暐密遣使者謂泓曰："今秦數已終，長安怪異特甚，當不復能久立。吾既籠中之人，必無還理。昔不能保守宗廟，致令傾喪若斯，吾罪人也，不足復顧吾之存亡。社稷不輕，勉建大業，以興復爲務。可以吴王爲相國，中山王爲太宰、領大司馬，[8]汝可爲大將軍、領司徒，承制封拜。[9]聽吾死問，汝便即尊位。"泓於是進向長安，改年曰燕興。是時鬼夜哭，三旬而止。

[1]都督雍州雜戎諸軍事：雍州雜戎少數民族地區最高軍事行政長官。

[2]都督中外諸軍事：原本無“中外”二字，宋本、殿本有，據宋本、殿本補。　衛大將軍：官名，高級統帥，地位在衛將軍上。十六國北朝一些政權均置。

[3]華澤：位於今山西省華陰市境。

[4]宜驅令出關：殿本無“令”字。

[5]長蛇：喻貪殘凶暴者。

[6]父子兄弟無相及也：此語今本《尚書》無，《左傳·昭公二十年》，衛國的苑何忌引用《康誥》曰：“父子兄弟，罪不相及。”

[7]以書招喻：喻，殿本作“諭”。

[8]中山王爲太宰：太宰，宋本作“大公”。

[9]承制封拜：秉承皇帝旨意封官拜將。

堅率步騎二萬討姚萇于北地，次于趙氏塢，[1]使護軍楊璧游騎三千，斷其奔路，右軍徐成、左軍竇衝、鎮軍毛盛等屢戰敗之，仍斷其運水之路。馮翊游欽因淮南之敗，聚衆數千，保據頻陽，[2]遣軍運水及粟，以饋姚萇，楊璧盡獲之。萇軍渴甚，遣其弟鎮北尹買率勁卒二萬決堰。竇衝率衆敗其軍于鸛雀渠，斬尹買及首級萬三千。萇衆危懼，人有渴死者。俄而降雨於萇營，營中水三尺，周營百步之外，寸餘而已，於是萇軍大振。堅方食，去案怒曰：“天其無心，何故降澤賊營！”萇又東引慕容泓爲援。

[1]趙氏塢：確址不詳，疑在今陝西省銅川市耀州區境内。

[2]頻陽：縣名，治所在今陝西省富平縣東北美原鎮西南。

泓謀臣高蓋、宿勤崇等以泓德望後沖，且持法苛峻，乃殺泓，立沖爲皇太弟，承制行事，自相署置。

姚萇留其弟征虜緒守楊渠川大營，率衆七萬來攻堅。堅遣楊壁等擊之，爲萇所敗，獲楊壁、毛盛、徐成及前軍齊午等數十人，皆禮而遣之。

苻暉率洛陽、陝城之衆七萬歸于長安。益州刺史王廣遣將軍王蚝率蜀漢之衆來赴難。堅聞慕容沖去長安二百餘里，引師而歸，使撫軍苻方戍驪山，[1]拜苻暉使持節、散騎常侍、都督中外諸軍事、車騎大將軍、司隸校尉、録尚書，配兵五萬距沖，河間公苻琳爲中軍大將軍，[2]爲暉後繼。沖乃令婦人乘牛馬爲衆，揭竿爲旗，揚土爲塵，督厲其衆，晨攻暉營于鄭西。暉出距戰，沖揚塵鼓譟，暉師敗績。堅又以尚書姜宇爲前將軍，與苻琳率衆三萬，擊沖于灞上，爲沖所敗，宇死之，琳中流矢，沖遂據阿房城。初，堅之滅燕，沖姊爲清河公主，年十四，有殊色，堅納之，寵冠後庭。沖年十二，亦有龍陽之姿，堅又幸之。姊弟專寵，宫人莫進。長安歌之曰："一雌復一雄，雙飛入紫宫。"[3]咸懼爲亂。王猛切諫，堅乃出沖。長安又謡曰："鳳皇鳳皇止阿房。"堅以鳳皇非梧桐不棲，非竹實不食，乃植桐竹數十萬株于阿房城以待之。沖小字鳳皇，[4]至是，終爲堅賊，入止阿房城焉。

[1]驪山：位於今陝西省西安市臨潼區東南。

[2]中軍大將軍：官名，三國魏文帝黄初年間置，地位顯要，禄與特進同。晋二品，開府位從公者一品。

［3］紫宫：皇宫。
［4］鳳皇：皇，宋本作“凰”。

晋西中郎將桓石虔進據魯陽，[1]遣河南太守高茂北戍洛陽。晋冠軍謝玄次于下邳，徐州刺史趙遷棄彭城奔還。玄前鋒張願追遷及于碭山，[2]轉戰而免。玄進據彭城。

［1］桓石虔：中華本校勘記：“周校：‘石民’誤‘石虔’。按：周所據乃《石民傳》及《通鑑》一〇五。” 魯陽：縣名，治所在今河南省魯山縣。
［2］于：殿本作“干”。 碭山：位於今河南省永城市東北。

時吕光討平西域三十六國，所獲珍寶以萬萬計。堅下書以光爲使持節、散騎常侍、都督玉門以西諸軍事、安西將軍、西域校尉，[1]進封順鄉侯，增邑一千户。

［1］都督玉門以西諸軍事：玉門以西地區最高軍事行政長官。 安西將軍：官名，東漢建安年間置，與安東、安南、安北將軍合稱四安將軍，爲出鎮某一地區的軍事長官，或作爲刺史等兼理軍務的加官，權任頗重。晋三品，加持節都督者二品。 西域校尉：官名，亦稱護西域校尉，掌管西域少數民族事務。晋五品。

劉牢之伐兖州，[1]堅刺史張崇棄鄄城奔于慕容垂。[2]牢之遣將軍劉襲追崇，戰于河南，斬其東平太守楊光而退。[3]牢之遂據鄄城。

[1]兖州：前秦兖州治所在頓丘郡（今山東省濟寧市西北）。
[2]鄄城：縣名，治所在今山東省鄄城縣北。
[3]東平：郡國名，治所在須昌縣（今山東省東平縣西北）。

慕容冲進逼長安，堅登城觀之，嘆曰："此虜何從出也？其强若斯！"大言責冲曰："爾輩群奴正可牧牛羊，何爲送死！"冲曰："奴則奴矣，既厭奴苦，復欲取爾見代。"堅遣使送錦袍一領遺冲，稱詔曰："古人兵交，使在其間。卿遠來草創，得無勞乎？今送一袍，以明本懷。朕於卿恩分如何，而於一朝忽爲此變！"冲命詹事答之，亦稱"皇太弟有令：孤今心在天下，豈顧一袍小惠。苟能知命，便可君臣束手，早送皇帝，自當寬貸苻氏，以酬曩好，終不使既往之施獨美於前"。堅大怒曰："吾不用王景略、陽平公之言，使白虜敢至於此。"

苻丕在鄴糧竭，馬無草，削松木而食之。會丁零叛慕容垂，垂引師去鄴，始具西問，知苻叡等喪敗，長安危逼，乃遣其陽平太守邵興率騎一千，將北引重合侯苻謨、高邑侯苻亮、阜城侯苻定于常山，固安侯苻鑒、中山太守王兖于中山，以爲己援。垂遣將軍張崇要興，[1]獲之于襄國南。[2]又遣其參軍封孚西引張蚝、并州刺史王騰于晋陽，蚝、騰以衆寡不赴。丕進退路窮，乃謀於群寮。司馬楊膺唱歸順之計，丕猶未從。會晋遣濟北太守丁匡據碻磝，[3]濟陽太守郭滿據滑臺，[4]將軍顔肱、劉襲次于河北，[5]丕遣將軍桑據距之，爲王師所敗。襲等進攻黎陽，[6]克之。丕懼，乃遣從弟就與參軍焦逵請救于謝玄。丕書稱假途求糧，還赴國難，須軍援既接，以鄴與之，若西路不通，長安陷没，請率所領保守鄴城。乃羈縻一方，文降而已。逵與參軍姜讓密謂楊膺曰："今禍難如此，京師阻隔，吉凶莫審，密邇寇仇，三軍磬絶，傾危之甚，朝不及夕。觀公豪氣不除，非救世之主，既不能竭盡誠款，速致糧援，方設兩端，[7]必無成也。今日之殆，疾於轉機，不容虚設，徒成反覆。宜正書爲表，以結殷勤。[8]若王師之至，必當致身。如其不從，可逼縛與之。苟不義服，一人力耳。古人行權，寧濟爲功，况君侯累葉載德，顯祖初著名於晋朝，今復建崇勛，使功業相繼，千載一時，[9]不可失也。"膺素輕丕，自以力能逼之，乃改書而遣逵等，并遣濟南毛蜀、毛鮮等分房爲任於晋。[10]

[1]張崇要興：宋本無"興"字。

[2]襄國：縣名，治所在今河北省邢臺市。

[3]濟北：郡國名，治所在盧子城（今山東省平陰縣舊東阿東北）。　碻磝：碻磝津，一作敲嚣津，位於今山東省聊城市茌平區西南古黄河上，南岸有碻磝城。

[4]濟陽：郡名，惠帝時分陳留郡置，治所在濟陽縣（今河南省蘭考縣東北）。　滑臺：滑臺城，即今河南省滑縣東舊滑縣，北臨古黄河。

[5]將軍顔肱：中華本校勘記："校文：《謝玄傳》作'顔雄'。"　劉襲：殿本無"劉"字。

[6]黎陽：縣名，治所在今河南省浚縣東北。

[7]方設兩端：游移於兩者之間。

[8]以結殷勤：結深厚的友好關係。

[9]千載一時：宋本無"一"字。

[10]濟南：郡名，治所在歷城縣（今山東省濟南市）。　分房爲任：分别派宗人到東晋朝廷作人質。

堅遣鴻臚郝稚徵處士王嘉于到獸山。[1]既至，堅每日召嘉與道安於外殿，動靖諮問之。慕容暐入見東堂，稽首謝曰："弟冲不識義方，孤背國恩，臣罪應萬死。陛下垂天地之容，臣蒙更生之惠。臣二子昨婚，明當三日，愚欲暫屈鑾駕，幸臣私第。"堅許之。暐出，嘉曰："椎蘆作蘧蒢，[2]不成文章，[3]會天大雨，不得殺羊。"堅與群臣莫之能解。是夜大雨，晨不果出。初，暐之遣諸弟起兵於外也，堅防守甚嚴，謀應之而無因。時鮮卑在城者猶有千餘人，暐乃密結鮮卑之衆，謀伏兵請堅，因而殺之。令其豪帥悉羅騰、屈突鐵侯等潛告之曰："官今使侯外鎮，聽舊人悉隨，可於某日會集某處。"鮮卑信之。北部人突賢與其妹别，妹爲左將軍竇衝小妻，聞以告衝，請留其兄。衝馳入白堅，堅大驚，召騰問之，騰具首服。堅乃誅暐父子及其宗族，城内鮮卑無少長及婦女皆殺之。

[1]處士：閑居不仕之人。　王嘉：十六國時隴西安陽（今甘肅省秦安縣東北）人，字子年。初隱居東陽谷，後陸續隱居終南山、倒獸山。後爲姚萇所殺。著有《拾遺記》傳世。王，宋本作"伍"。

[2]椎蘆：用椎擊砸過的蘆葦。　蘧蒢：用葦或竹編成的粗席。

[3]不成文章：編織不出花紋。

慕容垂復圍鄴城。焦逵既至，朝廷果欲徵丕任子，然後出師。逵固陳丕款誠無貳，并宣楊膺之意，乃遣劉牢之等率衆二萬，水陸運漕救鄴。

時長安大飢，人相食，諸將歸而吐肉以飴妻子。

慕容冲僭稱尊號于阿房，改年更始。堅與冲戰，各有勝負。嘗爲冲軍所圍，殿中上將軍鄧邁、左中郎將鄧綏、尚書郎鄧瓊相謂曰：[1]“吾門世荷榮寵，先君建殊功於國家，不可不立忠效節，以成先君之志。且不死君難者，非丈夫也。”於是與毛長樂等蒙獸皮，[2]奮矛而擊冲軍。冲軍潰，堅獲免，嘉其忠勇，並拜五校，[3]加三品將軍，賜爵關内侯。冲又遣其尚書令高蓋率衆夜襲長安，攻陷南門，入于南城。左將軍竇衝、前禁將軍李辯等擊敗之，斬首千八百級，分其屍而食之。堅尋敗冲于城西，追奔至于阿城。[4]諸將請乘勝入城，堅懼爲冲所獲，乃擊金以止軍。

[1]殿中上將軍：官名，統率殿中兵，掌宫廷侍衛，位在五校尉下。　左中郎將：官名，光禄勛屬官。西漢時與五官、右中郎將分領中郎，更值宿衛，協助光禄勛考核管理郎官、謁者、從官。魏晋初不設五官、左、右三郎署，其官仍置，但職位漸輕。晋四品。

[2]毛長樂：長，殿本作“萇”。

[3]五校：即屯騎、越騎、步兵、長水、射聲五校尉。

[4]阿城：中華本校勘記：“《通志》一八九作‘阿房’。周校：當作‘阿房城’。按：‘阿房城’似不能簡稱‘阿城’，疑‘城’乃‘房’之譌。”李之亮先生認爲，以“城”爲訛字不妥，此處阿城屬脱文之例。《十六國春秋》卷三八《前秦録·苻堅傳下》：“堅與冲戰於城西，大破之，追奔至阿房城。”（參見李之亮、許華偉

《〈晋書〉、〈十六國春秋〉對堪劄記》,《鄭州大學學報》1998 年第 3 期)

是時劉牢之至枋頭。征東參軍徐義、宦人孟豐告苻丕,[1]楊膺、姜讓等謀反,丕收膺、讓戮之。牢之以丕自相屠戮,盤桓不進。[2]

[1]孟豐:豐,原本、宋本作“豊”,殿本作“豐”,據殿本改。

[2]盤桓:逗留不進。

苻暉屢爲冲所敗,堅讓之曰:“汝,吾之子也,擁大衆,屢爲白虜小兒所摧,何用生爲!”暉憤恚自殺。關中堡壁三千餘所,[1]推平遠將軍馮翊趙敖爲統主,相率結盟,遣兵糧助堅。左將軍苟池、右將軍俱石子率騎五千,與冲争麥,戰于驪山,爲冲所敗,池死之,石子奔鄴。堅大怒,復遣領軍楊定率左右精騎二千五百擊冲,大敗之,俘掠鮮卑萬餘而還。堅怒,悉坑之。定果勇善戰,冲深憚之,遂穿馬埳以自固。[2]

[1]三千:宋本作“三十”。

[2]馬埳(kǎn):即馬坎,陷馬坑。杜預《奏秦川軍事》:“臣嘗聞邊人説,虜專以騎爲寇,穿塹不如作馬坎。馬坎法,坑方三尺,錯平穿之,虜騎非下馬平治,則終不得入。”

劉牢之至鄴,慕容垂北如新城。鄴中飢甚,丕率鄴城之衆就晋穀于枋頭。牢之入屯鄴城。慕容垂軍人飢甚，多奔中山，[1]幽冀人相食。初，關東謡曰："幽州䟸，丕當滅。[2]若不滅，百姓絶。"䟸，垂之本名。與丕相持經年，百姓死幾絶。

[1]中山：殿本乙作"山中"。

[2]丕當滅：原本、宋本、殿本作"生當滅"。李之亮先生認爲，"生當滅"應爲"丕當滅"，其後"與丕相持經年"一句便可作爲的證。《十六國春秋》卷三八《前秦録·苻堅傳下》："初，關東謡曰：幽州缺，丕當滅。若不滅，百姓絶。"（參見李之亮、許華偉《〈晋書〉、〈十六國春秋〉對堪劄記》，《鄭州大學學報》1998年第3期）

先是，姚萇攻新平，新平太守苟輔將降之，郡人遼西太守馮傑、蓮勺令馮翊等諫曰：[1]"天下喪亂，忠臣乃見。昔田單守一城而存齊，[2]今秦之所有，猶連州累鎮，郡國百城。臣子之於君父，盡心焉，盡力焉，死而後已，豈宜貳哉！"輔大悦，於是憑城固守。萇爲土山地道，輔亦爲之。或戰山峰，萇衆死者萬有餘人。輔乃詐降，萇將入，覺之，引衆而退。輔馳出擊之，斬獲萬計。至是，糧竭矢盡，外救不至，萇遣吏謂輔曰："吾方以義取天下，豈仇忠臣乎？卿但率見衆男女還長安，吾須此城置鎮。"輔以爲然，率男女萬五千口出城，萇圍而坑之，男女無遺。初，石季龍末，清河崔悦爲新平相，[3]爲郡人所殺。悦子液後仕堅，爲尚書郎，自表父仇不同天地，請還冀州。堅愍之，禁錮新平人，缺其城角以耻之。新平酋望深以爲慚，故相率距萇，以立忠義。

［1］遼西：郡名，治所在陽樂縣（今河北省盧龍縣東南）。蓮勺：縣名，治所在今陝西省渭南市北下邽鎮東北。　馮翊：翊，宋本、殿本作“羽”。

［2］田單：戰國時齊國臨淄（今山東省淄博市東北）人，初爲臨淄市掾。燕將樂毅伐齊，連下七十餘城，國都臨淄失守。田單堅守即墨，阻止了燕軍進軍步伐。又用反間計，使燕國以騎劫代替樂毅。繼而用火牛陣大敗燕軍，盡復所失之城。

［3］清河：郡名，治所在清河縣（今山東省臨清市東北）。相：官名，郡國相，也稱内史。晋五品。

時有群烏數萬，翔鳴于長安城上，其聲甚悲，[1]占者以爲鬬羽不終年，有甲兵入城之象。冲率衆登城，堅身貫甲胄，督戰距之，飛矢滿身，血流被體。時雖兵寇危逼，馮翊諸堡壁猶有負糧冒難而至者，多爲賊所殺。堅謂之曰：“聞來者率不善達，誠是忠臣赴難之義。當今寇難殷繁，非一人之力所能濟也。庶明靈有照，禍極灾返，善保誠順，爲國自愛，蓄糧厲甲，端聽師期，不可徒喪無成，相隨獸口。”三輔人爲冲所略者，咸遣使告堅，請放火以爲内應。堅曰：“哀諸卿忠誠之意也，何復已已。但時運圮喪，恐無益於國，空使諸卿坐自夷滅，吾所不忍也。且吾精兵若獸，利器如霜，而衄於烏合疲鈍之賊，[2]豈非天也！宜善思之。”衆固請曰：“臣等不愛性命，投身爲國，若上天有靈，單誠或冀一濟，没無遺恨矣。”堅遣騎七百應之。而冲營放火者爲風焰所燒，其能免者十有一二。堅深痛之，身爲設祭而招之曰：“有忠有靈，來就此庭。歸汝先父，勿爲妖形。”歔欷流涕，悲不自勝。衆咸相謂曰：“至尊慈恩如此，吾等有死無移。”冲毒暴關中，人皆流散，道路斷絶，千里無烟。堅以甘松護軍仇騰爲馮翊太守，[3]加輔國將軍，與破虜將軍蜀人蘭犢慰勉馮翊諸縣之衆。[4]衆咸曰：“與陛下同死共生，誓無有貳。”

［1］甚悲：宋本作“悲甚”。

［2］衄：挫敗。

［3］甘松：今甘肅省迭部縣一帶。　護軍：官名，軍事要鎮長官，管理轄區軍事民政，職掌與郡守相類。晋四品。

［4］破虜將軍：官名，東漢末獻帝初平年間置，袁術表孫堅任此職。十六國前秦亦置。

每夜有人周城大呼曰：“楊定健兒應屬我，宫殿臺觀應坐我，父子同出不共汝。”旦尋而不見人跡。城中有書曰古符傳賈録，載“帝出五將久長得”。先是，又謡：“堅入五將山長得。”[1]堅大信之，告其太子宏曰：“脱如此言，天或導余。[2]今留汝兼總戎政，勿與賊争利，吾當出隴收兵運糧以給汝。天其或者正訓予也。”於是遣衛將軍楊定擊冲于城西，爲冲所擒。[3]堅彌懼，付宏以後事，將中山公詵、張夫人率騎數百出如五將，宣告州郡，期以孟冬救長安。宏尋將母妻宗室男女數千騎出奔，百寮逃散。慕容冲入據長安，縱兵大掠，死者不可勝計。

[1]五將山：位於今陝西省岐山縣東北。

[2]天或導余：余，殿本作“予”。

[3]爲冲所擒：擒，殿本作“禽”。

初，秦之未亂也，關中土然，無火而烟氣大起，方數十里中，月餘不滅。堅每臨聽訟觀，令百姓有怨者舉烟于城北，觀而録之。長安爲之語曰：“欲得必存當舉烟。”又爲謡曰：“長鞘馬鞭擊左股，太歲南行當復虜。”秦人呼鮮卑爲白虜。慕容垂之起於關東，歲在癸未。堅之分氐户於諸鎮也，趙整因侍，援琴而歌曰：“阿得脂，阿得脂，博勞舊父是仇綏，[1]尾長翼短不能飛，遠徙種人留鮮卑，一旦緩急語阿誰！”堅笑而不納。至是，整言驗矣。

[1]博勞：鳥名。即伯勞。

堅至五將山，姚萇遣將軍吴忠圍之。堅衆奔散，獨侍御十數人而已。神色自若，坐而待之，召宰人進食。俄而忠至，執堅以歸新平，幽之于別室。萇求傳國璽於堅曰：“萇次膺符曆，可以爲惠。”堅瞋目叱之曰：“小羌乃敢干逼天子，豈以傳國璽授汝羌也。圖緯符命，何所依據？五胡次序，無汝羌名。違天不祥，其能久乎！璽已送晋，不可得也。”萇又遣尹緯説堅，[1]求爲堯舜禪代之事。堅責緯曰：“禪代者，聖賢之事。姚萇叛賊，奈何擬之古人！”堅既不許萇以禪代，駡而求死，萇乃縊堅于新平佛寺中，時年四十八。中山公詵及張夫人並自殺。是歲，太元十年也。

[1]尹緯：字景亮，本書卷一一八有載記。

宏之奔也，歸其南秦州刺史楊璧于下辯，[1]璧距之，乃奔武都氐豪强熙，假道歸順，朝廷處宏于江州。[2]宏歷位輔國將軍。桓玄篡位，[3]以宏爲梁州刺史。[4]義熙初，以謀叛被誅。

[1]下辯：縣名，治所在今甘肅省成縣西。
[2]江州：治所在南昌縣（今江西省南昌市）。
[3]桓玄：字敬道，本書卷九九有傳。
[4]梁州：梁，殿本作“凉”。

初，堅强盛之時，國有童謡云：“河水清復清，苻詔死新城。”堅聞而惡之，每征伐，戒軍候云：“地有名新者避之。”時又童謡云：“阿堅連牽三十年，若後欲敗當在江淮間。”堅在位二十七年，[1]因壽春之敗，其國大亂，後二年，竟死於新平佛寺，咸應謡言矣。丕僭號，僞追謚堅曰世祖宣昭皇帝。

[1]堅在位二十七年：中華本校勘記：“堅於升平元年六月殺苻生而自立，至太元十年乃二十九年。‘七’字當譌。”

王猛，字景略，北海劇人也，[1]家于魏郡。[2]少貧賤，以鬻畚爲業。嘗貨畚於洛陽，乃有一人貴買其畚，而云無直，自言家去此無遠，可隨我取直。猛利其貴而從之，行不覺遠，忽至深山，見一父老，鬚髮皓然，踞胡床而坐，[3]左右十許人，[4]有一人引猛進拜之。父老曰："王公何緣拜也！"乃十倍償畚直，遣人送之。猛既出，顧視，乃嵩高山也。[5]

[1]北海：郡名，治所在劇縣（今山東省昌樂縣西）。

[2]魏郡：治所在鄴縣（今河北省臨漳縣西南）。

[3]胡床：魏晋時傳入中原的少數民族用的輕便坐具，又稱交床。朱大渭先生《中古漢人由跪坐到垂脚高坐》一文中有論述。(參見朱大渭《六朝史論》，中華書局 1998 年版)

[4]左右十許人：宋本無"許"字。

[5]嵩高山：今河南省登封市北的嵩山，古名嵩高。《史記》卷二八《封禪書》："昔三代之居，皆在河洛之間，故嵩高爲中岳，而四岳各如其方。"

猛瑰姿俊偉，博學好兵書，謹重嚴毅，氣度雄遠，細事不干其慮，自不參其神契，[1]略不與交通，是以浮華之士咸輕而笑之。猛悠然自得，不以屑懷。[2]少游於鄴都，時人罕能識也。惟徐統見而奇之，召爲功曹。[3]遁而不應，遂隱于華陰山。[4]懷佐世之志，希龍顔之主，斂翼待時，候風雲而後動。桓温入關，猛被褐而詣之，一面談當世之事，捫蝨而言，旁若無人。温察而異之，問曰："吾奉天子之命，率鋭師十萬，杖義討逆，爲百姓除殘賊，而三秦豪桀未有至者何也？"[5]猛曰："公不遠數千里，深入寇境，長安咫尺而不渡灞水，[6]百姓未見公心故也，所以不至。”温默然無以酬之。温之將還，賜猛車馬，拜高官督護，[7]請與俱南。猛還山諮師，師曰：“卿與桓温豈並世哉！在此自可富貴，何爲遠乎！”猛乃止。

[1]自不參其神契：如果不是心投意合。自，假如，如果。

[2]不以屑懷：懷，殿本作“意”。

[3]功曹：官名，即功曹史。郡縣屬官，職掌人事，參與郡縣政務。兩晋時，不開府將軍、太子二傅、特進、郡縣皆置。

[4]華陰山：即華山，位於今陝西省華陰市境。

[5]豪桀：桀，宋本、殿本作“傑”。

[6]灞水：今陝西省渭河支流灞河。

[7]督護：官名，州郡及出鎮方面將軍府皆設，掌兵事。兩晋時常統軍征伐，衹督一軍。

苻堅將有大志，聞猛名，遣吕婆樓招之，一見便若平生，語及廢興大事，異符同契，若玄德之遇孔明也。及堅僭位，以猛爲中書侍郎。時始平多枋頭西歸之人，[1]豪右縱横，劫盜充斥，乃轉猛爲始平令。猛下車，明法峻刑，澄察善惡，禁勒强豪。鞭殺一吏，百姓上書訟之，有司劾奏，檻車徵下廷尉詔獄。堅親問之，曰：“爲政之體，德化爲先，莅任未幾而殺戮無數，何其酷也！”猛曰：“臣聞宰寧國以禮，治亂邦以法。陛下不以臣不才，任臣以劇邑，謹爲明君翦除凶猾。始殺一奸，餘尚萬數，若以臣不能窮殘盡暴，肅清軌法者，敢不甘心鼎鑊，以謝孤負。酷政之刑，臣實未敢受之。”堅謂群臣曰："王景略固是夷吾、子産之儔也。"[2]於是赦之。

[1]始平：郡名，治所在槐里縣（今陝西省興平市）。

[2]夷吾：管仲，春秋初潁上（今安徽省潁水之濱）人，名夷吾。齊桓公時任卿相，進行一系列改革，使齊國國力大增，齊桓公成爲春秋五霸之首。　子産：春秋時鄭國人，名僑，字子産，鄭穆公之孫，公子發之子，因又稱公孫僑。鄭簡公時執掌國政，作丘賦、鑄刑書、擇賢能、護鄉校，進行一系列改革。

遷尚書左丞、咸陽内史、京兆尹。[1]未幾，除吏部尚書、太子詹事，又遷尚書左僕射、輔國將軍、司隸校尉，加騎都尉，[2]居中宿衛。時猛年三十六，歲中五遷，權傾内外，宗戚舊臣皆害其寵。尚書仇騰、丞相長史席寶數譖毁之，堅大怒，黜騰爲甘松護軍，寶白衣領長史，爾後上下咸服，莫有敢言。頃之，遷尚書令、太子太傅，[3]加散騎常侍。猛頻表累讓，堅竟不許。又轉司徒、録尚書事，餘如故。猛辭以無功，不拜。

[1]尚書左丞：官名，尚書省佐官，位次尚書，居尚書右丞上。與右丞共掌尚書都省庶務，率諸都令史監督稽核諸尚書曹、郎曹政務。左丞又掌督録近道文書章奏，監察糾彈尚書令、僕射、尚書等文武百官，號稱"監司"，權勢甚重。晋六品。

[2]騎都尉：官名，最高位領騎兵之武職，不領兵時爲侍衛武官。因親近皇帝，多以侍中兼任。與駙馬都尉、奉車都尉並爲三都尉。晋六品。

[3]太子太傅：官名，與太子少傅並稱二傅，三國時並攝東宫事務，與尚書、東曹並掌太子、諸侯官署選舉。西晋時下設丞、功

曹、主簿等屬官。晋三品。

後率諸軍討慕容暐，軍禁嚴明，師無私犯。猛之未至鄴也。劫盜公行，[1]及猛之至，遠近帖然，燕人安之。軍還，以功進封清河郡侯，賜以美妾五人，上女妓十二人，中妓三十八人，馬百匹，車十乘。猛上疏固辭不受。

[1]劫盜公行：劫，宋本作“封”。

時既留鎮冀州，堅遣猛於六州之内聽以便宜從事，簡召英俊，[1]以補關東守宰，授訖，言臺除正。[2]居數月，上疏曰：“臣前所以朝聞夕拜，[3]不顧艱虞者，正以方難未夷，軍機權速，庶竭命戎行，甘驅馳之役，敷宣皇威，展筋骨之效，故僶俛從事，叨據負乘，可謂恭命於濟時，俟太平於今日。今聖德格于皇天，威靈被于八表，弘化已熙，六合清泰，竊敢披貢丹誠，請避賢路。設官分職，各有司存，豈應孤任愚臣，以速傾敗！東夏之事，非臣區區所能康理，願徙授親賢，濟臣顛墜。若以臣有鷹犬微勤，未忍捐棄者，乞待罪一州，效盡力命。徐方始賓，淮汝防重，六州處分，府選便宜，輒以悉停。督任弗可虚曠，深願時降神規。”堅不許，遣其侍中梁讜詣鄴喻旨，猛乃視事如前。

[1]英俊：俊，宋本作“雋”。
[2]言臺除正：上書朝廷任命爲正職。

［3］臣前所以朝聞夕拜：宋本無“前”字。

俄入爲丞相、中書監、尚書令、太子太傅、司隸校尉，持節、常侍、將軍、侯如故。[1]稍加都督中外諸軍事。猛表讓久之。堅曰：“卿昔螭蟠布衣，[2]朕龍潛弱冠，[3]屬世事紛紜，厲士之際，[4]顛覆厥德。朕奇卿於暫見，擬卿爲卧龍，[5]卿亦異朕於一言，回考槃之雅志，[6]豈不精契神交，千載之會！雖傅巖入夢，[7]姜公悟兆，[8]今古一時，亦不殊也。自卿輔政，幾將二紀，内釐百揆，外蕩群凶，天下向定，彝倫始叙。朕且欲從容於上，望卿勞心於下，弘濟之務，非卿而誰！”遂不許。其後數年，復授司徒。猛復上疏曰：“臣聞乾象盈虚，惟后則之；位稱以才，官非則曠。鄭武翼周，[9]仍世載咏；王叔昧寵，[10]政替身亡，斯則成敗之殷監，爲臣之炯戒。竊惟鼎宰崇重，[11]參路太階，[12]宜妙盡時賢，對揚休命。魏祖以文和爲公，[13]貽笑孫后；[14]千秋一言致相，[15]匈奴哂之。[16]臣何庸猥，而應斯舉！不但取嗤鄰遠，[17]實令爲虜輕秦。昔東野窮馭，顔子知其將弊。[18]陛下不復料度臣之才力，私懼敗亡是及。且上虧憲典，臣何顔處之！雖陛下私臣，其如天下何！願回日月之鑒，矜臣後悔，使上無過授之謗，臣蒙覆燾之恩。”堅竟不從。猛乃受命。軍國内外萬機之務，事無巨細，莫不歸之。

［1］中書監：官名，中書省長官之一。三國魏文帝初年分秘書置中書省，長官爲中書監、中書令。掌收納奏章、草擬詔令。平常

不分高下，入朝時監略高於令。晋三品。

［2］螭蟠布衣：隱身於布衣百姓。

［3］龍潜弱冠：二十歲時仍未龍騰。

［4］厲士之際：中華本校勘記："李校：'厲士' 當爲 '厲王'，謂苻生也。按：《册府》二二七作 '厲事'，語亦晦澀。下云 '顛覆厥德'，李説當是。"

［5］擬卿爲卧龍：擬，殿本作"儗"。

［6］考槃：隱居。《詩·衛風·考槃序》："考槃，刺莊公也。不能繼先公之業，使賢者退而窮處。"

［7］傅巖入夢：指武丁發現傅説之事。《史記》卷三《殷本紀》載：武丁夜夢得聖人，名曰説。群臣百官都不是夢中人，便命人在朝廷以外尋求，結果發現一個版築城墻的刑徒，與夢中所見一樣，便舉以爲相，使殷國大治。

［8］姜公悟兆：《史記》卷三二《齊太公世家》：吕尚年老且貧，在渭水畔釣魚以等待明主發現。周文王將出獵，占卜，得知將得人才，乃出獵，果遇太公於渭之陽，與語大説，曰："自吾先君太公曰 '當有聖人適周，周以興'。子真是邪？吾太公望子久矣。"故號之曰"太公望"，載與俱歸，立爲師。

［9］鄭武翼周：鄭武公，春秋時鄭國國君，公元前770至前744年在位。名滑突，一作掘突。西周末期，朝廷内亂，太子宜咎奔申，晋文侯、鄭武公迎宜咎於申而立之，是爲平王。

［10］王叔昧寵：政替身亡的王叔其事不詳。昧寵，辜負了君王的恩寵。

［11］鼎宰：鼎臣宰輔，指重臣。

［12］參路太階：太，殿本作"泰"。

［13］文和爲公：即賈詡，三國時武威姑臧（今甘肅省武威市）人，字文和，董卓時任平津都尉、討虜校尉。董卓被殺後投奔南陽張綉，又勸張綉投降曹操，爲曹操的謀士。曹丕稱帝後，任賈詡爲太尉。《三國志》卷十《魏書·賈詡傳》注引《荀勗别傳》曰：

“晋司徒闕，武帝問其人於勗。答曰：‘三公具瞻所歸，不可用非其人。昔魏文帝用賈詡爲三公，孫權笑之。’”

[14]孫后：指孫權。

[15]千秋一言致相：即車千秋，西漢長陵（今陝西省咸陽市東北）人。武帝時爲高寢郎，因上書訟衛太子之冤，被拜爲大鴻臚。後遷丞相，封富民侯。

[16]匈奴哂（shěn）之：《漢書》卷六六《田千秋傳》載：田千秋既無才能學術，又無閥閲功勞，衹是一言寤意，旬月取宰相封侯。後漢使者至匈奴，單于問曰：“聞漢新拜丞相，何用得之？”使者曰：“以上書言事故。”單于曰：“苟如是，漢置丞相，非用賢也，妄一男子上書即得之矣。”哂，譏笑。

[17]取嗤鄰遠：宋本無“鄰”字。

[18]東野窮馭，顔子知其將弊：事見《荀子·哀公》篇：定公問於顔淵曰：“東野子之善馭乎？”顔淵對曰：“善則善矣。雖然，其馬將失。”定公不悦，入謂左右曰：“君子固讒人乎！”三日而校來謁，曰：“東野畢之馬失。兩驂列，兩服入廄。”定公越席而起曰：“趨駕召顔淵！”顔淵至，定公曰：“前日寡人問吾子，吾子曰：‘東野畢之馭，善則善矣。雖然，其馬將失。’不識吾子何以知之？”顔淵對曰：“臣以政知之。昔舜巧於使民而造父巧於使馬。舜不窮其民，造父不窮其馬，是舜無失民，造父無失馬也。今東野畢之馭，上車執轡，銜體正矣；步驟馳騁，朝禮畢矣；歷險致遠，馬力盡矣。然猶求馬不已，是以知之也。”

猛宰政公平，流放尸素，[1]拔幽滯，顯賢才，外修兵革，内崇儒學，勸課農桑，教以廉耻，無罪而不刑，無才而不任，庶績咸熙，[2]百揆時叙。於是兵强國富，垂及升平，猛之力也。堅嘗從容謂猛曰：“卿夙夜匪懈，憂勤萬機，若文王得太公，吾將優游以卒歲。”猛曰：

“不圖陛下知臣之過，臣何足以擬古人！”堅曰：“以吾觀之，太公豈能過也。”常敕其太子宏、長樂公丕等曰：“汝事王公，如事我也。”其見重如此。

[1]尸素：尸位素餐。

[2]庶績咸熙：各種業績都很興盛。

廣平麻思流寄關右，[1]因母亡歸葬，請還冀州。猛謂思曰：“便可速裝，是暮已符卿發遣。”及始出關，郡縣已被符管攝。其令行禁整，事無留滯，皆此類也。性剛明清肅，於善惡尤分。微時一餐之惠，睚眦之忿，靡不報焉，時論頗以此少之。[2]

[1]廣平：郡名，治所在曲梁侯國（今河北省邯鄲市永年區）。關右：地區名，即關西，泛指故函谷關或今潼關以西地區。

[2]少：輕視，鄙視。

其年寢疾，[1]堅親祈南北郊、宗廟、社稷，分遣侍臣禱河岳諸祀，靡不周備。猛疾未瘳，乃大赦其境内殊死已下。猛疾甚，因上疏謝恩，并言時政，多所弘益。堅覽之流涕，悲慟左右。及疾篤，堅親臨省病，問以後事。猛曰：“晋雖僻陋吴越，乃正朔相承。親仁善鄰，國之寶也。臣没之後，願不以晋爲圖。鮮卑、羌虜，我之仇也，終爲人患，宜漸除之，以便社稷。”言終而死，時年五十一。堅哭之慟。比斂，三臨，謂太子宏曰：“天不欲使吾平一六合邪？何奪吾景略之速也！”贈侍中，丞相餘如故。給東園温明、秘器，[2]帛三千匹，穀萬石。謁者僕射監護喪事，[3]葬禮一依漢大將軍霍光故事。[4]謚曰武侯，朝野巷哭三日。

[1]其年寢疾：《太平御覽》卷一二二《偏霸部》引《十六國春秋·前秦録》載，苻堅建元十一年五月，王猛寢疾，七月卒，時年五十一。《資治通鑑》卷一〇三《晋紀》孝武帝寧康三年將王猛卒時間繫於是年七月下。苻堅建元十一年即東晋孝武帝寧康三年（375），可見是年爲公元375年。

[2]東園：官署名。秦漢置。掌管陵墓内器物、葬具的製造與供應，屬少府。　温明：東園所制温明。《漢書》卷六八《霍光傳》注引服虔曰："東園處此器，形如方漆桶，開一面，漆畫之，以鏡置其中，以懸屍上，大斂并蓋之。"　秘器：棺材。《漢書》卷九三《佞幸·董賢傳》："及至東園祕器，珠襦玉柙，豫以賜賢，無不備具。"顔師古注引《漢舊儀》："東園祕器作棺梓，素木長二丈，崇廣四尺。"

[3]謁者僕射：官名，謁者臺長官，名義上屬光禄勛。統領諸謁者，掌朝會司儀，傳達策書，護衛皇帝出行。晋五品。

[4]霍光：殿本無此二字。

苻融，字博休，堅之季弟也。少而岐嶷夙成，[1]魁偉美姿度。健之世封安樂王，融上疏固辭，健深奇之，曰："且成吾兒箕山之操。"[2]乃止。苻生愛其器貌，常侍左右，未弱冠便有臺輔之望。長而令譽彌高，爲朝野所屬。[3]

[1]岐嶷夙成：年幼聰慧早早成熟。

［2］箕山之操：許由的風操。箕山，位於今河南省登封市，又稱崿嶺、許由山。相傳堯讓位給許由，許由不受，逃至此山隱居。

［3］朝野所屬：爲朝野所矚目和寄託。

堅僭號，拜侍中，尋除中軍將軍。[1]融聰辯明慧，下筆成章，至於談玄論道，雖道安無以出之。耳聞則誦，過目不忘，時人擬之王粲。[2]嘗著《浮圖賦》，壯麗清贍，世咸珍之。未有升高不賦，臨喪不誄，朱彤、趙整等推其妙速。旅力雄勇，騎射擊刺，百夫之敵也。銓綜内外，[3]刑政修理，進才理滯，王景略之流也。尤善斷獄，奸無所容，故爲堅所委任。

［1］中軍將軍：官名，西晋時統左右衛、前後左右驍騎等宿衛七營禁軍，主管京師及朝廷警衛。泰始四年（268）罷，置北軍中候代其職。後爲將軍名號，與鎮軍將軍、撫軍將軍並爲三名號將軍，不統禁兵。晋三品。

［2］王粲：東漢末山陽高平（今山東省鄒城市西南）人，字仲宣。“建安七子”之一，善詩賦。任曹操丞相掾、侍中。

［3］銓綜内外：爲朝内朝外網羅人才。

後爲司隸校尉。京兆人董豐游學三年而返，[1]過宿妻家。是夜妻爲賊所殺，妻兄疑豐殺之，送豐有司。豐不堪楚掠，誣引殺妻。融察而疑之，[2]問曰：“汝行往還，頗有怪異及卜筮以不？”豐曰：“初將發，夜夢乘馬南渡水，返而北渡，復自北而南，馬停水中，鞭策不去。俯而視之，見兩日在于水下，馬左白而濕，右黑而燥。寤而心悸，竊以爲不祥。還之夜，復夢如初。問之筮者，筮者云：‘憂獄訟，遠三枕，避三沐。’既至，妻爲具沐，夜授豐枕。豐記筮者之言，皆不從之。妻乃自沐，枕枕而寢。”融曰；“吾知之矣。《周易》《坎》爲水，馬爲《離》，夢乘馬南渡，旋北而南者，從《坎》之《離》。三爻同變，變而成《離》。《離》爲中女，《坎》爲中男。兩日，二夫之象。《坎》爲執法吏。吏詰其夫，婦人被流血而死。《坎》二陰一陽，《離》二陽一陰，相承易位。《離》下坎上，既濟，文王遇之囚牖里，[3]有禮而生，無禮而死。馬左而濕，濕，水也，左水右馬，馮字也。兩日，昌字也。其馮昌殺之乎!”於是推檢，獲昌而詰之，昌具首服，曰：“本與其妻謀殺董豐，期以新沐枕枕爲驗，是以誤中婦人。”在冀州，有老母遇劫於路，母揚聲唱盜，行人爲母逐之。既擒劫者，劫者返誣行人爲盜。時日垂暮，母及路人莫知孰是，乃俱送之。融見而笑曰：“此易知耳，可二人並走，先出鳳陽門者非盜。”[4]既而還入，融正色謂後出者曰：“汝真是盜，何以誣人!”其發奸摘伏，皆此類也。所在盜賊止息，路不拾遺。堅及朝臣雅皆嘆服，州郡疑獄莫不折之於融。[5]融觀色察形，無不盡其情狀。雖鎮關東，朝之大事靡不馳驛與融議之。

[1]董豐：豐，原本作“豊”，宋本、殿本作“豐”，據宋本、殿本改。本卷下文此人名同。

[2]疑之：疑，殿本作“異”。

[3]牖里：地名，即羑里，在今河南省湯陰縣北。羑水經城北東流。牖，殿本作“羑”。

［4］鳳陽門：《太平寰宇記》卷五五《河北道·相州》：“鳳陽門，鄴城門也。按《記》云，魏太祖都之，城内諸街有赤闕，南面西頭曰鳳陽門，上有鳳二枚，其一飛入漳水，其一仍以鎖絆其足。鄴人舊歌曰：‘鳳陽門内天一半，上有金鳳相飛唤，欲去不去著鎖絆。’”

［5］疑獄莫不折之於融：疑難案件都讓苻融判决。

性至孝，初届冀州，遣使參問其母動止，或日有再三。堅以爲煩，月聽一使。後上疏請還侍養，堅遣使慰喻不許。久之，徵拜侍中、中書監、都督中外諸軍事、車騎大將軍、司隸校尉、太子太傅、領宗正、録尚書事。[1]俄轉司徒，融苦讓不受。

［1］録尚書事：録，宋本作“領”。

融爲將善謀略，好施愛士，專方征伐，必有殊功。

堅既有意荆揚，[1]時慕容垂、姚萇等常説堅以平吴封禪之事，堅謂江東可平，寢不暇旦。融每諫曰：“知足不辱，知止不殆，窮兵極武，未有不亡。且國家，戎族也，正朔會不歸人。江東雖不絶如綖，[2]然天之所相，終不可滅。”堅曰：“帝王曆數豈有常哉，惟德之所授耳！汝所以不如吾者，正病此不達變通大運。劉禪可非漢之遺祚，然爲中國之所并。吾將任汝以天下之事，奈何事事折吾，沮壞大謀！汝尚如此，况於衆乎！”堅之將入寇也，融又切諫曰：“陛下聽信鮮卑、羌虜諂諛之言，采納良家少年利口之説，臣恐非但無成，亦大事去矣。垂、萇皆我之仇敵，思聞風塵之變，冀因之以逞其凶德。少年等皆富足子弟，希關軍旅，苟説佞諂之言，[3]以會陛下之意，不足采也。”堅弗納。及淮南之敗，垂、萇之叛，堅悼恨彌深。

[1]荆揚：此指東晋朝廷。

[2]江東：指東晋王朝。　不絶如綖（xiàn）：還没斷絶的細綫，喻岌岌可危。“綖”同“綫”。

[3]佞諂：佞，殿本作“侫”。

苻朗，字元達，堅之從兄子也。性宏達，神氣爽邁，幼懷遠操，不屑時榮。堅嘗目之曰：“吾家千里駒也。”徵拜鎮東將軍、青州刺史，封樂安男，不得已起而就官。及爲方伯，有若素士，耽玩經籍，手不釋卷，每談虚語玄，不覺日之將夕；登涉山水，不知老之將至。在任甚有稱績。

後晋遣淮陰太守高素伐青州，[1]朗遣使詣謝玄於彭城求降，玄表朗許之，詔加員外散騎侍郎。[2]既至揚州，風流邁於一時，超然自得，志陵萬物，所與悟言，不過一二人而已。驃騎長史王忱，[3]江東之俊秀，[4]聞而詣之，朗稱疾不見。沙門釋法汰問朗曰：“見王吏部兄弟未？”朗曰：“吏部爲誰？非人面而狗心、狗面而人心兄弟者乎？[5]王忱醜而才慧，國寶美貌而才劣於弟，[6]故朗云然。汰悵然自失。其忤物侮人，皆此類也。

[1]後晋遣淮陰太守：中華本校勘記：“周校：‘淮陰’，《謝玄

傳》作‘淮陵’爲是。按：《地理志》下，淮陰乃廣陵郡屬縣，不得有太守。淮陵本臨淮郡屬縣，元康七年立郡。周説是。”

[2]員外散騎侍郎：官名，西晋武帝始置。初爲正員之外添差之散騎侍郎，無員數，後成定員官。晋五品。

[3]王忱：字元達，本書卷七五有傳。

[4]俊秀：俊，宋本作“儁”。

[5]兄弟：殿本無此二字。

[6]國寶：王坦之第三子，本書卷七五有傳。

謝安常設讌請之，朝士盈坐，並机褥壺席。朗每事欲誇之，唾則令小兒跪而張口，既唾而含出，[1]頃復如之，坐者以爲不及之遠也。又善識味，鹹酢及肉皆别所由。會稽王司馬道子爲朗設盛饌，[2]極江左精餚。食訖，問曰：“關中之食孰若此？”[3]答曰：“皆好，惟鹽味小生耳。”[4]既問宰夫，皆如其言。或人殺鷄以食之，既進，朗曰：“此鷄栖恒半露。”[5]檢之，皆驗。又食鵝肉，知黑白之處。人不信，記而試之，無豪釐之差。人咸以爲知味。[6]

[1]唾而含出：含，宋本作“令”。

[2]會稽王司馬道子：字道子，本書卷六四有傳。

[3]關中之食：食，殿本作“味”。

[4]鹽味小生耳：鹽有點不熟。

[5]鷄栖恒半露：此鷄活着的時候總是睡在半露的鷄窩里。

[6]人咸以爲：殿本“人”上有“時”字。

後數年，王國寶譖而殺之。王忱將爲荆州刺史，[1]

待殺朗而後發。臨刑，志色自若，爲詩曰："四大起何因？[2]聚散無窮已。既過一生中，[3]又入一死理。冥心乘和暢，未覺有終始。如何箕山夫，奄焉處東市！曠此百年期，遠同嵇叔子。[4]命也歸自天，委化任冥紀。"[5]著《苻子》數十篇行於世，亦老莊之流也。

[1]荆州：治所在江陵縣（今湖北省江陵縣）。
[2]四大：佛教認爲地、水、火、風爲四大。
[3]既過一生中：過，殿本作"適"。
[4]嵇叔子：嵇康，字叔夜，本書卷四九有傳。
[5]委化：指死。　冥紀：老天安排。